古代歷史文化 研究輯刊

十九編

王明蓀 主編

第5冊

秦漢官制演變研究

王勇 著

國家圖書館出版品預行編目資料

秦漢官制演變研究／王勇 著 — 初版 — 新北市：花木蘭文化
事業有限公司，2018〔民 107〕
目 2+264 面；19×26 公分
（古代歷史文化研究輯刊 十九編：第 5 冊）
ISBN 978-986-485-401-1（精裝）
1. 官制 2. 秦漢
618   107002301

ISBN-978-986-485-401-1

9 789864 854011

古代歷史文化研究輯刊
十九編　第 五 冊   ISBN：978-986-485-401-1

秦漢官制演變研究

作　　者　王　勇
主　　編　王明蓀
總 編 輯　杜潔祥
副總編輯　楊嘉樂
編　　輯　許郁翎、王筑　美術編輯　陳逸婷
出　　版　花木蘭文化事業有限公司
發 行 人　高小娟
聯絡地址　235 新北市中和區中安街七二號十三樓
　　　　　電話：02-2923-1455／傳眞：02-2923-1452
網　　址　http://www.huamulan.tw 信箱 hml 810518@gmail.com
印　　刷　普羅文化出版廣告事業
初　　版　2018 年 3 月
全書字數　227522 字
定　　價　十九編 39 冊（精裝）台幣 100,000 元

秦漢官制演變研究

王　勇　著

作者簡介

王勇，男，1982 年生，山東淄博人。北京大學文學博士，山東大學儒學高等研究院博士後。目前主要從事先秦兩漢文學與文獻研究。

提　　要

　　秦漢官制演變研究，是秦漢官制研究中的薄弱點。本書對秦漢官制演變中的一些重要問題進行了探討，對秦漢以來官制體系的轉變過程進行了嘗試性論述，對其主要官職丞相、御史大夫、尚書、郎官體系、王莽官制等進行了有益的探索與研究。限於學識，書中尚有許多不足之處，錯誤亦不能免，懇請讀者批評指正。

目

次

第一章 緒 論

第一節 研究對象及意義

官制的形成不始於秦漢，它是隨著階級與國家的產生而產生的。中國歷史上，有關早期官制的資料記載甚少，《漢書・百官公卿表》云「宓羲龍師名官，神農火師火名，黃帝雲師雲名，少昊鳥師鳥名。自顓頊以來，爲民師而命以民事，有重黎、句芒、祝融、后土、蓐收、玄冥之官，然已上矣」。誠是久遠茫昧，難以詳指。故班固將可追述之官制系統系之於《尙書》。這也是傳世文獻中對於官制的最早記載。但成體系的官僚制度卻是從秦漢開始，秦漢的三公九卿制，一直影響到中國整個封建社會。秦漢時尙書制、中書制開始形成、發展，官府吏員分「門下」、「閣下」的做法，宮廷結構中有「禁省」之別，都開啓了隋唐代三省六部制的先河。後世許多職官名稱、制度，大都襲用秦漢，或在此基礎上萌芽、衍生、變革。如西漢光祿大夫，魏晉以後在此基礎上，產生金紫光祿大夫、銀青光祿大夫等，而「金紫」、「銀青」，其實也是秦漢時期與秩級有關的金印紫綬，銀印青綬等簡稱。只不過，我們以前對這方面研究不夠，缺乏深度觀察與探究，以致產生一種印象，彷彿秦漢只是中國官制的一個小小階段，而隋唐制度方是中國官僚制度發展中的蔚爲大宗。當然，造成這種狀況，除了我們研究程度不夠，對這一段的研究尙有很長的路要走之外，缺乏完善系統的史料也是重要原因。從秦漢至隋唐七八百年間，雖有《漢書・百官公卿表》、《後漢書・百官志》、《漢官六種》，以及其

間諸史的職官志（如《晉書・百官志》、《宋書・百官志》），但或語焉不詳，或時有錯舛（如《宋書・百官志》），或記載限為本朝，於其間變化未得以展現，等等，實不足以建立一個完整之體系。筆者有感於此，且素所究心，故欲進行研究。

歷代職官制度，見於著錄者其實並不少。四部分類中在史部政書類就包含很多這方面的資料，但分類上大多著錄於「職官」、「儀注」二類下。如《漢官六種》中之《漢官解詁》（漢新汲令王隆撰，胡廣注）、《漢官》（應劭注）、《漢官儀》（應劭撰）、《漢官典職儀式選用》（漢衛尉蔡質撰）在《隋書・經籍志》中著錄在「職官類」下，而《漢舊儀》（漢衛宏撰）則著錄在儀注類下，這六種書是我們研究秦漢官制的重要資料。漢代除了有《漢官六種》之外，見於著錄的尚有《五曹官制》五篇。《漢書・藝文志》云：「漢制，似賈誼所條」。王應麟《玉海》卷 119 考證為賈誼建議改正朔制度時的產物。魏晉以來，見於《隋書・經籍志》著錄的有：《晉公卿禮秩故事》、《晉新定儀注》、《百官階次》、《齊職儀》、《梁選簿》、《梁勳選格》《職官要錄》、梁官品格》、《百官階次》、《新定將軍名》、《吏部用人格》、《官族傳》、《百官春秋》、《魏晉百官名》、《晉百官名》、《晉官屬名》、《陳百官簿狀》、《陳將軍簿》、《新定官品》、《梁尚書職制儀注》、《職令古今百官注》等。可惜全部亡佚，據章宗源《隋書經籍志考證》，現在尚能在《通典》、《初學記》、《太平御覽》等類書中見到零星引文。

在歷史上，我國對官制有記載的傳統，卻沒有研究的傳統。秦漢以來，對於官制談不上研究，大都出於正式的官方文書的記載保存，如官品、官簿類最為明顯。這在當時人都是常識，根本不會造成困擾，記載下來只是存檔。其餘還有一些材料散見在經史注疏之中。如前四史的注文，《周禮》注中鄭玄所引漢代材料。唐代以來若《通典》，述其流變而已，只不過《通典》的作者看到的材料要較我們多一些而已，其實有很多問題，他們也搞錯了。唐人筆記中很多人議論官制的，如李匡義《資暇錄》等，但大都以記錄本朝事為主，大概一則南北朝以來的典籍焚毀嚴重，致使唐代人已很少得見前代書，二來即便有也多藏在內閣秘庫，常人難以見到。

宋代以來，注重考據之學，研究者多起來。如孫逢吉《職官分紀》為代表，踵繼前人，依舊記錄歷代官制沿革。再一類以王應麟《玉海》為代表，有考證官制的篇幅。此類尚有章如愚《山堂考索》、馬端臨《文獻通考》等。

但從其所引文獻來看，大抵以史志、經史注疏及《通典》爲班底，《通典》所見之書至此時許多已見不到。這些情況也可以從宋代的《郡齋讀書志》、《直齋書錄解題》等目錄中的著錄窺見。還有一類研究，出現在金石學著作中。宋代金石學大盛，金石學著作中有一部份也涉及了官制的考證，如洪邁的《隸釋》等。另外，會要體史書中在此期也出現，其中也彙集了一些官制的材料，搜集較該備，是我們現在研究的一大利器。

明代專注於歷代職官研究者似乎不多，蓋與當時學術的空疏氣氛有關，有王光魯撰《古今官制沿革圖》一卷，收錄在《續修四庫全書》之中。自清代以來，漢學大興，官制研究方面，既有《歷代職官表》這樣的國家工程，熔數千年官制沿革爲一爐，蔚爲大觀，又有規模較小的私家著述。輯佚類有黃奭輯的《晉官五種》、《晉官品令》等，補表類有洪飴孫撰《三國職官表》，專門研究則有周廣業《季漢官爵考》，強汝詢《漢州郡縣吏制考》，陳樹鏞《漢官答問》等。

民國初，章太炎先生著《官制索隱》，序言頗能概括前論。其言：「蓋古今言是者多矣，高者比次典章，然弗能推既見以至微隱。其次期於致用，一切點污之跡，故非所曉，雖曉亦不欲說。」

近代以來，對官制的研究，在繼承前人的基礎上，深入程度卻大大超越前人。現將近代以來秦漢官制的研究，做一簡單的歷史性回顧，所見所聞有限，掛一漏萬不免，尚請方家指正。

第二節　秦漢官制研究的歷史回顧

秦漢官制屬於中國政治制度史的範疇，也屬於秦漢史研究的範疇，對於官制的研究代不乏缺。現將上世紀以來的研究概況論述如下，所採用的材料以張傳璽先生主編的《戰國秦漢史論著索引》三編爲主，是書對國內外的研究資料相對搜羅較全，其中涉及秦漢官制的論文大部都置於「政治和法律」類下。茲論述如次。

第一編收集了當時國內能見到的 1240 多種報刊雜誌論文，時限起 1900 年，止 1980 年，粗略統計約 200 篇左右，這個數字與周天遊先生所統計的數字大體一致。這八十年如果再分，又可以依秦漢史的研究分期以 1949 年爲分界，分爲前後兩個階段。關於這段期間背景的資料，可參考周天遊、孫福喜

《二十世紀的中國秦漢史研究》一文。需要說明的是，這 200 多篇中不全是秦漢官制的論文，包括一部份與之相關政治制度研究論文也並予收入，因此收錄的範圍實際比較寬泛。現僅張書將其中秦漢官制的部份略作分類統計如下：

中外朝	宰　相	公卿總論	博　士	監　察	察舉選舉	尚　書	郎　官
3 篇	11 篇	6 篇	12 篇	11 篇	20 篇	11 篇	1 篇
刺史	俸祿食邑	分封	郡、國、縣	御史	鄉、亭	少府	太尉
5 篇	16 篇	14 篇	21 篇	4 篇	9 篇	1 篇	1 篇
上計制度	後宮	總論中央、地方政治制度		議事制度			
2 篇	1 篇	24 篇		1 篇			

統計粗糙而不完。從列表的情況來看，大致能反映某些真實。具體官制研究，關注較多者為宰相、監察、察選、尚書、俸祿、分封這幾大類。郎官、刺史、御史的研究，在該時期尚未全面展開。郡、國、縣之研究，數量看似不少，但多數是對制度的概括總結，或後代研究之追述至秦漢者，對歷史細節的研究力度還不夠。其中，以嚴耕望先對地方制度研究最精。其餘的單個職官的具體研究，如少府、太尉等就更少。

從研究者來看，大多曇花一現，大多數作者所寫論文只見單篇。能較成系統的研究較多的研究者有勞幹（17 篇）、嚴耕望（11 篇）、楊樹藩（11 篇）、周道濟（7 篇）、薩孟武（6 篇）、施之勉（5 篇）、曾資生（2 篇）、廖伯源（2 篇）等。從作者的籍貫來看，基本都是臺灣學者，從區域上看，研究相對集中。

這一時期的相關學術專著主要有：

陶希聖、沈巨塵《秦漢政治制度》，商務印書館，1936 年

曾資生《兩漢文官制度》，重慶商務印書館，1941 年，1944 年

陳世材《兩漢檢查制度研究》，重慶商務印書館，1944 年

瞿兌之、蘇晉仁《兩漢縣政考》，中國聯合出版公司，1944 年

嚴耕望《兩漢太守刺史表》，商務印書館，1948 年。

王亞南《中國官僚政治研究》，1948 年版，1981 年再版。

錢穆《中國歷代政治得失》，香港，1959 年。

嚴耕望《秦漢地方行政制度史》，臺北中研院史語所，1961 年

芮和蒸《兩漢御史制度》，臺北政治大學政治研究所，1964 年。

廖從雲《中國歷代縣制考》，臺灣中華書局，1969 年。

（日）三田村泰助 王家成譯《宦官秘書》，臺北市新理想出版社，1975 年。

朱紹侯《軍功爵制初探》，上海人民出版社，1980 年。

以上著作之研究成果，也有區分。制度史一類的著作，對於官制研究，雖不無裨益，但都較爲粗略。其餘成果，大都在安作璋、熊鐵基二先生所合著的《秦漢官制史稿》中得到體現，《秦漢官制史稿》1984 年出版，汲取以嚴耕望先生爲代表諸多學者的研究成果，可作爲前八十年秦漢官制研究之一大總結。

八十年代以來，有關秦漢官制的研究著作大量湧現。如楊鴻年《漢魏制度叢考》，是一部筆記類作品，對漢代制度作進行了分門別類的考證，涉及之廣，考證之綿，很見功力。白鋼主編、孟祥才撰《中國政治制度通史》（秦漢卷），論述秦漢政治制度之演變、特點，及政治權力的運行機制。卜憲群《秦漢官僚制度》，論述了秦漢官僚制度產生的歷史前提、淵源，對官僚制度行政運作方面之探討，具有啓發性。吳宗國主編的《中國古代官僚政治制度研究》，分官僚帝國體制的奠基、文吏體制和律令秩序、尊儒改制與儒、吏分合、官僚階級的士族化四部份論述秦漢的官僚政治制度體系，視角獨特新穎。祝總斌《兩漢魏晉南北朝宰相制度研究》，對兩漢時期宰相的構成及變化、宰相與皇權、秘書諮詢機構的關係，進行了深入細緻的討論。黃留珠《秦漢仕進制度》，上編論述秦仕進制度，具有開創性，下編主要討論兩漢的察舉制。閻步克《察舉制度變遷史稿》，考察了察舉制的變遷及其向科舉制的過渡歷程，將士人及文化傳統因素視爲選官制變遷的動因之一。閻步克《品位與職位：秦漢魏晉南北朝官階制度研究》，構建「品位—職位」的分析框架，探討這一時期官階制的變遷，認爲漢代以職位分類爲主，祿秩從屬於職位，魏晉南北朝時期形成以門品爲中心的品位分等，很具創新性。陳蘇鎭《漢代政治與〈春秋〉學》，從政治文化角度探討了漢代《春秋》學與政治的關係，其中有一些涉及官制問題，如王國官制問題之研究，具有參考意義。簡帛文書的大量出土，催生了漢代官制文書制度的研究，李均明、劉軍《簡牘文書學》，汪桂海《漢代官文書制度》等類著作，都對我們瞭解漢代官制有所裨益。

此外，田餘慶《論輪臺詔》〔註1〕，李開元《漢帝國的建立與劉邦集團——軍功受益階層研究》，楊光輝《漢唐封爵制度》，張小鋒《西漢中後期政局演變探微》，從不同角度對秦漢官僚政治史進行了考察。

論文方面，安作璋、黃留珠、許樹安、朱紹侯、高敏等先生，都發表過不少有分量的論文。如黃留珠先生側重於對選舉制度研究，一連發表了《兩漢孝廉制度考略》〔註2〕、《漢代的選廉制度》〔註3〕、《試論東漢舉孝廉制度的利弊》、《試論兩漢仕進制度的特點》、《西漢前期人事制度的改革》等論文，大部份成果集中於《秦漢仕進制度》一書中，書中運用數量統計分析等新方法，考察細緻而審慎，得出了許多精到而有說服力的見解。許樹安先生發表了《西漢中樞職官的設置和演變》〔註4〕、《漢代司隸校尉考》〔註5〕等文章，朱紹侯先生的研究，側重於軍功爵制、田制等方面，職官方面，連續三篇對司隸校尉的研究之作〔註6〕，使得司隸校尉的研究更進一步。從論文數量來說，僅僅1981到1990這十年的論文統計，幾乎可與前八十年論文總數持平。但這十年的主要研究範圍跟此前差別不大，如據我統計，宰相研究有8篇，監察制度研究有10篇，察舉選舉方面有14篇，俸祿食邑制度研究有13篇，刺史研究有5篇，但也略微有了一些新的研究點，如出現了對謁者、三老、司隸校尉等的單篇研究。但也有許多研究上的冷點，如皇后、太子宮官這方面，研究始終不見。

跨入九十年代，尤其後期以來，秦漢官制的研究呈現一派繁榮氣象，其中以圍繞簡牘對秦漢郡縣屬吏的研究最為突出。這時期，許多重要簡牘資料的發現與公佈，1997年《尹灣漢墓簡牘》一書出版，公佈了包含有大量西漢後期郡縣屬吏資料的尹灣漢簡的圖版和釋文；2001年《張家山漢墓竹簡〔二四七號墓〕》出版，其中有漢初《置吏律》、《秩律》、《史律》和《奏讞書》的

〔註1〕田餘慶《論輪臺詔》，《歷史研究》，1985年第1期。
〔註2〕黃留珠《兩漢孝廉制度考略》，《西北大學學報（哲學社會科學版）》，1985年第4期。
〔註3〕黃留珠《漢代的選廉制度》，《唐都學刊》，1998年第1期。
〔註4〕許樹安《西漢中樞職官的設置和演變》，《北京大學學報（哲學社會科學版）》，1986年第5期。
〔註5〕許樹安《漢代司隸校尉考》，《文獻》，1980年第3期。
〔註6〕分別為：《西漢司隸校尉職務及地位的變化》，《史學月刊》，1994年第4期；《淺議司隸校尉初設之謎》，《學術研究》，1994年1月；《淺議司隸校尉在東漢的特殊地位——司隸校尉研究之三》，《南都學刊》，1997年第1期。

原文，對探討秦漢郡縣屬吏制度有重要意義；2006 年有相當內容屬於漢末長沙郡行政文書的《長沙東牌樓東漢簡牘》公佈出版；此外，於 2002 年出土的包含秦洞庭郡遷陵縣政府檔案的湘西里耶秦簡，雖尚未完全公佈，但 2007 年出版的《里耶發掘報告》一書已收錄了部份簡牘的釋文，其中有不少是關於秦郡縣屬吏的。大量有關秦漢時期郡縣屬吏情況的簡牘資料的公佈，極大促進了學術界對這一問題的研究，湧現出了相當多的學術研究成果。

這一時期有更多年輕學者開始參與到秦漢官制的研究中來，他們的研究也值得我們去關注，其一部份成果集中在他們的學位論文中。相關的博士論文有：王俊梅《秦漢郡縣屬吏研究》，主要圍繞秦漢時期郡縣屬吏這一特殊群體展開，對郡縣屬吏的構成、生存境遇、與主官的關係、簡牘所見郡縣屬吏職能及其與鄉里社會的關係等方面進行探討，力圖從社會史的角度進行制度史的分析，探究該群體對秦漢行政運作、秦漢社會尤其是對秦漢基層社會的影響，這一點對於認識秦漢社會的變遷無疑具有重要意義；謝彥明《秦漢京師治安制度研究》，以傳世典籍爲基本依據，結合地下出土的簡牘數據與都城考古數據，在吸取前人已有研究成果的基礎上，重點探討在政府的嚴密控制之下京師這一層次的治安制度及其運作情況；郭浩《漢代地方財政研究》，對地方財政機制、財政收支、財政管理、財政監督等方面展開研究；鄔文玲《漢代赦免制度研究》，以漢代赦免制度的形態及其與漢代社會的關係爲研究主題，在研究方法上力圖採用社會史和法律史相結合的理路，同時注重運用大量個案分析增加論證力度。文章首先考察中國赦免制度的源流，描述先秦、秦漢時期赦免施行的概況及其呈現出來的動態特徵。其次，文章著重從赦免制度的類型、實施程序及適用範圍、效力等幾個方面討論漢代赦免制度的具體形態。第三，探討漢代赦免理念及其反對赦免的言論。最後，考察赦免制度的社會功能，從而展示漢代赦免制度與社會現實之間的關係；張玲《秦漢關隘制度研究》，在前人研究的基礎上，以正史記載爲主要線索，系統梳理傳世文獻、歷代地方志、簡牘材料、考古調查和發掘資料等，分地區探討有代表性的重要關隘的沿革。其中秦漢關隘管理制度，涉及了關隘的隸屬部門人員構成、通關文書管理制度、關禁制度、關隘財物管理制度等內容；王愛清《秦漢鄉里控制研究》，論文分六章，選擇不同的視角和層面對秦漢時期鄉里控制和秩序構造問題進行靜態與動態的有機考察；姜維公《漢代學制研究》，通過對漢代學校制度的考察，力求勾畫出漢代官學、私學發展與演變的歷史

軌跡，並對漢代學校的施教人員與學生、教育內容與教學形式等都做出比較
詳盡的探討與研究。相關的碩士論文有：熊明《兩漢「州」的司法職能》，江
娜《兩漢屬國兵制初探》，彭越《讖緯與兩漢政治》等，都不乏可取之處，限
於篇幅，不再具述。

　　以上是秦漢官制研究的粗略概況，一者論著數量眾多（尤其是近二十年
間），二者囿於筆者所見有限，敘述必有不周。但總體來說，成果是豐碩的，
研究的廣度、深度及視角都在不斷深入拓展。但也不能迴避一些問題。對於
二十世紀秦漢官制的研究中的問題，今參考周天遊先生《二十世紀的中國秦
漢史研究》一文加以討論。〔註7〕

　　第一，現有成果多是對具體的瑣碎的問題的研究，從整體上把握秦漢各
級職官制度、研究各級職官屬吏群體的並不多。前面提到的眾多專著與論文
中，僅成書於20世紀60年代的《中國地方行政制度史・秦漢地方行政制度》
和80年代的《秦漢官制史稿》中有對郡縣屬吏制度的較全面研究。另外，值
得關注的是，像閻步克先生選擇對秩級、官品進行研究，這樣成體系、有延
續性的研究成果還太少。

　　第二，多做橫向、靜態的研究，而系統討論其制度演變的縱向研究則較
少。秦漢時期有著四百餘年的時間跨度，即使古代社會發展緩慢，一個制度
也不可能在四百年裏不發生演變。更由於傳統文獻中對這一制度的系統介紹
較少，只是在敘述一些重要人物的仕宦經歷時才會有所涉及，且往往都是一
筆帶過，這就使我們對這一時期制度的演變過程不是很清楚，甚至使某些人
產生了其變化不大的感覺。但近幾年簡牘材料的不斷出土已完全證明了這種
認為其變化不大的感覺僅僅是錯覺而已。其實，20世紀五六十年代嚴耕望在
作秦漢郡縣屬吏研究時，已認識到了其制度存在變化，認為秦及漢初的制度
與西漢中期以後的制度不一樣。只是由於文獻不足，才放棄了縱向研究。

　　第三，跨學科、跨階段的研究的不足。學科方面，由於中國學科體系劃
分越來越細造成的，當然，這也是學科研究深入的一個表現。但許多研究者，
不具備多層次多領域的知識，導致了自己的視野不夠寬闊，影響了研究的進
程與深度。比如在研究官制時，必須注意其宮廷建築的影響因素。楊鴻年先
生已經注意到這方面的因素，近來也有若干學人加入到討論之中，但沒有跨

〔註7〕以下參周天遊、孫福喜二先生《二十世紀的中國秦漢史研究》一文，《歷史研
　　　 究》，2003年第2期。

學科的知識，導致其研究深度欠佳。許多作者做了大量材料分析，用功不可謂不勤，但結論卻十分模糊。再如，通過閱讀《兩都賦》、《二京賦》等一些資料，我們會發現天文學、五行、讖緯思想等在漢代宮廷建築中影響甚大，對這些知識的瞭解，也有助於我們對漢代官制的研究。官制的基本特點就是具有延續性，這就啓發我們，打破研究領域的束縛，對各個時期的官制進行綜合研究，尤其是秦漢至唐這一段，是一條不錯的途徑。其困難在於，很少有人能夠兼顧這麼長的一段歷史時期。總之，是難題也是機遇。

　　第四，官制的延續性關注度不夠。現在研究中，對於某一職官職掌的討論，還是依照傳統的思路，即大旨通過史料中的例子來演繹統計。譬如某一官職，我們知道他做過什麼，但這種寬泛的職能劃分亦不精確。此種方法在缺乏明確記載之條件下，不可謂不善，然亦易令人喪失眾多關注點或觀察角度。筆者在點讀《職官分紀》一書的過程中，發現漢以後對於同一官職的記載，其職掌要更爲明晰，借由後世的這些記載，去探索漢代職官的分承合轉，去啓發我們那些注意到的史料，藉以補充研究其職掌，不失爲一種良途。此種最好之例子爲嚴耕望先生對於漢代官員選任遷轉籍貫限制的考察〔註 8〕。對於官員籍貫的限制，不獨於漢，歷代皆有，但漢代數據無任何之記載，嚴先生注意到這種政治現象，遂做整理研究，遂成鴻篇。再如漢代兵役制度，一些近世之中青年學者，於制度未有通觀，所寫之論文就缺乏明確的方向性、學術上的敏感性、嗅覺不強，導致很多思索上的誤解。而筆者在讀書過程中，發現許多跨領域的老一輩學者，雖非不是做專門的研究，方向感卻極強。同樣是漢代兵役問題，研究過經濟史的王毓銓先生寫的文章就很有分量。這一點很值得重視。

　　第五，從研究著學科背景來看，歷來研究官制的都是一些史學家，而缺乏正統的經學家、小學家的介入。固然，近代以來，專治經學的純儒已不多見，經學的衰落已經是不爭的事實。但經學中保留的歷史材料與思想史材料大約只有正統的經學家才能參透。比如作者在後文中將要談到的「路寢」的問題，便是經學概念對漢代官制的影響。學科外的史學、考古學也好，當然可以部份利用這些材料。但是如果系統、有深度的參考，就今天所見史學與考古學之論文來看，急需經學研究者介入。民國初年，章太炎先生以經學家、

〔註 8〕見嚴耕望《中國地方行政制度史——秦漢地方行政制度》第十一章，上海古籍出版社，2007 年。

小學家的視角來研究官制，取得了一定成就。其所著《官制索隱》、《官統》三篇等對於探求官制、官名的起源都具有啓發意義。

以上是對整個官制研究的粗略敘述，論著既多，難以盡覽，重以能力有限，多所疏略，尚望見諒。筆者打算以《秦漢官制史稿》（以下簡稱《史稿》）作爲出發點，輔助以嚴耕望先生《秦漢地方行政制度》〔註9〕及其他論著，以此爲基礎進行研究（通過筆者前期所讀近三十年來的論文來看，這種框架是可行的）。《史稿》1984 年於齊魯書社出版，其出版彌補了斷代官制史方面的空白。如作者在緒論中所言「試圖進行一番系統而詳細的整理和總結工作」，對於二十世紀前八十年的研究工作，完全稱得上是一次總結，達到了總結與整理的意圖，而且提出了許多新的觀點。〔註10〕從材料運用來看，除了參考引用「前四史」中的大量資料外，舉凡先秦、兩漢經傳、史籍、諸子書、各種政書、類書中有關秦漢官制的資料，以及秦簡、漢簡、漢碑、漢畫像石、銅器銘文、瓦當文字、印章、封泥等文物考古資料，都在搜集之列。尤其是當時發掘出土的睡虎地秦簡中的材料也在使用之中。可以說，材料搜集頗爲豐富，研究上保持與時俱進。我們打算在此基礎上繼續研究，在材料上主要增加這三十年來出土的尹灣漢簡、張家山漢簡等出土材料，及相關研究論文著作即可，可以省力不少。以下對《史稿》的不足之處做一淺陋分析，這些不足，同樣存在於近三十年的研究中。

第一，官制演變方面。

顧名思義，既名《史稿》，當然重視對秦漢職官演變軌跡的探索，故其一大貢獻在於注重對秦漢四百年間職官演變作了一定程度的梳理，不足之處是只梳理了研究較透的一部份，如丞相、御史大夫、太尉的演變，都作爲專節梳理，而九卿的演變軌跡，並沒有專門論述，只是稍微提及，這主要是局限於《通典》、《漢官六種》等的材料限制所致。即便是對官制的演變，也缺乏更深一步的分析，其思路：找出某個時間點，以此爲中心闡述演變，實則比較籠統。如多漢武帝時期、王莽時期、光武時期、漢末等等。但是對於各個時間點之間的變化，研究卻不詳細。這其實是受到古書的影響。古書記載中，對於官制明顯的改變，一般都會記載下來，而對於爲什麼發生這種演變，從

〔註 9〕據筆者的觀察，嚴書的地方制度的研究成果基本被包括在《秦漢官制史稿》中。

〔註10〕張金龍《〈秦漢官制史稿〉評介》，《史學史研究》，1986 年 04 期。

社會背景與歷史角度，闡述的不多。《史稿》對古人的這種沿襲是很明顯的。總得來說，《史稿》在這些方面還是取得一定成就，但也有不少疏漏，或未更深入研究。

　　試以漢代刺史一職為例，《漢書·百官表》與《後漢書·百官志》都語焉不詳，《史稿》結合古人評價，將其來龍去脈詳加考證，指出刺史本為監察官吏，秦時為加強對地方的控制，每郡設置監郡御史一人。而西漢未循秦制，間或派丞相史或御史並出監察地方，到武帝時，分全國為十三州，每周設置刺史一人，專管監察，六條問事，不主治民，年俸僅六百石。成帝時改為州牧。哀帝建平二年復舊，年俸真二千石，元壽二年又復為州牧。東漢光武帝時改為刺史。靈帝時又改為州牧，甚至州牧刺史並行。就其職權範圍來說，原來是六條問事，到了西漢末年便可察及縣令長。原來無選和劾奏職權，光武帝時間或有之。其後職權愈加膨脹，干預地方行政，甚至有領兵之權。原來確實起到以小制大之作用，但日後卻走向反面成為最為有勢力的地方割據政權。可以說，《史稿》將刺史的來龍去脈梳理的井然有秩。但是這裡面也存在不少問題。首先，所謂西漢未循秦制的問題，而漢沿秦制，這麼一個有效的監察制度沒有沿襲，確實令人大出意外。而《北堂書鈔》設官部：「惠帝三年，相國奏遣御史監三輔郡，察辭詔凡九條。監者二歲更，常以中月奏事也。」這說明《史稿》的結論是可商榷的。而《史稿》對於這一結論所引用的材料為《後漢書·百官志》：「秦有監御史，監諸郡，漢興省之，但遣丞相史分刺諸州，無常官。孝武帝初置刺史十三人。」但《百官志》也是有問題的。漢初同姓異姓諸侯王封國，大約佔據了漢政府三分之二的版圖，而漢政府自己所掌控的區域甚蹙〔註11〕。且初期，除了為諸侯國置相以外，其餘官制都是各國自置。異姓諸侯國的最終滅亡是在文帝最後一年，時長沙國因為無裔而國除。同姓諸侯國在經歷了景帝時吳楚七國叛亂與武帝時推恩令也最終大量減少〔註12〕。所以這段時期根本就不存在分州的情況，只有在漢朝掌控大局

〔註11〕　《史記·漢興以來諸侯王年表》：「高祖子弟同姓為王者九國，唯獨長沙異姓，而功臣侯者百有餘人。自雁門、太原以東至遼陽，為燕、代國；常山以南，大行左轉，度河、濟、阿、甄以東薄海，為齊、趙國；自陳以西，南至九疑，東帶江、淮、谷、泗，薄會稽，為梁、楚、淮南、長沙國：皆外接於胡、越。而內地北距山以東盡諸侯地，大者或五六郡，連城數十，置百官宮觀，僭於天子。漢獨有三河、東郡、潁川、南陽，自江陵以西至蜀，北自雲中至隴西，與內史凡十五郡。」

〔註12〕　可參《劍橋中國秦漢史》所列之疆域演變圖。

的武帝時期，全國性普遍設州才成爲可能。所以《北堂書鈔》設官部所奏的是「三輔郡」，而不是全國的郡，道理正在於此。這個變化，《史稿》沒有提出來，是其不足。從糾察的範圍看，一個是九條〔註13〕，而到武帝時是六條〔註14〕，也有內容上的不同，粗略來看，惠帝時九條糾察權限要比武帝時六條要大得多。爲什麼有這種變化，與當時的政治形勢和社會制度有什麼關係，這都是需要進行考察的。如武帝之六條之第一條即「強宗豪右田宅踰制」，首要監察的居然不是郡，而是「強宗豪右」，這與當時的政治形勢密切相關。武帝時窮兵黷武，累年用兵，軍費大成問題，故而就在此之前的元鼎三年（公元前114年）頒佈了告緡令，「令民告緡者，以其半與之。」致使全國上下，騷動不安。緊接著，此後數年，武帝便正式建立了刺史制度。按照漢代的法令，犯法者沒入財產，而「田宅踰制」是最容易監察到的，所以刺史這六條中的第一條，是與當時告緡令施行後的社會形勢密切相關的。同理，在武帝之後，國家情況發生了變化，其所監察的內容，是否有相應的改變，這個問題也需要關注。此外，《史稿》僅僅注意到刺史的變化，而對於刺史屬吏的變化基本沒有涉及，亦爲其不足（見於其他官職，整部書中都存在這種狀況）。再如尚書一職官卑任重，認爲其自西漢中期開始權任漸重，至後漢尤重。然據採用東漢蔡邕《獨斷》的記載，群下上書的方式大體有三種，即詣闕通、謁者臺通、尚書臺通。謁者在西漢未見有臺的記載，但卻見於《後漢書·百官志》，則應該是後漢建立。而根據漢代的制度，具有處理政事功能的機構才有資格稱爲臺。後漢有三臺，即御史臺、謁者臺、尚書臺。謁者出臺治事，並與御史、尚書鼎足而三，是已經分掌了尚書的一部份職能。西漢政務的常設處理機關爲尚書臺，故史書中常見「錄尚書事」，這說明尚書在西漢是處理統理一切政事的。東漢謁者臺的建立，應當是光武帝出於對尚書臺權任過重

〔註13〕《玉海》卷65《詔令》下引《唐六典》：「惠帝三年，相國奏御史監三輔不法事、詞訟、盜賊、鑄僞錢、獄不直、繇賦不平、吏不廉、苛刻踰侈，及弩力十石以上作非所當服，凡九條。」

〔註14〕（漢）班固《漢書·百官公卿表》注：「以六條問事，非條所問，即不省。一條，強宗豪右田宅踰制，以強陵弱，以眾暴寡。二條，二千石不奉詔書遵承典制，倍公向私，旁詔守利，侵漁百姓，聚斂爲奸。三條，二千石不恤疑獄，風厲殺人，怒則任刑，喜則淫賞，煩擾苛暴，剝戮黎元，爲百姓所疾，山崩石裂，妖祥訛言。四條，二千石選署不平，苟阿所愛，蔽賢寵頑。五條，二千石子弟恃怙榮勢，請託所監。六條，二千石違公下比，阿附豪強，通行貨賂，割損政令也。」

的顧忌而設（從《後漢書》來看，謁者是一個非常活躍的群體），正如在西漢，因對應宰相大權獨掌而設置了尚書臺，到西漢末期，尚書臺這種趨向愈發明顯。故而特為設置謁者臺。這類兩漢間國家機構增減的變化，也是歷來研究中所容易忽視的。

再舉一例，如前後左右將軍的變化。其初置在武帝時，但彼時尚未成制度，皆征戰臨時設置。昭宣迄於哀平為常設，據筆者根據《百官公卿表》繫年統計，前後左右將軍，前左、後右為各為一組，同時期每組各取一人，以前後、左右為常見（也偶有其他組合）。儼然已制度化。但班固《百官公卿表》序言中卻說「前後左右將軍，皆周末官，秦因之，位上卿，金印紫綬。漢不常置，或有前後，或有左右，皆掌兵及四夷。」這說明班固的記載是有問題的。班固記載的情況是東漢初期的狀況，東漢只有在光武帝南征北戰中才有才設置過，但大概屬於臨時設置，班固所在的明帝時期，已經沒有常任了。故《後漢書・百官志》也說「將軍，不常置。本注曰：掌征伐背叛。比公者四：第一大將軍，次驃騎將軍，次車騎將軍，次衛將軍。又有前、後、左、右將軍。」這是《史稿》的一個問題。此外前後左右將軍，其區分的意義在於何處。其統帥的應該是何種軍隊，這些在書中都沒有交代，都需要進一步研究。

第二，對許多職官尚缺乏進一步研究。

這一部份主要集中在屬官方面。平心而論，《史稿》對於屬官種類做了全面的統理，每個主要職官後面都附有屬官表。但畢竟是時代的產物，時代在變，研究方式也在變，研究材料也在不斷豐富。許多當時忽略的不為重視的方面，現在看來，更有重新拾起研究的必要。《史稿》對官吏的研究，多從靜態的方面去考察，基本以介紹、總結職能為主，對於行政活動的組織形式、運轉流程等方面，缺乏必要之研究。各官職之間的相互關聯與互動，幾未涉及。傳統的職官間的交互研究，無非是君權與相權、刺史與郡縣、尚書與丞相，丞相與百官諸方面，且研究成果中，樣板味過於濃重，所下結論多有可斟酌的餘地〔註15〕。不能動態的考察，作為一個社會來考察，是以往研究的一個缺陷。其主要官吏方面，如九卿、刺史、郡守、縣令等，歷來是研究的

〔註15〕如關於成帝時丞相分職三公之事，傳統觀點認為，是相權過大所致，但經祝總斌先生詳細論證，實非如此。見祝先生《兩漢魏晉南北朝宰相制度研究》第三章第一節，中國社會科學出版社，1990年。

重點，對其大體職掌研究的較爲深入，但因爲受到材料的限制，尚有研究的餘地。對於主要官吏以下的屬官的研究則欠缺。即以丞相爲例，歷來有東西曹的問題，其具體職掌尚待明晰。《漢舊儀》所云：「丞相初置，吏員十五人，皆六百石，分爲東、西曹。東曹九人，出督州爲刺史。西曹六人，其五人往來白事東廂爲侍中，一人留府曰西曹，領百官奏事。」〔註16〕此處「侍中」與加官「侍中」有什麼區別，有的研究將其歸入侍中的來源，認爲最初的侍中即是丞相府吏，其結果恐怕欠妥。東曹九人，即主事者爲九掾，下有書佐之類。其爲九人，似應九州之數，則這一制度的設立最晚在武帝分九州部刺史時左右，而其出督州該如何行政研究的也不夠清楚。同書又云：「吏二千石初除，詣東曹掾拜部，謁者贊之。」則東曹九掾在其不出督之時，每掾亦統管一州，故有拜部之儀。似此之類，皆有討論之必要，其與此後刺史的出鎮之間的變化關係，所論甚少。

再以郎中令屬官爲例，五官中郎將、左右中郎，歷來皆缺乏專門之研究，史料中的記載也很疏略。《漢書·百官公卿表》一筆帶過，《後漢書·百官志》介紹稍微稍詳，但都不足以解釋其得名之由，及具體職掌爲何。以上皆《史稿》一書所未詳究。又郡國屬官中有五官掾，則此五官掾與中央的五官中郎將皆以「五官」名官，其中存在何等關係？五官一名，不肇自漢，晚周戰國常見，如《楚語》：「天地神民類物之官，是謂五官」，《韓非子》記載，趙襄子避智伯，「君至，而行其城郭及五官之藏。城郭不治，倉無積粟，府無儲錢，庫無甲兵，邑無守具。襄子懼，乃召張孟談曰：『寡人行城郭及五官之藏，皆不備具，吾將何以應敵』」，《管子》一書所引尤多。至於所指爲何，據嚴耕望先生研究，判斷五官掾領主祠祀事〔註17〕，近來復有學者認爲五官掾爲功曹掾〔註18〕。按：五官掾爲功曹掾之說不可從。《後漢書·任李萬邳劉耿列傳》：「更始至洛陽，以光爲信都太守。及王郎起，郡國皆降之，光獨不肯，遂與都尉李忠、令萬修、功曹阮況、五官掾郭唐等同心固守。」《列異傳》：「西河鮮于冀，建武中爲清河太守，言出錢六百萬作屋，未成而死，趙高代之，計功用錢凡二百萬耳。五官黃秉、功曹劉商言是冀所自取……」此皆證五官掾、功曹掾爲二官，非一官。考《後漢書》引「漢中五官掾程信率壯士與蠻共擊

〔註16〕 （清）孫星衍等輯、周天遊點校《漢官六種》，中華書局，1990年，第36頁。
〔註17〕 嚴耕望《秦漢地方行政制度》第二章，上海古籍出版社，2007年。
〔註18〕 宋一夫《漢代功曹五官掾考》，《歷史研究》，1994年第5期。

破之」〔註 19〕，五官掾尚可以領兵事，如此看來，嚴耕望先生所謂領祠祀的觀點也大有斟酌之餘地。又東漢郎官年五十以上爲五官郎，似乎從年齡上亦可進行考慮〔註 20〕。其中盤根錯節，疑問甚多，然究孰是孰非，皆需再度研究。

再如，郎中令屬官騎都尉的職責還不是很清晰，作爲騎都尉的單篇研究，迄今爲止所見只有一篇〔註 21〕。從內容上看，是從涉及騎都尉的史料歸納其所掌，研究思路傳統，其餘並沒有特別的創新。《後漢書・百官志》但言「騎都尉，比二千石」，本注曰「無員，本監羽林騎」，《史稿》於此未加細究。但據《後漢書・百官志》太僕下本注：「舊有六廏，皆六百石令，中興省約，但置一廏。後置左駿令、廏，別主乘輿御馬，後或並省。又有牧師苑，皆令官，主養馬，分在河西六郡界中，中興皆省，唯漢陽有流馬苑，但以羽林郎監領」，而羽林郎又屬騎都尉掌管，則騎都尉在東漢似乎還掌管部份馬政，這對於西漢的馬政是一個重要的補充。但原則上，太僕是馬政的管理者，那麼，騎都尉與太僕的這種權限分野是在哪裏，功能上是相互配合，還是各有分掌，以及秦漢四百年間的這一職官變化情況，等等，都需要進一步的總結研究。

再如「黃門」這類官職，見於官名的尚有小黃門、中黃門、黃門令、黃門侍郎等等，《史稿》同傳統觀點，認爲他們是近臣，但他們與侍中、常侍、尚書這一類近臣又有什麼實質區別，都沒有進行考察。通常認爲，黃門是宮廷之禁門〔註 22〕。然「禁」這個字，所指範圍模糊，造成研究上失之籠統，難明其掌。「禁中」在漢代又有與「省中」通用一說〔註 23〕，這又導致這一問題的複雜性。要明確黃門這一概念，就必須理清「禁中」和「省中」這兩個概念。「禁中」與「省中」應該是有別的，若說西漢是避諱外戚王禁的話，東漢則完全沒有必要避諱，但從後漢的史料來看，「禁中」與「省中」頗爲雜用。

〔註 19〕（南朝宋）范曄《後漢書・西羌傳》，中華書局，1965 年，第 2889 頁。此外五官掾領兵的尚可見別處，此不具引。

〔註 20〕祝總斌先生在《兩漢魏晉南北朝宰相制度研究》一書中，利用三公年齡分析東漢三公的地位，角度新穎別緻。

〔註 21〕張新超《西漢騎都尉考》，《天水師範學院學報》，2012 年 01 期。

〔註 22〕（唐）杜佑《通典・職官三》：「凡禁門黃闥，故號黃門。」中華書局，1988 年，第 549 頁。

〔註 23〕（唐）杜佑《通典・職官九》自注：「《漢舊儀》曰：『秩千石，得出入臥內，舉法省中。』省中即禁中也。成帝外家王禁貴重，朝中爲諱禁曰省。」中華書局，1988 年，第 755 頁。

這個問題自八十年代以來，楊鴻年先生首先提出質疑。他在《漢魏制度叢考》一書中將兩漢的官吏分爲省官、宮官和外官三類。他認爲：「如以宮省制度爲基點，研究兩漢職官設置，則當時官吏，約可分爲三類。一類是在省中工作和經常住居省中，或雖不經常住居省中但其關係與省特別密切的官吏，可以叫做省官。第二類是設在省外宮內的官吏，可以叫做宮官。第三類是設在宮外的官吏，可以叫做外官。」持同樣觀點的還有廖伯源先生〔註 24〕。近來又數篇論文都在專門議論歷來這個問題，足見這個問題甚有價值，但結論都不能令人滿意，至有認爲省中包括禁中的錯誤觀點〔註 25〕。這個問題不明確，就會導致需要相關研究立足未穩。但目前的研究，都是就文獻材料出發，文獻本身只會治絲益棼，因爲端緒太多，時見矛盾衝突之處。要解決這一問題，必須依靠多學科的知識與研究成果。首先要明確宮廷的宮禁層次，漢代這方面的材料比較零碎，但並不代表不能有所作爲。中國的建築發展是有一定延續性的，漢代未央宮的發掘已經比較徹底，建築史家已經於此進行了大量的研究，如楊鴻勳先生《宮殿考古通論》展開過復原研究，傅熹年、于倬雲諸先生都有值得借鑒的研究成果。比較漢唐的宮廷建築模式與禁衛層次，找出它們存在的共同點與規律性，結合唐代的律、令、格、式及《唐六典》中的補充的禁衛材料（中有不少涉及宮門、殿門的內容），再加上漢代大量引及宮禁的材料及古人注釋〔註 26〕，明確「宮禁」的概念，完全可以嘗試做一個深入的研究。

再如護羌都尉、西域都護、使匈奴中郎將等都是以郎官出鎮，卻很少有人注意它們的共同之處。像西域都護、使匈奴中郎將等，他們的屬官都有副校尉，使匈奴中郎將在漢末轉變爲護匈奴中郎將，這種一字之差的變化，從

〔註 24〕 廖伯源《西漢皇宮宿衛警備雜考》，《歷史與制度：漢代政治制度試釋》，香港教育圖書公司，1997 年。

〔註 25〕 曲柄睿《漢代宮省宿衛的四重體系研究》，《古代文明》，2012 年第 3 期。

〔註 26〕 如《唐六典》卷一引漢制：尚書郎主作文書起草，更直於建禮門內。……給尚書郎指使二人、女侍史二人，皆選端正，執香爐、香囊，從入臺，護衣服。奏事建禮門內，得神仙門；神仙門內，得明光殿、神仙殿，因得省中。省中皆胡粉塗壁，畫古賢列女，以丹漆地，謂之丹墀。尚書郎握蘭，含雞舌香，奏事與黃門侍郎對揖，黃門侍郎稱「已聞」，乃出。再如，《漢書‧王莽傳》：「昭寧堂池東南榆樹大十圍，東僵，擊東閣，閣即東永巷之西垣也」。再如，《後漢書》中的陵寢制度中有「園省」的名稱，根據漢人事死如事生的理念，都可以用來研究。

《三國志》等史書來看，並不是文字的訛誤，而是形成了一種固定的制度，則期間的變化原由何在，都是需要仔細考慮。再如兩漢很重要的武官羽林郎的研究，論文數量也很有限〔註27〕。

第三，特別一點，武官研究尤爲不足。如在大將軍一節下，《史稿》只是羅列了一些將軍名號，對於將軍的設置於變化，都尚待深入研究。對武官的研究，不僅是《史稿》，而且是整個秦漢官制的盲點，雖然近三十年來，對武官有了部份研究成果，但是對軍事制度的發展規律還沒有摸清〔註28〕。筆者認爲，若想研究清楚這一點，除了對先秦的軍事思想與軍事制度瞭解透徹外，其次還要透徹瞭解漢代的兵役制度（這一塊迄今尚未完全研究透徹），還需要參照後世，特別是魏晉南北朝的武官設置與變化來進行研究。缺少了這幾方面，都沒有研究透徹的可能。筆者近所看廖伯源先生《東漢將軍制度之演變》一文，也存在這樣的問題。其實不止武官研究，所有的秦漢官制研究，大部份都是在揭露總結現象方面用力最多，而探討制度本身的規律，研究很少。

第四，對一些重大問題，研究較爲透徹，但是精細度猶顯不夠。試以郎官制度的研究爲例。如對漢初貲選〔註29〕的問題，漢景帝後元二年詔書說：「人不患其不知，患其爲詐也；不患其不勇，患其爲暴也；不患其不富，患其亡厭也。其唯廉士，寡欲易足。今訾算十以上乃得官，廉士算不必眾。有市籍不得官，無訾又不得官，朕甚愍之。訾算四得官，亡令廉士久失職，貪夫長利。」「訾」與「貲」通。此處明言「廉士算不必眾」，「四算」是就「廉士」而言，即景帝後元二年之後，貲選標準一分爲二，分爲「算十」與「算四」兩類。而通常觀點則不加分別一概認爲此制度「算十」變成了「算四」。這是長期以來的一個誤解〔註30〕。又如在東漢中郎的問題上，有的學者認爲東漢

〔註27〕 單篇論文可見者只有黃今言《漢代期門羽林考釋》，《歷史研究》，1996 年 02 期；武素琴《西漢羽林述論》《殷都學刊》，1996 年 01 期；謝彥明《西漢期門、羽林軍不屬於南軍》，《首都師範大學學報（社會科學版）》，2005 年 01 期。

〔註28〕 漢代官制，絕大多數學者都是寥寥數篇研究，此後興趣轉向他所，畢生不在涉獵。這種分散的研究方式，難以徹底、系統的研究。固然官制向來爲難究，我想，這也是爲什麼漢代官制研究，看似研究眾多，而實則進步很小的問題所在。能深入整體的研究者，據筆者所見，只有嚴耕望、安作璋、祝總斌、閻步克、黃留珠等不多的學者。

〔註29〕 學界對貲選有主要兩種觀點，一種認爲是具有一定家財便得選爲郎官。一種認爲是出錢買郎官。

〔註30〕 可參安作璋、熊鐵基《秦漢官制史稿》，齊魯書社，2007 年，第 352～353 頁。

不存在中郎，史書中的中郎將，所統領的其實都是郎中。其理由是後漢書只出現過三次中郎的記載，最有說服力的一次，認為「中郎」為「郎中」的錯誤。其實則不然。尚有其他例子可以證明。《三國志·蜀書·劉二牧傳》，「劉焉……漢魯恭王之後裔……為少仕州郡，以宗室拜中郎，後以師祝公喪去官。」此是後漢末情況。《姜維傳》「以父冏昔為郡功曹，值羌、戎叛亂，身衛郡將，沒於戰場，賜維官中郎，參本郡軍事。」這是蜀國情況。蜀國一承漢制，所以大體亦可信據。後漢雖然依然保有中郎，但是也發生了一些比較大的變化，其中最重要的即是從事中郎制度。這一制度起源於西漢，到東漢大為流行（前漢凡二見，後漢二十多次）。從事中郎遂為三公、大將軍等官屬，但是必須奏請方能置辦，不屬於自辟除。如後漢延熹中，武陵蠻復寇亂荊州，車騎將軍馮緄以奉有維恩，為蠻夷所服，上請與俱征。拜從事中郎。關於這一制度的演變，前無討論著，俟後更詳細論之。

第五，官制演變方面，側重於本朝、本職的演變，即對於兩漢間的官制演變敘述較為詳細〔註31〕，對於前代，尤其是後世，漢代官制的地位及作用，研究力度不夠。在具體官職的演變方面，缺乏更寬廣的視角的研究。比如漢代九卿，在後世逐漸產生權力分化，如太僕一職，魏晉以來逐漸變得不重要，南朝以來常省。其中的某些職能或機構，如車府令本是掌管皇帝的車駕，後來歸於駕部尚書所掌。諸如此類的權力的分流，所體現的趨勢與規律，及其深層次的原因，都是需要研究的方面，而學界注意的不多。

以上是以《秦漢官制史稿》的具體分析，據筆者所見，《史稿》之後迄今為止的研究，這些問題依然存在，很有必要進行研究。而以上的分析，只是問題中的極小一部份。

第三節　研究思路、範圍及文獻材料簡介

本文側重對秦漢官制演變進行研究。但漢代官制研究的一個特點就是材料零散，史料中的記載尚不足以建立起一個完整而詳實的制度體系，也正因為如此，許多結論很容易被發現的新材料所推翻。當然，零散的材料要求研

〔註31〕 有一個問題，東漢的制度在史書記載中都說是延續西漢制度，但是據筆者的觀察，其很多制度都是延自王莽時所創新制，這一方面，還未發現有深入研究者。

究者具有挖掘材料深度的能力。過往的研究者，大都做專門的斷代的學問，缺乏綜合類的通史性的研究；大都做文獻的搜集整理考證，而不能與實物研究相結合；大都做零星之研究，往往某一研究甫始即轉向其他領域，縱然有所創新，也是曇花一現，缺乏縱深廣泛的研究。但就軍事一方面來看，正如黃今言先生所說，1900～1992 年專論東漢軍事的文章甚少，而有分量的論著更是寥若晨星〔註32〕。

筆者的研究方式，大致可分以下幾類：

繼續傳統的研究。秦漢的官制研究方式是主要是歸納式研究，從大量材料例子中，歸納總結出某部份功能或現象。不足之處是面對數據不足時，這類「耗費」數據的研究方式往往顯得力不從心。這也恰好解釋爲何近年來，隨著簡牘材料大量出現後，研究論文數量激增。對新材料的過份依賴，是秦漢官制研究的一大障礙。一部份屬於保持審慎的態度，一部份，不得不說，也間接反映出研究能力的不足，陳寅恪先生運用尋常的材料卻能做出不同新的成就，這都是值得欽佩的研究能力。經由筆者的初步研究發現，材料尙可進行進一步搜集與闡釋。所讀過的著作中，比較普遍的存在材料運用不全與解釋不當的問題。

嘗試比較研究。以往的研究，多專注於秦漢之間，很少有通過後代來觀察秦漢的官制狀況。採用這種研究方式，建立在後代某個制度框架下，這個制度必須足夠詳細，沿源尋流，從職官變遷與功能分化中尋找突破口，並結合那些在傳統研究思路下是那麼足夠的材料，進行新的解釋與研究。其可行性正在於官制具有延續性。正如嚴耕望先生在《魏晉南北朝地方行政制度》引言中所云：「中國中古政治制度有秦漢與隋唐兩大典型，其組織與運用截然不同，然秦漢型如何以變爲隋唐型，則由魏晉南北朝三百數十年間政治社會情勢之積漸演變有以致之，非出某一人物之特意革創者。故魏晉南北朝時代之制度，其本身雖不成一典型，然欲觀秦漢制度如何沒落，隋唐制度如何新生，則必當於此一紛亂時代求之。故就歷史觀點而言，其重要性實不在漢唐制度之下。而在此制度演化之大潮流中，地方行政制度如何由秦漢型演化爲隋唐型，其軌跡步驟尤屬彰著作，可視爲兩型制度交替演化之明顯例證。」之所以採用這種方式，也頗爲無奈。如前所述，以往的研究，大都以材料入

─────────────

〔註32〕黃今言《東漢軍事史的若干特點和研究方法問題》，《史學月刊》，1979 年第 1 期。

手，可兩漢的材料又不能說太豐富，所以至今在很多問題上，歧見甚多。一方面，對未經涉足或研究明顯不夠的領域展開研究，如護烏桓校尉、使匈奴中郎將等的研究〔註33〕，另一方面，材料的不足也牽扯到研究點的不夠明顯。做回溯式的考慮，其可取之處，正由於存在這種延續性、過渡性，啓發我們可以通過後代的官制來回顧秦漢的官制，從而揭示很多研究點，盤活許多貌似無關、實則關鍵的材料。當然，其難度也是可以想見的，絕非是隨便翻幾部制度史就能解決的問題，需要對前後的制度有相當瞭解，需要下極大苦功。這一段，筆者初步把材料的搜集範圍擴展到魏晉南北朝。

秦漢官制涉及到方方面面，短時間內不可能全面涉及。筆者之研究在範圍方面，主要集中在中央官制部份。

研究材料簡介：

1、《漢書・百官公卿表》（簡稱《百官表》、《百官公卿表》）

該表爲我們基本參考資料之一。東漢班固作。《百官表》首開正史述官制之例，爲研究秦漢官制最原始之材料。其體例爲先敘官職起源，後敘漢代的演變。缺點是記載不明確，許多官職及其附屬機構究竟設置於秦還是設置於漢，在表中難以分清。即王國維先生《齊魯封泥集存序》所說「備列官府之目，未詳分職之名」，司馬彪《百官志》說是「孝武奢廣之事，又職分未悉」，或然。其記敘上以「百官」爲名，說明其側重敘述京師官制，因爲在古人觀念中，郡縣一級一般沒有參與朝會的權利，不列百官之目（兩漢三輔有奉朝請之權利，此特例）。這也限制了其內容上疏於郡縣一級，記載甚爲簡略。故陳直先生《漢書新證・序》雖怪其「六百石以下之官吏，沿革每漏而不記，令長下之丞，只記有幾丞，而不記某丞之名」，亦無可厚非。總之，在對秦漢官制尚未全面揭示之前，我們還是以謹愼使用爲主。

2、《後漢書・百官志》（簡稱《後漢志》）。

南朝宋范曄所著《後漢書》本無志。今本所附爲司馬彪《續漢書》之志，故又稱《續漢書・百官志》。主要記載東漢制度。對於西漢略有涉及，「世祖節約之制，宜爲常憲，故依其官簿，粗注職分，以爲《百官志》。凡置官之本及中興所省，無因復見者，既在《漢書・百官表》，不復悉載。」

〔註33〕這一塊的研究，論文數量不多，經筆者所搜集，每個主題大約幾篇，其中內蒙古社科院的何天明先生的研究最爲大家，其次有社科院的李大龍先生。

3、《漢官六種》

漢魏時期六部關於漢代官制、典章、禮儀的著作的總稱。

（1）《漢官》：作者未詳，孫星衍輯一卷。《隋書·經籍志》記載五卷，《通志藝文略》載今存一卷，則至南宋時已散佚。其文僅見於《後漢書》之《百官志》與《郡國志》之注引，多作「漢官曰」，間有「漢官目錄曰」。內容偏重吏員與秩級，似爲漢代政府之官簿。從此意義上看，似不當有專屬作者。從保存制度來看，似乎爲東漢末期制度，其成書時間確如周天遊先生「成書年代不詳」〔註34〕。但從其中有「謁者三十人，其二人公府掾，六百石持使也」來看，謁者通公府掾爲順帝時制度，「謁者任輕，多放情態，順帝改用公解府掾有清名威重者，遷超牧守焉。」〔註35〕則《漢官》一書所涉制度至早在東漢順帝時。

（2）《漢官解詁》：東漢王隆撰、胡廣注。本名《小學漢官篇》，爲小學啓蒙類作品，仿《急救篇》等體例，四字一句，東漢初光武帝時新汲令王隆著，《後漢書·文苑傳》有傳。此書《隋志》云三篇，《舊唐書·經籍志》作三卷，今本已散佚，孫星衍輯爲一卷。東漢後期太傅胡廣注釋。胡廣有作注的愛好，《後漢書》本傳云：「初，楊雄依《虞箴》作《十二州二十五官箴》，其九箴亡闕，後涿郡崔駰及子瑗又臨邑侯劉騊駼增補十六篇，廣復繼作四篇，文甚典美。乃悉撰次首目，爲之解釋，名曰《百官箴》，凡四十八篇。其餘所著詩、賦、銘、頌、箴、弔及諸解詁，凡二十篇。」《漢官解詁》當在「諸解詁」之中。總體來說，《漢官》限於體例與閱讀群體，比較簡略，司馬彪說「新汲令王隆作《小學漢官篇》，諸文偶說，較略不究。」在研究中，胡廣所作解詁作用要更大。

（3）《漢舊儀》：東漢衛宏撰，衛宏字敬仲，光武時曾任議郎，本傳云「作《漢舊儀》四篇，以載西京雜事……傳於世。」隋志曰四卷。《隋志》載有《漢中興儀》一卷，或今本《漢舊儀》中已混入其文，不可詳知。此書書名有多種，本傳爲《漢舊儀》；書本有注，故《史記》、《漢書》注中又稱《漢儀注》；宋代以來，又稱其爲《漢官舊儀》（宋陳振孫《直齋書錄解題》、《文獻通考》、《永樂大典》、《四庫全書》），當以本傳爲正。書已散佚，輯本凡三家：四庫本紀昀等輯二卷，補遺一卷，題爲《漢官舊儀》；清王仁俊輯一卷；孫星衍輯

〔註34〕　（清）孫星衍等輯、周天遊點校《漢官六種》點校說明，中華書局，1990年。
〔註35〕　（清）孫星衍等輯、周天遊點校《漢官六種》，中華書局，1990年，第125頁。

二卷，補遺二卷。孫輯最爲完備。三種輯本中，內容基本一致，偶有不同。《漢舊儀》資料豐富，涉及西漢官場方方面面，歷來備受重視，也是我們展開研究的主要參考。

（4）《漢官儀》：漢獻帝時軍謀校尉應劭撰，本名《漢官禮儀故事》。《後漢書》本傳敘其事云：「時始遷都於許，舊章堙沒，書記罕存。劭慨然歡息，乃綴集所聞，著《漢官禮儀故事》，凡朝廷制度，百官典式，多劭所立。」。《隋志》著錄十卷，又有《漢官》五卷，應劭注。孫星衍謂二者爲一書〔註 36〕，恐非。至宋陳振孫《直齋書錄解題》著錄有一卷，宋人李埴補一卷，「多採自正史」，二者俱亡。今有輯本三種：元陶宗儀輯《漢官儀》一卷，清孫星衍校集《漢官儀》二卷，清王仁俊輯《漢官儀佚文》一卷（僅一條）。

（5）《漢官典職儀式選用》，或作《漢官典職》，或作《漢官典儀》，皆省稱，東漢衛尉蔡質撰。蔡質，《後漢書》無傳。此書內容「雜記官制及上書謁見禮式」〔註37〕。《隋書‧經籍志》著錄蔡質《漢官典職儀式選用》二卷，不知是否完秩。《新唐書‧藝文志》著錄有蔡質《漢官典儀》一卷。宋人李埴有補作一卷，亦亡。今本爲孫星衍校集一卷。

（6）《漢儀》，吳太史令丁孚撰。其書最早著錄於《新唐書‧藝文志》：「丁孚《漢官儀式選用》一卷」。孫星衍謂與蔡質書同名，本爲一書，後人誤合爲一〔註38〕。考《南齊書‧禮志》：「吳則太史令丁孚拾遺漢事」，則丁孚確作其書。

4、《通典》

唐人杜佑主持編纂的《通典》，對我們研究秦漢官制具有特別重要參考價值。尤其其中的《職官志》，敘官制源流至悉至備。《通典》的編纂者當時所見材料既多，又熟悉歷代官制，對官制演變把握很到位，具有通史精神，而這一點，恰巧是當今研究秦漢官制者所乏缺的。歷代也有著官制演變的著作，如《文獻通考》、《職官分紀》等，但其宋以前部份，基本沿用《通典》，其重要性可見一斑。

〔註36〕 （清）孫星衍等輯、周天遊點校《漢官六種》，中華書局，1990 年，第 119 頁。
〔註37〕 （清）孫星衍等輯、周天遊點校《漢官六種》，中華書局，1990 年，第 201 頁。
〔註38〕 （清）孫星衍等輯、周天遊點校《漢官六種》，中華書局，1990 年，第 217 頁。

第二章　秦漢官僚體制演變概論

第一節　秦漢官制分期緒論

　　秦漢間官制變革，做整體研究者似不多見，大多只是作統論或專題研究，其間變化之細節，缺乏整體把握。像安作璋、熊鐵基先生所合著《秦漢官制史稿》爲秦漢官制集大成者，亦未見有對官制分期進行研究。此類之研究，僅於上世紀八十年代見藏雲浦、江連山二先生之論文爲開創之作，於其時固爲有功，但隨著官制研究的進程，其研究深度已不符合今日之要求。此後，論者闕如。本章的研究正是針對這種不足而論，力求使其更漢代官制變化更清晰一些。但由於資料之缺少、制度之複雜，掛一漏萬自不能免。

　　秦漢官制演變大致可以分爲兩個階段：第一個階段，秦朝實現諸侯王官制向王朝官制的過渡。這一階段初步實現了大一統政治結構，建立起與帝國官制相符合的結構樣式。但由於秦代統一時間較短，許多官制改革尚無法全面展開與實現，有些官制則缺乏足夠時間來校驗，所有導致一些失敗的例子，尚有許多歷史遺留問題存在。這一階段的下限可以延續到漢初的高帝、惠帝、呂后時期。第二階段自漢初一直到漢末，爲秦漢官僚系統的定型期、成熟期、轉型期。這部份變動雖大，但不出第一階段制度之框架，爲我們主要研究部份。其中又可以分爲數期。筆者將西漢官制演變分爲五期，東漢部份分爲一期。

　　東漢作爲官制演變中的一個獨立分期當無問題，光武帝劉秀爲最主要變革者。此後，東漢歷朝皇帝大都遵從光武帝定制，因祖宗法，官制變革甚少，這種分法爭議最少。但是對西漢的官制分期，卻有一些不同看法。如臧雲浦

先生將西漢官制演變分為四期，「重大的改革凡四次」。依次為：「第一次改革在西漢建立之初（下沿到文帝一代）」，「第二次改革在景帝之時」，「第三次改革在武帝時」，「第四次改革在成哀時」。江連山先生大致同意這種分法，但又劃分的更細，他將西漢官制變革分為六次，第一次在西漢初，下至高后一代。第二次為文景之時。第三次是武帝時，下及昭宣。第四次在元成時。第五次在哀帝時，第六次在平帝時〔註1〕。我們認為，考慮到研究中著眼秦漢官制的演變，我們將文帝時期的官制劃入漢初一段，這是與二先生第一處不同。江先生劃分出元成時期是比較恰當的，但將哀、平兩朝劃分成兩個階段，便有些不妥。哀帝、平帝時皇權旁落，皆乃王莽主政，從其官制變動實際來看，以禮儀經義為變革核心之做法，符合王莽改制之風格，所以將此劃為一個時期較為允當。此外，新莽時期官制變動較大，因為新莽建國時間短，歷來很少受重視，但我們覺得，秦雖二世而亡，但許多創制卻對後代影響甚大。王莽朝官制在創制方面雖然不如秦代那麼對後世有影響，但從歷史上來看，對東漢官制也產生較大影響，且具有不可忽略性，從官制變遷的延續性與統一性上，我們也將其劃分為一期。總體來看，秦漢時期官制的變革總共分為兩大階段、七個時期。其中，第一階段最為重要，奠定了統治中國兩千多年官僚體制的基石，其次為武帝時期，其餘幾個分期，除東漢時期是後世變革的一個分水嶺外，對魏晉南北朝時期官制影響較大，重要性都較低。

需要說明的是，秦漢之際所封各國官制不在我們討論範圍內，這主要因為戰國以來六國制度散亂，就明人董說《七國考》與楊寬、吳浩坤主編《戰國會要》所裒輯戰國官制來看，十分零散，二者諸國間官制有相當重合者，其間變化，難以理清，甚不便討論。需要強調，此期楚國官制在楚漢戰爭中確實曾為劉邦所用〔註2〕，這一現象也受到一些學者關注，但就目前材料來

〔註1〕 詳江連山《試論西漢官制改革（一）》，《綏化師專學報》（社會科學版），1985年第2期。

〔註2〕 《文選》卷四十八載揚雄《劇秦美新》：「秦餘制度，項氏爵號，雖違古而猶襲之。」「項氏爵號」不知作何理解，漢代爵制襲用秦爵二十等，此在史料及出土文獻如漢簡中已表現甚明。楚爵中有通侯，《戰國策·楚一》：「楚嘗與秦構難，戰於漢中，楚人不勝，通侯、執珪死者七十餘人」。《漢書·百官公卿表》：「徹侯金印紫綬，避武帝諱，曰通侯，或曰列侯」。若此，則漢爵徹侯改為通侯，則與楚爵暗合。但筆者更傾向所謂「爵號」為楚制的列侯的封號，從《史記》中可得知，封侯者有的有封號，若某某侯之類，有的則無封號，是爵號亦是戰國以來表示身份的一大元素。總之，由此亦可以看出，以項羽為代表的楚國官制對漢官制影響有限。

看，楚制還不能作爲漢代官制的一個來源，最多只可作爲一個影響因素存在。漢代官制的直接源頭爲秦制。卜憲群先生在研究中，將其作爲「早期漢制」的一個來源。但筆者認爲，戰爭之中建立的「早期漢制」具有臨時性和變動性，不足以認定爲一個穩固而健全的官僚制度。且就卜先生所研究來看，主要也是從爵制和分封制等這幾點來講對漢氏的影響，而這些制度，不獨楚制有，六國皆備。最關鍵的一點，卜先生所舉諸例大多都是繫在楚義帝或項羽名下時的產物，此時劉邦作爲部屬施行楚制是很正常的。眞正的「早期漢制」，應當爲劉邦爲漢王之後的制度，這樣才名副其實。而從資料中來看，此時的「早期漢制」一開始就已經完全秦化。如《史記‧樊噲列傳》：「立沛公爲漢王。漢王賜噲爵爲列侯，號臨武侯。」《史記‧夏侯嬰列傳》：「項羽至，滅秦，立沛公爲漢王。漢王賜嬰爵列侯，號昭平侯，復爲太僕，從入蜀、漢。」《史記‧灌嬰列傳》：「沛公立爲漢王，拜嬰爲郎中，從入漢中，十月，拜爲中謁者。」《史記‧酈商列傳》：「項羽滅秦，立沛公爲漢王。漢王賜商爵信成君，以將軍爲隴西都尉。別將定北地、上郡。」所涉及的官名爵號都是我們耳所能詳的秦代制度。所以，從官制演變的角度考慮，我們不將所謂「早期漢制」認定爲一種秦漢官制發展的階段〔註3〕。劉邦自爲漢王權輿，即襲用秦制。《史記‧蕭相國世家》：「沛公至咸陽，諸將皆爭走金帛財物之府分之，何獨先入收秦丞相御史律令圖書藏之。」很可能，劉邦所用秦官制當係此時蕭何收藏下來的。因此，我們也不打算對劉邦爲漢王之前的楚制進行討論。現將各階段列表如下：

分 段	分 期
第一階段	秦
第二階段（六期）	漢初到文帝時期
	景帝時期
	武帝時期（下及昭宣）
	元成時期
	哀平時期（王莽主政時期）
	王莽時期〔註4〕
	東漢時期

〔註3〕詳卜憲群《秦漢官僚制度》，社會科學文獻出版社，2003 年，第 71～75 頁。
〔註4〕按：關於王莽時期的改革，比較複雜，我們析出作爲專章討論，故不在此章涉及。

第二節　秦朝的官制變革

在介紹第一個階段之前，有必要談一談私臣向公職化的問題，一者概括秦以前的官制演變走勢，二者可以給我們後面的敘述預先作鋪墊。此說最早大概由章太炎先生提出，在學界極有影響力，章氏倡「專制時代宰相用奴說」──「古之宰相，皆以僕從小臣得人主信任，其始權藉雖崇，階位猶下，最後乃直取名以號公輔」〔註5〕。其後，陶希聖先生也認為，「君主的近臣，此起彼伏的迭相形成政府的重要執政者」〔註6〕，李俊先生作《中國宰相制度》一書，解釋中國宰相制度變遷法則，也說：「法則維何？君主近臣，代起執政，品位即高，退居閒曹是也」。余英時先生後來又用「君尊臣卑」重新闡釋了這一制度。他說：「相權實在說不上有什麼獨立性，因為每當它發展到某種程度的客觀形式的時候，君權便要出來摧毀這種形式，使之重新回到『君尊臣卑』的格局」。〔註7〕

秦漢九卿大約也經歷了這樣的轉變。在春秋戰國時期，他們很多還處於私臣地位。試舉內史為例。秦穆公時，戎王使由余於秦，以刺探秦國虛實，《史記・秦本紀》「繆公退而問內史廖」，這似可表明內史尚為私臣性質。又《史記・秦本紀》「令內史廖以女樂二八遺戎王」，漢世以來，與匈奴的交往，都是通過使匈奴中郎將這樣的親近侍從人員進行的，則內史具有與之類似的作用。此亦可為私臣之旁證。再舉太僕為例。《韓非子・說林上》：「秦武王令甘茂擇所欲為於僕與行事。孟卯曰：『公不如為僕。公所長者，使也。公雖為僕，王猶使之於公也。公佩僕璽而為行事，是兼官也。』」在此，孟卯認為，甘茂雖做「僕」，但還是以其有出使才能，而「使之於公」──因公而出使。這表明，此時秦王之下的僕還屬於私臣的性質。

以下開始敘述秦朝的官制變革。

總體來看，這一時期變革所完成的任務為，由諸侯國官制向王朝官制的演變。戰國以來，七國官制雖自成體系，許多職官大同小異，相同者占多數，體現了社會的融合趨勢。既要斟酌損益各國官制，又要實現職能上的轉變，是秦朝面臨的任務。

〔註5〕章炳麟《章太炎全集（四）・太炎文錄初編》，上海人民出版社，1985年，第93頁。

〔註6〕陶希聖、沈巨塵《秦漢政治制度》，商務印書館，1937年，第2頁。

〔註7〕按：這一說法層面，一般都只注重其自上而下的發展。而實際上也有自下而上的發展。如李玉福先生就認為，春秋時期的相室其實就是就是相邦的前身。《秦漢制度史論》，山東大學出版社，2002年，第102頁。

《史記‧秦始皇本紀》曾提到：

> 丞相綰、御史大夫劫、廷尉斯等皆曰：「……臣等謹與博士議曰：
> 『古有天皇，有地皇，有泰皇，泰皇最貴。』臣等昧死上尊號，王
> 爲『泰皇』。命爲『制』，令爲『詔』，天子自稱曰『朕』。」王曰：「去
> 『泰』，著『皇』，采上古『帝』位號，號曰『皇帝』。他如議。」制
> 曰：「可。」追尊莊襄王爲太上皇。制曰：「朕聞太古有號毋諡，中
> 古有號，死而以行爲諡。如此，則子議父，臣議君也，甚無謂，朕
> 弗取焉。自今已來，除諡法。朕爲始皇帝。後世以計數，二世三世
> 至於萬世，傳之無窮。」

這是我們從史料中所能獲知的唯一記載秦代制度改制情況。因材料的乏缺，
以至於我們在解釋秦漢制度、官制時會發生一些錯誤。如太尉一官，有人認
爲其來源於邦尉〔註8〕。再如列侯這級爵，一般都認爲本爲徹侯，是因爲避諱
漢武帝名劉徹所改。而事實則否。近來公佈的《里耶秦簡（壹）》中有材料顯
示，秦代官制改革確係體大而慮周：

> ☑□
> ☑□
> ☑假□
> ☑□□□
> □如故更□□
> □如故□□□
> □如故更事
> □如故更□
> □□如故更□□
> □如故更事□
> □如故更事□
> □如故更廢官
> □如故更子□
> 更詑曰讀
> 以此爲野

〔註8〕這一說法影響到現在的一些青年學者，如安徽大學 2010 年碩士論文趙孝龍《秦
職官研究》（第 29 頁），就將「邦尉之璽」列在太尉下。

歸戶更曰乙戶

諸官爲秦盡更

故皇今更如此皇

故旦今更如此旦

曰產曰疾

曰邘曰荊

毋敢曰王父曰泰父

毋敢謂巫帝曰巫

毋敢曰豬曰彘

王馬曰乘輿馬（第一欄）

泰上觀獻曰皇帝

天帝觀獻曰皇帝

帝子游曰皇帝

王節弋曰皇帝

王譴曰制譴

以王令曰以皇帝詔

承令曰承制

王室曰縣官

公室曰縣官

內侯爲輪侯

徹侯爲列侯

以命爲皇帝

□命曰制

□命曰制

爲謂□詔

莊王爲泰上皇

邊塞曰故塞

毋塞者曰故徼

王宮曰□□□

王游曰皇帝游

王獵曰皇帝獵

王犬曰皇帝犬

以大車馬爲牛車

騎邦尉爲騎□尉

郡邦尉爲郡尉

邦司馬爲郡司馬

乘傳客爲都吏

大府爲守□公

毋曰邦門曰都門

毋曰公□曰□□

毋曰客舍曰賓〔註9〕

其中有一部份屬於常見詞匯的變更，如「毋敢曰豬曰彘」、「邊塞曰故塞」等。
其餘則主要涉及秦代皇帝、皇室、官名等稱謂方面的替換。材料中「莊王爲
泰上皇」，與《史記》記載吻合。這些材料，應該是同時期的改革。這份列表
中，有相當部份只是把「王」與「皇帝」調換了一下名稱。但也有一些，對
於提高我們的認識具有重要幫助。其中「內侯爲輪侯，徹侯爲列侯」可以證
明，戰國時期秦國已經有徹侯，列侯並不是因爲避漢武帝之諱才改的。筆者
曾經以「徹」與「轍」古常通用，認爲《史記》中的「倫侯」當作「輪侯」，
現在從秦簡來看，雖然推斷有些武斷，但卻是正確。「倫侯」，《史記索隱》謂：
「爵卑於列侯、無封邑者。倫，類也，亦列侯之類。」〔註10〕朱紹侯先生認
爲倫侯即關內侯在秦代的別稱或正稱〔註11〕，現在來看，正稱應該爲內侯。

〔註 9〕這些材料在 8-455 號木方之上，《里耶秦簡（壹）》更序號爲 8-461。關於其性
　　　　質，有不同討論。張春龍、龍京沙兩位先生把 8-455 號木方定性爲「秦詔版」
　　　　或「秦詔令牘」。胡平生先生認爲這塊木牘屬於「扁書」之類，摘抄者抄這些
　　　　常用術語是爲了將其置於案頭隨時查閱使用。胡平生先生還進一步推測木方
　　　　的製作者是一位擔任了秦吏的楚人，他不光對統一後的秦朝制度稱謂不熟
　　　　悉，對官方規定的語言詞匯的正讀也很不熟悉，因而製作了這樣一塊木方。
　　　　近有朱紅林先生也同意胡先生觀點。這只是形式上的異同，內容上，都認爲
　　　　是秦制度變更的記載，「與秦朝皇帝、皇室、官名相關詞匯稱謂的變更」這一
　　　　點諸家都沒有異見。詳張春龍、龍京沙《湘西里耶秦簡 8-455 號》，簡帛，2009
　　　　年第 4 輯。胡平生《里耶秦簡 8-455 號木方性質芻議》，簡帛，2009 年第 4 輯。
　　　　朱紅林《里耶秦簡 8-455 號木方研究——竹簡秦漢律與《周禮》比較研究
　　　　（七）》，井岡山大學學報（社會科學版），2011 年第 1 期。
〔註10〕（漢）司馬遷《史記·秦始皇本紀》，中華書局，1982 年，第 247 頁。
〔註11〕朱紹侯《軍功爵制研究》，商務印書館，2008 年，第 50～51 頁。

以上述材料爲契機，我們展開第一個官職國尉的討論。

因爲漢代避諱高祖劉邦名字的緣故，史學界一般認爲，在漢代材料中，出現之國尉即本爲「邦尉」。此外，又有國尉即太尉之說。《史記·白起列傳》：「（白）起遷爲國尉。」《史記正義》云：「言太尉。」即以國尉爲太尉。《秦始皇本紀》有以繚爲「秦國尉」，《正義》又說「若漢太尉、大將軍之比也。」安作璋先生從《商君書·境內》篇分析，秦國尉在大將之下、千石之上，地位不是很高，不過是中級軍官。從以「騎邦尉爲騎□尉」、「郡邦尉爲郡尉」、「邦司馬爲郡司馬」來看，這一分析甚有道理。但從定位來看，到了這一階段，國尉實際上已經是高級官吏，這是需要修正的一點。如《史記·秦始皇本紀》：

> 大索，逐客，李斯上書說，乃止逐客令。李斯因說秦王，請先取韓以恐他國，於是使斯下韓。韓王患之，與韓非謀弱秦。大梁人尉繚來，說秦王曰：「以秦之彊，諸侯譬如郡縣之君，臣但恐諸侯合從，翕而出不意，此乃智伯、夫差、湣王之所以亡也。願大王毋愛財物，賂其豪臣，以亂其謀，不過亡三十萬金，則諸侯可盡。」秦王從其計，見尉繚亢禮，衣服食飲與繚同。繚曰：「秦王爲人，蜂準，長目，摯鳥膺，豺聲，少恩而虎狼心，居約易出人下，得志亦輕食人。我布衣，然見我常身自下我。誠使秦王得志於天下，天下皆爲虜矣。不可與久游。」乃亡去。秦王覺，固止，以爲秦國尉，卒用其計策。而李斯用事。

尉繚同李斯同時。文中之國尉應當是秦中央之國尉，即關中地區的國尉。《白起列傳》白起亦爲國尉。皆不是就某郡而言。《史記·秦始皇本紀》所說的「分天下以爲三十六郡，郡置守、尉、監」〔註12〕則在此之前，秦國雖然已設置許多郡，郡的主要長官之一爲邦尉，秦統一天下後才改作郡尉。

從邦尉到郡尉之轉變，具有重要意義。眾所周知，戰國以來，郡的領兵官是郡守。戰國時代的郡，「都設置在邊境，主要是爲了鞏固邊防」，如魏國設置上郡、西河郡，是爲了防備秦國。趙國設置雲中郡、雁門郡、代郡，則爲了防備樓煩、林胡等少數民族。燕國設置上古、漁陽、遼東、遼西等郡，則是爲了提防東胡進攻。楚國在西境設置黔中郡、巫郡（《戰國策·楚策一》），及楚懷王滅越後「南塞厲門而郡江東」（《史記·樗里子甘茂列傳》），也無非

〔註12〕（漢）司馬遷《史記·秦始皇本紀》，中華書局，1982年版，第239頁。

是在防備西南與南方的少數民族。「守」字本身就體現了派遣武官駐守的含義。〔註13〕換言之，最初的守或太守爲武官，而漢以後太守轉變成文官。《說文》「守，守官也」、「寺府之事者。」〔註14〕這已屬後起義項。漢代邊郡郡守領兵，正是繼承了戰國以來之軍事傳統。從現有秦國材料來看，從某個時期開始，已經派邦尉駐守在郡中，這無疑是對郡（太）守兵權的剝奪或制約。

「邦」字帶有明顯之中央色彩，隱含著中央派遣、直轄的意味。從此意義考量，西漢景帝時，將郡尉又改作都尉，也是在體現中央的集權。因爲，郡尉在歷史上曾是中央的派遣機構——設置在郡的都官。至於王莽改制時，將郡尉改作太尉，此又當別論。

《里耶秦簡》「騎邦尉爲騎□尉」中間所缺之字，我們認爲當爲「都」字，而不大可能是「郡」字。因爲，秦朝此次改制之後，無論從出土材料還是傳世文獻來看，都沒有「騎郡尉」的記載。而從資料來看，秦代確實有騎都尉一職。

假設這一推斷正確，這一改變將具有重要意義。前說戰國時期秦國派遣邦尉駐郡，則整個秦國中，初期無論中央和地方，都是邦尉。這時候中央與地方的「邦尉」地位相同，幾乎沒有區別。可到了里耶秦簡所處之時代，改「邦尉」爲「郡尉」，「騎邦尉」爲「騎都尉」，這就使中央與地方官尊卑高下有了明顯區別，中央的才有資格稱「都」尉。「都」字，可以理解爲由中央派出或起監督作用。〔註15〕

最後，我們探討另一種可能。近世以來的研究，徑認爲「邦」、「國」無別。但戰國時代成書很多典籍如《周禮》中，「邦」、「國」是截然有別的。《說文解字》中，「邦」「國」二字互訓。「邦」就是「國」，「國」就是「邦」。但從上述材料中邦尉的廣泛分佈來看，我們覺得「邦」、「國」應該有所區分。《說文解字注》「邦」：

〔註13〕 楊寬《戰國史》，上海人民出版社，2003年，第228頁。

〔註14〕 （漢）許慎撰、段玉裁注《說文解字注》，上海古籍出版社，1988年第2版，第340頁。

〔註15〕 但實際上，「都」的概念要比實際複雜的多。郡在初期只是防衛結構，到後來所轄縣增多，使秦郡其實複製了秦内史的結構。郡治所在地如同國都在内史中一樣，都可稱爲「都」。張家山漢簡《效律》：「縣道官令長及官比長而有丞者□免、徙，二千石官遣都吏效代者。」《興律》：「縣道官所治死罪及過失、戲而殺人，獄已具，勿庸論，上獄屬所二千石官。二千石官令毋害都吏復案」。此處的「都吏」都是二千石從治所派出的吏員。學界常有人將「都吏」與後世的督郵掛鈎，恐怕不妥。

國也。《周禮》注曰：「大曰邦，小曰國。」析言之也。許云：「邦，
國也」，「國，邦也」，統言之也。《周禮》注又云：「邦之所居亦曰國。」
此謂統言則封竟之內曰國曰邑，析言則「國」「野」對稱。《周禮》
「體國經野」是也。古者城郭所在曰國曰邑，而不曰邦。邦之言封
也。古「邦」、「封」通用。《書》序云：「邦康叔，邦諸侯。」《論語》
云：「在邦域之中。」皆「封」字也。《周禮》故書「乃分地邦而辨
其守地」，邦謂土畍。杜子春改「邦」為「域」，非也。〔註16〕

根據段氏注解，邦域之內都可以謂之「邦」，但只有都城所在地方可稱「國」。
「邦」、「國」的區別，反映出隨著歷史的發展，國家擴大化的趨勢。早期封
建城邦中，一個國家只有一座或幾個城池。這時候國尉就是邦尉，二者無別。
隨著國家疆土擴大，郡縣制形成後，在新增郡中，開始設置一個個邦尉直屬
中央，郡在邊境設置，則這時候的「邦」是否就是「封」義呢？與里耶秦簡
時代並不太遠，白起曾經做過「國尉」，秦始皇時尉繚曾做過秦國尉，這都似
乎不是郡級邦尉，而是中央之尉。鑒於當時郡有邦尉的情況下，我們是否可
以就此認為此「國尉」就是實實在在之「國」尉，而非諱劉邦而改。國尉與
邦尉或許在秦國某一時期，具有區別意義而存在。後代官制中，與中央國尉
與之功能相似的有中尉，上引里耶簡中改官名沒有涉及到中央之國尉，則我
們推測，可能此前已經由國尉改名為中尉了。我們嘗試列表新的官制演變途
徑如下：

	戰國初期	戰國末期	秦　漢
中央（內史）	國尉／邦尉	國尉	中尉
地方（郡）	守	邦尉	郡尉

第二個討論的官職為內史，及其職能分化的若干問題。

《漢書·百官公卿表》載內史為「周官」，班固的周官與周代官職還不是
一個完全等同概念。《百官公卿表》中「周官」凡三見，即：「夏、殷亡聞焉，
周官則備矣。天官冢宰，地官司徒，春官宗伯，夏官司馬，秋官司寇，冬官
司空，是為六卿，各有徒屬職分，用於百事」，「內史，周官」，「司隸校尉，
周官」。其中除了「內史」普遍見於春秋以來文獻記載外，「司隸」一職只在

〔註16〕 （漢）許慎撰、段玉裁注《說文解字注》，上海古籍出版社，1988年第2版，
　　　　 第283頁。

《周禮》中出現過〔註17〕。這說明，班固所謂的「周官」乃就《周禮》而言，至少可以說，雜有《周禮》官制的認識。

　　班固當時所能看到的「內史」出處主要爲《國語》一書。據《周語》可知，有「內史過」，當周惠王、周襄王時。有「內史興」，當襄王時，在「內史過」之後。說明周代官制之中確有內史一職。《史記・秦本紀》秦穆公時有「內史廖」，學者多謂秦據西周故地，此內史亦承襲周官，或然。惠王、襄王所處時代約爲春秋前中期，內史廖亦當秦穆公時，則至遲春秋中期左右，已有內史記載。從其行事來看，周惠王使太宰忌父帥傅氏及祝、史奉犧牲、玉鬯往獻，內史過從行；周襄王使邵公過及內史過賜晉惠公命；周襄王使太宰文公及內史興賜晉文公命，以上活動中，都作爲太宰的助手出現。這幾處資料中的「太宰」，就是《周禮》中的天官冢宰，又名大宰，其權勢、地位約略同於秦漢的丞相。這表明，內史地位彼時已經很高。內史的這一地位，一直延續到戰國後期。已出土的青川 M50 墓出土木牘，其文首云：「二年十一月己酉朔朔日，王命丞相戊（茂）、內史匽，□□更修爲田律」〔註18〕，發掘者認爲木牘「記載了秦武王二年，王命左丞相甘茂更修田律等事」，甚確。秦武王二年即公元前 309 年，「戊」即「茂」字，《史記・秦本紀》及其甘茂本傳皆有記載。通過這份材料，我們也可以看出，這種丞相與內史搭配的格局始終延續著。

　　日本學者工藤元男認爲，此時內史爲「丞相下統管民政的中央官吏」〔註19〕，這一點當無可非議。但我們還想強調一點，藉由這枚木牘，使我們更清楚，內史這一官職，發展到戰國末期，已確鑿僅次於丞相，《史記・五宗世家》太史公曾曰，「高祖時諸侯皆賦，得自除內史以下，漢獨爲置丞相」〔註20〕，可知漢初諸侯國中，內史之位尚次僅居丞相之下，位於諸卿之上。內史的這一特殊地位，在漢代諸侯王官制中尚保存，吳榮曾先生就說過王國內史「主一國之政」〔註21〕。這種地位是歷史形成的。

〔註17〕《周禮・秋官司寇》：「司隸，中士二人、下士十有二人、府五人、史十人、胥二十人、徒二百人。」

〔註18〕李昭和、莫洪貴、于采芑《青川縣出土秦更修田律木牘——四川青川縣戰國墓發掘簡報》，《文物》，1982 年，第 1 期，第 11 頁。

〔註19〕（日）工藤元男《睡虎地秦簡所見秦代國家與社會》，上海古籍出版社，2010 年，第 37 頁。

〔註20〕（漢）司馬遷《史記》，中華書局，1982 年，第 2104 頁。

〔註21〕吳榮曾《西漢王國官印考實》，《北京大學學報》，1990 年第 3 期。

　　青川木牘使我們瞭解到，秦內史具有制定法律的職能，睡虎地秦簡中也有類似記載。《內史雜律》：「縣各告都官在其縣者，寫其官之用律」〔註22〕。清人孫詒讓《周禮正義》曾認為御史亦為內史之屬官，而御史自古以來作為律令掌管者角色。這或可解釋，何以御史一職出現甚早（金文中即有），而御史大夫一職直到秦朝建立才出現（戰國末期的秦簡等尚未有御史大夫一詞）。從這個角度考慮，內史具有法律職能似乎也就順理成章。與此觀點類似者尚有《大戴禮記》。其《盛德篇》云：

　　　　德法者，御民之銜也，吏者，轡也，刑者，筴也；天子御者，內史、太史，左右手也。古者以法為銜勒，以官為轡，以刑為筴，以人為手，故御天下數百年而不懈墮。善御馬者，正銜勒，齊轡筴，均馬力，和馬心，故口無聲，手不搖，筴不用，而馬為行也。善御民者，正其德法，飭其官，而均民力，和民心，敬聽言不出於口，刑不用而民治，是以民德美之。

所謂「吏者轡也，刑者筴也……內史、太史左右手也。」此處並非分指，而是統言之。《周禮》之中，內史、太史都有一部份法令職能。這說明，「吏」與「刑」由內史與太史來掌控。這一點與孫氏觀點類似。同篇還言：

　　　　古之御政以治天下者，冢宰之官以成道，司徒之官以成德，宗伯之官以成仁，司馬之官以成聖，司寇之官以成義，司空之官以成禮。故六官以為轡，司會均入以為軜，故御四馬，執六轡，御天地與人與事者，亦有六政。是故善御者，正身同轡，均馬力，齊馬心，惟其所引而之，以取長道；遠行可以之，急疾可以御。天地與人事，此四者聖人之所乘也。是故天子御者，太史、內史左右手也，六官亦六轡也；天子三公合以執六官，均五政，齊五法，以御四者，故亦惟其所引而之，以之道則國治，以之德則國安，以之仁則國和，以之聖則國平，以之義則國成，以之禮則國定，此御政之體也。

《大戴禮記》為西漢人作品，成書之時，內史一職較秦及戰國，已經發生巨大改變，儘管還保有卿之地位，與諸郡有殊，但其實際職權畢竟距離戰國晚期之內史甚遙。但作者對內史依然持這種觀點，想必其淵源有自。借助出土簡牘可以瞭解，內史在其筆下的這種地位，與戰國末期秦簡中的記述是吻合的，關於這一點，我們將在下文展開論述。總之，如果按照這種思路，「太史、內史左右

〔註22〕　《睡虎地秦墓竹簡》，文物出版社，1978年，第104頁。

手也，六官亦六轡也」，以太史、內史駕馭六官，則內史之權勢當在六官之上，這便不難理解，如前所揭，爲何歷史上內史一直作爲丞相助手的身份出現。

中國古代的政治，任何時候，一旦丞相大權獨攬，便會滋生出與之相抗衡之力量。譬如秦漢，丞相雖百官總己，便有御史大夫與之抗衡，雖名位副相，實亦監督之任。延推秦漢之前，則內史本爲帝王私職近侍，經春秋以來，已經逐漸出外，成爲正式政府官員。秦穆公之時，還要「退而」與內史商議。《史記・秦本紀》：「戎王使由余於秦。……於是繆公退而問內史廖曰：『孤聞鄰國有聖人，敵國之憂也。今由余賢，寡人之害，將奈之何？』」這說明早期內史確實爲君主私臣。

內史一職，在秦漢官制演變過程中具有承上啓下之過渡作用，可以作爲戰國時期諸侯國官制的代表，而秦漢九卿則可以大一統制度之代表。比較二者異同，我們可以梳理出中國官制，是如何從一個區域之國家到家國天下封建王朝的演變。從某種意義上，我們可以說，秦漢九卿的分化，也是由內史發展而來，這一點蓋爲歷來所未聞。

安作璋、熊鐵基二先生在《秦漢官制史稿》中，將內史與三輔並列。從歷史淵源上看，漢代三輔前身確實爲內史，固屬無疑，甚至在華麗轉身之後，三輔依然可以保有內史在歷史上「卿」的地位。《百官公卿表》雖說「內史，周官，秦因之，掌治京師」，但秦及以前之內史，與後來的三輔卻有本質之不同。從其不同之方面考慮，《史稿》如此相提並論，就顯得有些不合時宜。秦漢之前的內史，所掌管的事務要遠多於漢之三輔，漢之三輔充其量只是作爲一個郡級行政機構單位，而先秦內史卻是中央機構，且是爲數不多的權力部門之一。〔註 23〕我們認爲，內史具有比秦漢九卿更崇高、更重要的地位。這種傳統的地位，使得內史在漢初以後，即便分爲京兆尹、左馮翊、右扶風三輔，但每一輔都可以稱卿，保有卿的地位。

史書中對內史的介紹比較簡略。出土的睡虎地秦簡及張家山漢簡中，尤其是前者，使得我們對戰國及秦時期的內史制度與權力有了更深入瞭解。

既然《百官公卿表》言內史是「周官」，則有必要瞭解一下《周禮》中內史記載。〔註 24〕《周禮》春官宗伯記載，內史的地位是很高的，他的最高長官爲中大夫，僅次於卿。其具體職掌則如下：

〔註 23〕 張金光《秦所見內史非郡辨》，《史學集刊》，1982 年第 4 期。
〔註 24〕 按：《周禮》一書一般認爲爲戰國時代人所作。可參錢玄先生注《周禮》前言，嶽麓書社，2001 年 7 月。

　　內史掌王之八枋之灋，以詔王治。一曰爵，二曰祿，三曰廢，四
曰置，五曰殺，六曰生，七曰予，八曰奪。執國灋及國令之貳，以攷
政事，以逆會計。掌敘事之灋，受訥訪，以詔王聽治。凡命諸侯及孤、
卿、大夫，則策命之。凡四方之事書，內史讀之。王制祿，則贊爲之，
以方出之。賞賜，亦如之。內史掌書王命，遂貳之。〔註25〕

《周禮》及秦的內史的職掌，就睡虎地竹簡中的材料來看，基本上與之相似。
如內史所掌「八枋之法」中，「一曰爵」，是說內史掌管爵命事務，與分封有
關。下文「凡命諸侯及孤、卿、大夫，則策命之」，鄭玄引東漢鄭眾說：「鄭
司農說以《春秋》傳曰：『王命內史興父策命晉侯爲侯伯』。策謂以簡策書王
命。其文曰：『王謂叔父。敬服王命。以綏四國。糾逖王慝。』晉侯三辭，從
命，受策以出。」〔註26〕則鄭玄意此亦爲分封事。「凡四方之事書，內史讀之」，
賈公彥疏曰「言四方之事書者，諸侯凡事有書奏白於王，內史讀示王」〔註27〕，
則此句亦言內史掌所分封之諸侯事。則內史掌分封之事甚明。從秦律來看，
內史的下屬有縣、道與都官。其中都官的解釋，歷來較爲駁雜。如何四維先
生認爲，都官爲中央政府雇傭的所有官員。高恒先生認爲，都官是屬於中央
列卿的各官府。于豪亮先生認爲，中央一級的機關，在京師者爲中都官，不
在京師者只稱都官。高敏先生認爲都官是主管王室財政的官署。日本學者工
藤元男結合睡虎地秦簡研究，以上觀點皆有牴牾不通處，經其考證證明，都
官來源於戰國時期的分封制度。〔註28〕若果眞如此，則這一點與《周禮》內
史所掌分封亦相涉。

　　其次，秦簡中內史掌握與法令有關的事務，「內史雜」律條中，有「縣各
告都官在其縣者，寫其官之用律」可爲證明。至於「以攷政事，以逆會計」
之內容，就更多了。如《睡虎地秦墓竹簡·內史雜律》：

　　官嗇夫免，□□□□□□□其官亟置嗇夫。過二月弗置嗇夫，
令、丞爲不從令。〔註29〕

〔註25〕　（清）孫詒讓《周禮正義》，中華書局，1987年，第2129～2136頁。
〔註26〕　（清）孫詒讓《周禮正義》，中華書局，1987年，第2130頁。
〔註27〕　（清）孫詒讓《周禮正義》，中華書局，1987年，第2132頁。
〔註28〕　以上諸先生觀點，並參（日）工藤元男《睡虎地秦簡所見秦代國家與社會》，
　　　　上海古籍出版社，2010年。第51～55頁。
〔註29〕　《睡虎地秦墓竹簡》，文物出版社，1978年，第106頁。

除佐必當壯以上，毋除士五（伍）新傅。苑嗇夫不存，縣爲置守，如廄律。〔註30〕

令敖史毋從事官府。非史子殴（也），毋敢學學室，犯令者有罪。〔註31〕

下吏能書者，毋敢從史之事。〔註32〕

侯（候）、司寇及群下吏毋敢爲官府佐、史及禁苑憲盜。〔註33〕

後者「以逆會計」，孫詒讓《周禮正義》釋「逆」爲「迎受」，即受計之類〔註34〕。秦簡中有如：

都官歲上出器求補者數，上會九月內史。（內史雜律）〔註35〕

縣上食者籍及它費大倉，與計偕。都官以計時讎食者籍。（倉律）〔註36〕

受（授）衣者，夏衣以四月盡六月稟之，冬衣以九月盡十一月稟之，過時者勿稟。後計冬衣來年。……已稟衣，有餘禍十以上，輸大內，與計偕。都官有用□□□□其官，隸臣妾、春城旦毋用。在咸陽者致其衣大內，在它縣者致衣從事之縣。縣、大內皆聽其官致，以律稟衣。（金布律）〔註37〕

禾、芻稾積廥，有贏、不備而匿弗謁，及者（諸）移贏以賞（償）不備，群它物當負賞（償）而僞出之以彼（貱）賞（償），皆與盜同法。大嗇夫、丞智（知）而弗罪，以平罪人律論之，有（又）與主廥者共賞（償）不備。至計而上廥籍內史。入禾、發屬（漏）倉，必令長吏相雜以見之。芻稾如禾。（效律）〔註38〕

排比材料可見，戰國末期，秦國內史職能與《周禮》內史之記述大體一致。這從側面印證《周禮》一書爲戰國時期著作。賈俊俠先生以此爲西周時制度，

〔註30〕　《睡虎地秦墓竹簡》，文物出版社，1978年，第106頁。
〔註31〕　《睡虎地秦墓竹簡》，文物出版社，1978年，第106～107頁。
〔註32〕　《睡虎地秦墓竹簡》，文物出版社，1978年，第107頁。
〔註33〕　《睡虎地秦墓竹簡》，文物出版社，1978年，第107頁。
〔註34〕　（清）孫詒讓《周禮正義》，中華書局，1987年，第2130頁。
〔註35〕　《睡虎地秦墓竹簡》，文物出版社，1978年，第105頁。
〔註36〕　此條之大倉與下條之大內都爲內史屬官。見《睡虎地秦墓竹簡》，第42頁。
〔註37〕　《睡虎地秦墓竹簡》，文物出版社，1978年，第66頁。
〔註38〕　《睡虎地秦墓竹簡》，文物出版社，1978年，第100頁。

恐非〔註 39〕。而與漢代三輔長官京兆尹、左馮翊、右扶風的職能區別較大。漢代的三輔更似郡。不僅沒有與爵祿有關的職掌，而且對於其中的都官基本不再進行管理。

　　介紹完戰國時期的內史，接下來，我們正式展開秦國內史與秦漢列卿關係之討論。這是一個值得探討的重要問題。今人研究認爲，秦內史的許多職能與秦漢列卿有交叉，但主要集中考慮少府、財經兩方面。如工藤元男在其著作中引日本學者佐藤武敏研究認爲，秦漢時代的官營手工業大都屬於少府管轄，其中若干種歸屬將作大將、大司農、水衡都尉。但在秦簡中，內史與這些手工業有直接聯繫。大部份學者認爲戰國以來內史，掌管財經。賈俊俠先生談到「秦始皇統一全國以後，將內史分爲治粟內史和內史兩職」這點〔註 40〕，關注到這方面的還有尹弘兵先生〔註 41〕。我們認爲，自秦朝建立，隨著許多官職的設置，掀起一波職能變置的高潮，《漢書‧百官公卿表》中還保留職能改屬的許多例子，如：「初，內官屬少府，中屬主爵，後屬宗正」；「初，斡官屬少府，中屬主爵，後屬大司農」；「初，置郡國邸屬少府，中屬中尉，後屬大鴻臚」；「初，寺互屬少府，中屬主爵，後屬中尉」。這都是前期變置過程中，設置不當所致。內史職能的分化與之相同。秦漢列卿許多爲戰國以來內史職能之分化，不僅僅在於少府、財經等方面。

1、內史與廷尉

　　秦簡中所見之內史，職能頗多。據張金光先生統計，可分爲七類：（1）總理全秦財會、效計、簿籍，當即有如漢之領計事，此在漢則爲丞相職之一。（2）總理四方事書，若各類請示文書等，並經管文書檔案事宜。（3）總領倉儲及各類器械物資之管理。（4）總理錢貨。（5）官吏官農業、畜牧業、手工業的生產諸事宜。（6）官吏佐史之職的訓練與除任事。（7）由青川牘文知內史尚有參定國家法律之權。〔註 42〕內史的職權相當廣泛，但其中獨獨沒有刑獄方面之記載。而我們一般常識，刑獄是郡縣等行政單位的重要職能之一，

〔註 39〕賈俊俠《內史之名及職能演變考析》，《西安聯合大學學報》，2004 年第 6 期，第 72～73 頁。

〔註 40〕賈俊俠《內史之名及職能演變考析》，《西安聯合大學學報》，2004 年第 6 期，第 75 頁。

〔註 41〕《漢初內史考——張家山漢簡中所見漢初內史之演變》，《江漢考古》，2008 年第 3 期。

〔註 42〕張金光《秦簡牘所見內史非郡辨》，《史學集刊》，1992 年第 4 期。

因此張先生認為，內史與郡有所不同。筆者贊同張先生的意見。內史一開始便不是以治郡為目標，在戰國時代，整個國家是由眾多部門統管，如刑獄則是由大理或其他類似官職掌管。其最高的行政長官為丞相，此時之丞相相當於後世之郡守。

漢初，張家山漢簡《置吏律》：「都官自尉、內史以下毋治獄，獄無輕重關於正，郡關其守。」〔註43〕這可漢高祖劉邦時詔書對觀：

> 高皇帝七年，制詔御史：「獄之疑者，吏或不敢決，有罪者久而不論，無罪者久繫不決。自今以來，縣道官獄疑者，各讞所屬二千石官，二千石官以其罪名當報之。所不能決者，皆移廷尉，廷尉亦當報之。廷尉所不能決，謹具為奏，傅所當比律、令以聞。」〔註44〕

從漢初《置吏律》材料來看，內史無治獄權，文中的「正」，張家山漢簡整理者認為指「廷尉正」，「廷尉屬官」，甚確。而從劉邦詔書來看，內史之外諸郡刑獄工作卻由郡守來主持。《奏讞書》中有許多刑獄的案例，郡級行政單位如漢中守、北地守、蜀守、河東守等向廷尉請求斷獄〔註45〕。內史屬縣與廷尉直接關聯也有三例。一例為內史胡縣令狀、丞憙的請示材料，結果「十年八月庚申朔癸亥，大僕不害行廷尉事，謂胡嗇夫讞獄固有審，廷以聞，闌當黥為城旦，它如律令。」〔註46〕一例為胡丞憙的請示，結果為「廷報曰：取（娶）亡人為妻論之，律白，不當讞。」〔註47〕第三例為內史之民黥城旦講要求斷獄重審的材料，其結果為廷尉直接指示汧縣長官，「二年十月癸酉朔戊寅，廷尉兼謂汧嗇夫……」。〔註48〕由於這些都是劉邦時的材料，由此來看，我們認為，這些制度本身延續了秦代的制度，它與秦簡中內史無治獄功能是相應的。

2、內史與太僕

太僕一職，《漢書·百官公卿表》云：

> 太僕，秦官，掌輿馬，有兩丞。屬官有大廄、未央、家馬三令，各五丞一尉。又車府、路軨、騎馬、駿馬四令丞；又龍馬、閑駒、橐泉、駒駼、承華五監長丞；又邊郡六牧師苑令，各三丞；又牧橐、

〔註43〕　《張家山漢墓竹簡（釋文修訂本）》，文物出版社，2006年，第37頁。
〔註44〕　（漢）班固《漢書·刑法志》，中華書局，1962年，第1106頁。
〔註45〕　《張家山漢墓竹簡（釋文修訂本）》，文物出版社，2006年，第95～97頁。
〔註46〕　《張家山漢墓竹簡（釋文修訂本）》，文物出版社，2006年，第93頁。
〔註47〕　《張家山漢墓竹簡（釋文修訂本）》，文物出版社，2006年，第94頁。
〔註48〕　《張家山漢墓竹簡（釋文修訂本）》，文物出版社，2006年，第101頁。

昆蹏令丞皆屬焉。中太僕掌皇太后輿馬,不常置也。武帝太初元年更名家馬爲挏馬,初置路軨。

《周禮》夏官司馬有「大僕」,其職云:

> 大僕,掌正王之服位,出入王之大命。掌諸侯之復逆。王眡朝,則前正位而退。入亦如之。建路鼓於大寢之門外,而掌其政。以待達窮者與遽令,聞鼓聲,則速逆御僕與御庶子。祭祀、賓客、喪紀,正王之服位,詔灋儀,贊王牲事。王出入,則自左馭而前驅。凡軍旅田役,贊王鼓。救日月亦如之。大喪,始崩,戒鼓,傳達於四方,窆亦如之。縣喪首服之灋於宮門,掌三公孤卿之弔勞。王燕飲,則相其灋。王射,則贊弓矢。王眡燕朝,則正位,掌擯相。王不眡朝,則辭於三公及孤卿。〔註49〕

「大僕」即「太僕」。《周禮》之中大僕的職能頗雜。從其正王之服位來看,太僕如同漢代之近臣侍中、常侍等,其贊導行禮之作用,這點《百官公卿表》雖然沒有說明,但漢代太僕確有類似職能。從「王出入,則自左馭而前驅。凡軍旅、田役贊王鼓。救日月亦如之」來看,大僕已經具有了秦漢太僕的基本職能。從掌諸侯之復逆來看,又起到諸侯與王間文書傳遞的作用。從建路鼓來看,惠士奇認爲如同後世之登聞鼓,則又有一部份明清通政使司與都察院的功能。等等。

我們這裡需要指出的是,大僕此時並不參與馬政。春秋時期,馬匹使用有限。戰國時期,伴隨軍事鬥爭的發展,趙武靈王胡服騎射,騎兵漸漸成爲一種戰術力量,才有了大批的戰馬飼養。秦漢的馬苑正是這種形式下的產物。故《歷代職官表》云:「今太僕之職,本出於周官之校人」〔註50〕。《周禮》之中,校人正掌馬政。

正如前引《韓非子·說林上》材料,當秦武王之時,「僕」一職(掌爲王御車,後世太僕之職)尚具私臣身份。而從秦簡來看,秦國太僕在戰國後期這一身份尚存,猶未獨立出成爲一級國家機關。漢代以後的太僕,一般都有管理國家馬政的職任,但這些職能在睡虎地秦簡中並不爲太僕所掌,而是分佈於各縣,統轄於內史。如《廄苑律》,其所記述之對象與《百官公卿表》中之太僕所掌廄苑應無二致,但歸屬卻有所不同。如:

〔註49〕 (清)孫詒讓《周禮正義》,中華書局,1987年,第2496～2510頁。
〔註50〕 (清)永瑢等《歷代職官表》,中華書局,1985年,第821頁。

將牧公馬牛，馬牛死者，亟謁死所縣，縣亟診而入之。其入之其弗亟而令敗者，令以其未敗直（值）賞（償）之。其小隸臣疾死者，告其□□之；其非疾死者，以其診書告官論之。其大廄、中廄、宮廄馬牛殹（也），以其筋、革、角及其賈（價）錢效，其人詣其官。其乘服公馬牛亡馬者而死縣，縣診而雜買（賣）其肉，即入其筋、革、角，及索（索）入其賈（價）錢。錢少律者，令其人備之而告官，官告馬牛縣出之。今課縣、都官公服牛各一課，辛歲，十牛以上而三分一死；不盈十牛以下，及受服牛者辛歲死牛三以上，吏主者、徒食牛者及令、丞皆有罪。內史課縣，大倉課都官及受服者。〔註51〕

這段法文隻字未提太僕。一般邏輯，此時尚未設置太僕。太僕轉變爲《百官公卿表》中西漢意義上的太僕，當在秦王朝建立之後，所謂「太僕，秦官」，當是秦朝之「秦」。整理小組解釋《廄苑律》爲「管理飼養牲畜的廄圈和苑囿的法律」〔註52〕，這是很有道理的。秦國之廄苑很大的一個功能在於爲耕作提供使用的牲畜。這對於我們理解秦國的耕戰具有重要意義。《商君書》中多次提到「境內之民莫不先務耕戰」〔註53〕，這可能是商鞅變法的一個影響。除了提供牲畜之外，《廄苑律》中還提到國家還爲農民提供生產所用鐵器，「叚（假）鐵器，銷敝不勝而毀者，爲用書，受勿責」〔註54〕。戰國末期秦國的強大，幾乎是年年出兵，其必有相當軍糧保障與供應，當與此政策分不開。正是因爲這種區別，秦代的廄苑更多與民事有關，所以如簡文中所記，與內史職責關係較爲密切。

3、內史與少府

秦漢少府掌管工官。而秦簡中之工官，本當由少府來管轄者，卻由縣來管轄。如：

鬃園殿，貲嗇夫一甲，令、丞及佐各一盾，徒絡組各廿給。漆園三歲比殿，貲嗇夫二甲而法（廢），令、丞各一甲。（《秦律雜抄》）〔註55〕

〔註51〕《睡虎地秦墓竹簡》，文物出版社，1978年，第33頁。
〔註52〕《睡虎地秦墓竹簡》，文物出版社，1978年，第31頁。
〔註53〕蔣禮鴻《商君書錐指·慎法篇》，中華書局，1986年，第139頁。
〔註54〕《睡虎地秦墓竹簡》，文物出版社，1978年，第32頁。
〔註55〕《睡虎地秦墓竹簡》，文物出版社，1978年，第138頁。

漆園被評為下等，接受處罰者，不僅有直接長官嗇夫，還有所在縣之縣令、縣丞等。這說明，漆園是在縣之直接領導之下。整理小組所言漆園「屬於縣」〔註56〕，甚確。既然屬於縣，縣又在內史領導之下，則漆園也最終也受內史領導，縣歲終上計內史之內容間，當有漆園之課。

4、內史與主爵中尉

《百官公卿表》記主爵中尉：「秦官，掌列侯。景帝中六年更名都尉，武帝太初元年更名右扶風，治內史右地。屬官有掌畜令丞。又右都水、鐵官、廄、廱廚四長丞皆屬焉。與左馮翊、京兆尹是為三輔，皆有兩丞。列侯更屬大鴻臚。元鼎四年更置三輔都尉、都尉丞各一人。」

張家山漢簡《置吏律》：

> 郡守二千石官、縣道官言邊變事急者，及吏遷徙、新為官、屬尉、佐以上毋乘馬者，皆得為駕傳。縣道官之計，各關屬所二千石官。其受恒秩氣稟，及求財用年輸，郡關其守，中關內史。受（授）爵及除人關於尉。都官自尉、內史以下毋治獄，獄無輕重關於正；郡關其守。〔註57〕

我們關注「受（授）爵及除人關於尉」一句，在此全引，以求更好展現這句話的含義。無疑，這句話中的「尉」，不僅僅是指郡尉，也包括中尉（天子與諸侯王國皆有）。因為如果單指中尉的話，一般會在前面強調「都官」或「中都官」。我們在這裡只討論天子之中尉的情況，諸侯王中尉暫置不論。我們今天對於官制的研究，對於中尉的職能，一般只認識到有京城警衛職能。但通過這幾條材料，尚可知道，在歷史上，中尉還曾有過授爵與除人的重要職能。這一點是需要特別注意，它關係到秦漢中尉職能的轉變。

授爵及除人之職能，可以說是秦代以來的基本職能。戰國以來，秦國施行軍功爵制，而秦爵二十等：「爵：一級曰公士，二上造，三簪裊，四不更，五大夫，六官大夫，七公大夫，八公乘，九五大夫，十左庶長，十一右庶長，十二左更，十三中更，十四右更，十五少上造，十六大上造，十七駟車庶長，十八大庶長，十九關內侯，二十徹侯。」〔註58〕其最高級便是列侯（舊說漢因漢武帝名劉徹，因改作列侯，實非，見前。）爵位在秦代社會生活中佔有

〔註56〕 《睡虎地秦墓竹簡》，文物出版社，1978年，第138頁。
〔註57〕 《張家山漢墓竹簡（釋文修訂本）》，文物出版社，2006年，第37頁。
〔註58〕 （漢）班固《漢書·百官公卿表》，中華書局，1962年，第739～740頁。

重要地位，如秦漢法律簡中的案例，當事人都帶有爵位，這是因爲爵位與判決掛鉤。在秦代，但凡在戰爭中立有軍功，都會受到中尉的授爵。而在此之前，武官授爵更是普遍。《商君書》：「以戰，故暴首三，乃校三日，將軍以不疑致士大夫勞爵。其縣四尉，訾由丞尉。」〔註59〕戰場之上，則由將軍授爵，所謂「賞不逾時」。縣中則由丞尉來負責。秦制中，爵位與官職是密切相關的，《商君書》中獲得某種爵位即可以做相應的官。所以受（授）爵及除人集中在中尉手中也不是偶然的，具有關聯性。與之相關，漢官中有主爵中尉一職，《百官公卿表》謂「主爵中尉，秦官，掌列侯。」則這個「尉」有無可能是主爵中尉呢？我們覺得也不可能。因爲《秩律》中的所列官名中並沒有主爵中尉一職。《百官公卿表》認爲主爵中尉是秦官，我們覺得也是比較可疑。從張家山漢律的角度看，其承襲秦的制度還是比較大，中尉的這個職能，很可能也是從秦代延續下來的。主爵中尉一職，應該是從中尉職能中分化出來。從主爵中尉職能來看，只是掌管列侯，其掌管範圍較之以上所論大大縮小。這似乎表明，二者不可能產生在同一個時代。只有在軍功爵位衰弱的時期才會產生這個官職。從這點上來看，主爵中尉也不可能是秦官。

　　同樣我們認爲，治粟內史（即後來的大司農）與內史之關係，當與中尉與主爵中尉並觀。治粟內史也是源於內史的分職。

　　以上爲對內史與列卿關係之探討。

　　第三個要討論的官職，爲秦代官設置監郡御史的問題。《漢書・百官公卿表》：「監御史，秦官，掌監郡。」里耶秦簡中有許多關於「監府」的記載，如「到監府事急」（8-1006）、「書遷＝陵＝論言問之監府致穀痤臨沅」（8-1032）、「監府書遷陵」（8-1644）等。嶽麓書院藏秦簡《質日》也提到「監府」：「辛丑騰去監府視事」、「辛巳騰會逮監府」、「辛巳監公亡」。《史記・曹相國世家》「（曹）參以中涓從。將擊胡陵、方與，攻秦監公軍，大破之。」《集解》引《漢書音義》：「監，御史監軍者。公，名。秦一郡置守、尉、監三人。」《音義》在此搖擺不定，既以爲是監軍，又以爲是監郡御史，又以「公」爲人名。從秦簡看，監公應當是對監御史之尊稱。《音義》以爲人名，誤。再從其中所見安陸、當陽、鄧、江陵等地名來看，當在秦之南郡。主人公名「騰」，則這當是《睡虎地秦簡》中南郡太守「騰」早期的日誌〔註60〕。「騰」早期曾做過

〔註59〕蔣禮鴻《商君書錐指・境內篇》，中華書局，1986年，第119頁。
〔註60〕睡虎地竹簡中，有秦王政二十年（公元前227年）南郡守騰頒發給本郡各縣道的一篇《語書》，見《睡虎地秦墓竹簡》，文物出版社，1978年，第14頁。

「右史」等屬吏，「右史」不屬於秦官，而屬於楚官。《國語‧楚語》有「左史倚相」〔註61〕，右史當與左史相對言。王應麟《玉海》卷 125「周左史 右史 柱下史」條謂左史爲楚之史官，或然。若此，則「騰」亦由楚入秦。「騰」曾「會逮監府，」「會逮」謂依逮書而往會。《漢書‧淮南衡山濟北王傳》：「群臣可用者皆前繫，今無足與舉事者。王以非時發，恐無功，臣願會逮。」顏師古注：「會謂應逮書而往也。」可知監府具有對官吏監察作用。復檢秦之南郡未有「監」爲名之縣，故此「監府」應當就是監郡御史府。

除監察職能外，秦監郡御史尙具有治理刑獄職能，漢初御史除非皇帝制定的詔獄，否則一般不具有此職能。宣帝之後，治書侍御史具備治獄功能，〔註62〕但也僅限於中央級別。放馬灘秦簡一號秦墓有一篇《墓主記》，主人公爲大梁人，名丹，因傷人而遭棄市，後又神奇般復活。其事雖近荒誕，但考慮到戰國以來社會上盛行巫鬼風氣，亦未必純虛。我們關注其首句：「八年八月己邸丞赤敢謁御史」〔註63〕。從時間上看，學界一般都認爲是秦王政八年。「邸丞赤」，李學勤先生認爲「邸」乃地名。此字上沒有冠以地名，故不能作「朝舍」解。邸是縣、道一級地名，故設有「丞」。這個地名亦見於同墓所出版圖，認爲即氐道，在今天水西南。這一部份區域屬於隴西郡。按隴西郡設置於秦昭王二十八年〔註64〕，則御史當爲監郡御史。此種職能亦可由下文惠帝時御史監察三輔之九條得見。

《商君書》曾談到秦國「一法官」之制：「天子置三法官：殿中置一法官，御史置一法官及吏，丞相置一法官。諸侯、郡、縣皆各爲置一法官及吏，皆此秦一法官。」〔註65〕郡縣之法官當即郡縣之監御史。〔註66〕秦代的御史監郡制度，最早當可以追溯到此期。安作璋等先生認爲監御史在秦代具有過渡性質，存在時間不長，地位不高，但從《墓主記》來看，在秦統一之前即有。

〔註61〕徐元誥《國語集解‧楚語上》，中華書局，2002 年修訂版，第 500 頁。

〔註62〕胡廣《漢官解詁》云：「孝宣感路溫舒言，秋季後請讞。時帝幸宣室，齋居而決事，令侍御史二人治書，御史起此。後因別置，冠法冠，秩六百石，有印綬，與符節令共平廷尉奏事，罪當輕重。」《漢官六種》，中華書局，1990 年，第 16 頁。

〔註63〕引見張顯成《簡帛文獻學通論》，中華書局，2004 年，第 349 頁。

〔註64〕譚其驤《長水集》，人民出版社，2009 年，第 2 頁。

〔註65〕蔣禮鴻《商君書錐指‧定分篇》，中華書局，1986 年，第 143～144 頁。

〔註66〕里耶秦簡中亦有「臨沅監御史」的記載，臨沅爲縣，則當爲監縣御史。這應該屬於秦國制度。秦統一天下後，文獻中記載只有監郡御史，監縣御史當被廢除。見《里耶秦簡（壹）》前言，文物出版社，2012 年 1 月。

先生所謂非過渡性質，大概以秦分天下爲郡而計之。但郡制不始秦代。早在戰國時期，秦國就已普遍設郡。如《秦本紀》所載，秦孝公時秦即有上郡。秦孝公子秦惠文君「攻楚漢中，取地六百里，置漢中郡」，等等。從「監公」的稱呼看，地位亦甚崇。漢代御史大夫稱公或許從此而來〔註67〕。史料中所提的「守、尉、監」的次序，大約都是漢代人基於自身時代的觀察。王鳴盛《十七史商榷》卷十四《漢制依秦而變》，基於漢刺史之制，故云：「每郡但置一監、一守、一尉，而此上別無統治之者」〔註68〕，雖屬誤打誤撞，但也正確。但安作璋等先生認爲將監置於守尉之上不夠確切，亦是過非。我們認爲，秦代已經有了監察權、治民權、軍事權三權分立的設計。

御史大夫的設置是比較新奇的。先秦史料中，以「大夫」作爲官名的不在少數，如「三閭大夫」、「五屬大夫」等等。但都與「御史大夫」的結構不同。「御史大夫」爲職官加大夫，而以上的這些大夫，「三閭」、「五屬」都不是職官。這一官名在整個秦漢官職體系中算是獨一無二的。這可能是秦國借鑒衛國等官制的結果。張家山漢簡《奏讞書》引用衛國的案例，「異時衛法曰：爲君、夫人治食不謹，罪死。今宰人大夫說進炙君」〔註69〕，「宰人大夫」與「御史大夫」的結構是一致的。

第四個探討的官職爲廷尉。秦代設置了廷尉。《百官公卿表》：「廷尉，秦官，掌刑辟，有正、左右監，秩皆千石。」在此之前，秦國最高的刑獄長官似當爲國正、國監。《急就篇》：「廷尉正監承古先」。顏師古注：「廷尉掌刑獄之官，秦所置也，漢亦因之。廷者也，朝之處也。尉者，武官之號也。兵獄同制，故曰廷尉。廷尉屬官有正有監，言因承上古先代而置之。」〔註70〕則顏師古亦謂國正、國監這兩職之歷史要較廷尉更久遠。《商君書・境內篇》：

> 其攻城圍邑也，國司空誓莫城之廣厚之數。國尉分地，以徒校分積尺而攻之。爲期曰：『先已者，當爲最啓；後已者，誓爲最殿。再誓則廢』。內通則積薪，積薪則燔柱。陷隊之士面十八人，陷隊之

〔註67〕按：從漢初《秩律》看，御史大夫秩二千石，郡守、尉皆二千石。則秦時之監郡御史與之齊平，則當亦二千石，與御史大夫同秩耶？但《秩律》中之御史只有千石，當是制度變遷所致。漢初復使御史出監，不過此時御史或已降爲六百石。之後是六百石刺史監察郡國。古今所津津樂道的「以小監大」的原則，可知是從漢代開始的。秦代實否。

〔註68〕（清）王鳴盛《十七史商榷》，鳳凰出版社，2008年，第77頁。

〔註69〕《張家山漢墓竹簡（釋文修訂本）》，文物出版社，2006年，第106頁。

〔註70〕管振邦《顏注急就篇譯釋》，南京大學出版社，2009年，第257頁。

士，知疾鬥不得，斬首隊五人，則陷隊之士人賜爵一級。死則一人後，不能死之，千人環。規諫，黥劓於城下。國尉分地，以中卒隨之。將軍爲木壹，與國正監與正御史參望之。其先入者舉爲最啓，其後入者舉爲最殿。其陷隊也盡其幾者，幾者不足，乃以欲級益之。〔註71〕

此時正、監冠以「國」字，且又未有廷尉的設置，很明顯，國正、國監應該是國家最高一級單位，屬於國家最高的刑獄機構。正如《商君書・定分篇》所言：「公孫鞅曰：『爲法令，置官吏樸足以知法令之謂者，以爲天下正』」〔註72〕。張家山漢簡《置吏律》：「都官自尉、內史以下毋治獄，獄無輕重關於正；郡關其守」〔註73〕，「正」字，整理小組認爲「正，此處指廷尉正，爲廷尉屬官」，對也不對。值得注意的是，此處不言「廷尉正」，這使我們很容易將其看作是一種歷史遺留現象。《史記・五宗世家》「太史公曰：高祖時諸侯皆賦，得自除內史以下，漢獨爲置丞相，黃金印。諸侯自除御史、廷尉正、博士，擬於天子。」此處亦提及「廷尉正」，而沒有提到廷尉。從秦始皇稱帝改制到秦二世亡國，不過短短十幾年。這期間很多制度雖或許已有改變，但尚未深入人心，亦不排除蕭何當年從秦代官方獲取的一批律令文檔含有舊制在內，而張家山漢律《秩律》正以此爲藍本。正、監在漢初法律中保持獨立的迹象，或許就是受這類因素影響。再如《秩律》中有「丞相長史、正、監」〔註74〕，閻步克先生認爲此處脫漏「廷尉」二字，當作「丞相長史，（廷尉）正、監」。但是如果從正、監由國正、監發展而來考慮，這與《置吏律》中的使用習慣無疑一致，似非脫漏問題那麼簡單。

最後，地方官制方面，我們瞭解最多的是秦代的縣制。借由里耶秦簡、睡虎地秦簡等出土材料，可以很清楚地看到，秦縣也是施行分曹辦公的制度。曹只是文書機構，如同縣政府下的各個科室，掌管文書檔案及統計等工作而已，而不是實際的施行機構。有的學者在著作中曾將其弄混。〔註75〕曹的種

〔註71〕 蔣禮鴻《商君書錐指》，中華書局，1986年，第120~121頁。
〔註72〕 蔣禮鴻《商君書錐指》，中華書局，1986年，第140頁。
〔註73〕 《張家山漢墓竹簡（釋文修訂本）》，文物出版社，2006年，第37頁。
〔註74〕 對這一句有兩種不同解釋，我們將在丞相研究一章展開討論。
〔註75〕 如王彥輝先生《〈里耶秦簡〉（壹）所見秦代縣鄉機構設置問題蠡測》（《古代文明》，2012年第4期）一文，就將張家山漢簡《秩律》中的少內、倉、庫、司空認作是「曹的長官」。其實秦簡中有「司空曹」：「司空曹書一封，丞印，詣零陽。」（8-375），「可直司空曹」（8-269）。「司空曹計錄」（8-480）。

類異常多。可見的有尉曹、吏曹、戶曹、倉曹、庫曹、司空曹、獄曹、獄東曹、獄南曹、金布曹，等等。很多曹名在漢代都延續了下來。如嚴耕望《秦漢地方行政制度》所考之縣之屬吏名目（部份）〔註76〕：

（甲）綱紀：

　　（1）功曹（2）廷掾

（乙）門下

　　（1）主簿（2）主記事、錄事（3）少府（4）門下游徼（5）門下賊曹（6）門下掾、史、書佐、循行、幹、小史（7）門下祭酒、儀曹

（丙）列曹

　　（1）戶曹（2）時曹（3）田曹（4）水曹（5）將作吏（6）倉曹（7）金曹（8）市掾（9）集曹（10）法曹（11）廄令史、嗇夫、司御（12）郵書掾（13）傳舍、候舍（14）道橋津吏（15）兵曹（16）庫嗇夫（17）塞曹（18）尉曹、獄司空（19）賊曹、賊捕掾（20）辭曹（21）獄掾史（22）盟掾

但秦漢縣制亦有很大不同。第一，秦縣吏員的基本名稱是「史」，但這一稱謂之範圍到漢中期以後，有所收縮，從而產生了大量以「掾」爲名稱的官稱。《史記》中雖然提到蕭何爲秦「主吏掾」，但就秦簡來看，稱「掾」的吏名幾乎沒有，稱「掾」尚未見成規模出現，「掾」之本義，請參考第三章餘論部份。第二，秦縣曹名要較兩漢更多、更複雜，不排除雜有六國制度。漢縣曹名則從中央到地方大部份保持一致或相似，更加系統化。第三，秦代縣下嗇夫制度發達〔註77〕，國家機構的各個方面都有嗇夫這一職稱，譬如官嗇夫、鄉嗇夫、

〔註76〕嚴耕望《中國地方行政制度史——秦漢地方行政制度》，上海古籍出版社，2007年，第216～244頁。

〔註77〕關於嗇夫制度，討論者極多。必須同秦漢地方制度聯繫。就筆者所見之論文，大多信崇秦代的地方政府機構爲縣、鄉、裏三級平整劃一。如高敏《論〈秦律〉中的「嗇夫」一官》（《社會科學戰線》，1979年第1期。）；王彥輝《田嗇夫、田典考釋》（《東北師範大學學報》，2010年第2期。）；蘇衛國《重新定位「縣嗇夫」的思考》（《史學月刊》，2006年第4期）。從整體來看，這一劃分無問題。但更細緻來看，其實秦代的縣一級單位，十分複雜。如有的縣下有邑。如劉邦沛豐邑人，秦時無沛郡，知沛爲沛縣，邑爲所屬，邑下有的又可以進行分鄉，等等，不明確這種設置，這就導致在解釋某些嗇夫時陷入死角。

田嗇夫、廄嗇夫、庫嗇夫、道嗇夫，縣嗇夫，倉嗇夫，等等。漢代與之相比，固然保留一部份嗇夫名稱，但很大部份都消失。這表明秦漢整個時代，都在對官稱進行著調整、統一。第四，秦縣中保留著眾多以「守」為名稱的官名。從里耶秦簡來看，有都鄉守、啓陵鄉守、少內守、倉守、庫守、司空守、廄守、田官守等等。對於「守」的內涵，學者眾說紛紜。或以為是假守，或以為「守」即「試守」，或以為秦時縣一級的「守」就是行政長官，或以為「守」就是掌管、主管的泛稱。從材料來看，如：簡 8-770：「卅五年五月己丑朔庚子，遷陵守丞律告啓陵鄉嗇夫，鄉守恬有論事，以旦食遣自致，它有律令。五月庚子□守恬□□。敬手。」在此，鄉嗇夫是鄉的主要長官，似與前幾種觀點論旨不同。考慮到這些稱守的機構，如鄉、勺內、倉等都有牆垣，不排除如郡守本義一樣，具有防禦職能。但相對稍前的《睡虎地秦簡》卻很少見有這樣的官稱，具體所指為何，尚須進一步研究。

除了上面所介紹的內容，張家山漢簡《秩律》還體現漢初官制體系上的一些特點，我們認為也是沿用秦制。

第一，《秩律》中所涉及的官員都屬於「長吏」一級。如「中謁者」不是指樊噲曾做過的「中謁者」，而是中謁者令。再如「宦者」不是單指個人，而是指「宦者令」。這與我們觀念上有所衝突。我們觀念上所認為的「百官」，似乎是百名官員，而其實在古代，百官更傾向於指代百個官僚機構。清楚這一點，對於我們將要繼續的剖析具有重要意義。

很顯然，《秩律》中丞、尉都大量出現。這表明二者都是以各自官府代表的身份，換言之，丞、尉都有獨立的辦公場所。這一點在《漢書·地理志》中郡級單位反映的比較清晰。漢代郡下之某縣，往往言都尉治，即都尉的辦公機構。如左馮翊高陵縣下注「左輔都尉治」，右扶風郿縣下注「右輔都尉治」，太原郡廣武縣下注「都尉治」，東郡東阿縣下注「都尉治」，等等。而縣級單位我們瞭解較少，在我們觀念裏，他們只是作為縣令的下屬出現，自然而然，也應該與縣令同在縣衙。但《漢舊儀》記載：

> 更令吏曰令史，丞吏曰丞史，尉吏曰尉史，捕盜賊得捕格。
> 〔註78〕

最後一句並不是很清楚，似有闕文，但由令、丞、尉這三職可以看出敘述的為縣級單位。於此，縣令，縣丞，縣尉都有屬於自己的官吏。這一點，尤其

〔註78〕 （清）孫星衍等輯、周天遊點校《漢官六種》，中華書局，1990 年，第 82 頁。

是後二者，在《百官公卿表》中是難以看出的。這至少可以說明，三者皆有自己獨立的辦公機構。這似可表明，丞、尉等作爲長官的輔助者，而不是如同掾史一般，可由長官辟除，具有濃厚的私臣意味。如果我們把這一思維發散出去，我們會發現，漢代的官僚機構都是以這一體系爲軸心展開運作，這是一件很有趣的事情。

如丞相，如同我們在丞相研究一章所論，長史一職，最初便具有監視丞相的味道。

再如郡級官員也是。《漢舊儀》記載郡國來京師參加上計的長吏丞尉等參加完皇帝召見後，返回郡國前，由丞相代替皇帝訓話：

> 郡國守、丞、長史上計事竟，遣君侯出坐庭上，親問百姓所疾苦。計室掾史一人大音者讀敕畢，遣敕曰：「詔書殿下，禁吏無苛暴，丞長史（吏）歸告二千石，順民所疾苦，急去殘賊，審擇良吏，無任苛刻。治獄決訟，務得其中。明詔憂百姓困於衣食，二千石帥勸農桑，思稱厚恩，有以賑贍之，無煩擾奪民時。公卿以下，務飭儉恪。今俗奢侈過制度，日以益甚，二千石務以身帥有以化之。民冗食者請諭以法，養視疾病，致醫藥務活之。詔書無飾廚傳增養食，至今未變，或更尤過度，甚不稱。歸告二千石，務省約如法。且案不改者，長吏以聞。官寺鄉亭漏敗，垣牆阤壞所治，無辦護者，不稱任，先自劾不應法。歸告二千石勿聽。」〔註79〕

「且案不改者，長吏以聞」，這表明郡丞、郡尉具有繞過郡守私自上奏的權利。則他們的身份，具有監察長官的意味。

第二，《秩律》中還體現出官稱上的某些特點。如後來以「令」爲稱的官制，大都是二千石以下官吏或屬官，而在這個時期，《秩律》中尚有「漢中大夫令」與「少府令」，文獻中有「郎中令」等例。這說明此期在官稱上，尚未整齊劃一。這是一種歷史遺留問題。我們知道，二千石秩級產生較晚，就材料看，戰國晚期最高秩級爲千石。這與大縣最高秩爲千石相同。則我們認爲郎中令、少府令等，其在戰國末期，最高秩級應爲千石，秦朝建立，秩級提升至二千石。而名稱方面尚未來得及調整。直到漢武帝時，郎中令改爲光祿勳，少府不再稱「令」，官稱上才實現規範。

〔註79〕　（清）孫星衍等輯、周天遊點校《漢官六種》，中華書局，1990 年，第 70 頁。

第三，《秩律》反映出，以中外區分官職的概念。這見於下面的材料：

> 中發弩、枸（勾）指發弩，中司空、輕車，郡發弩、司空、輕車，秩各八百石，有丞者三百石。卒長五百石。〔註80〕

> 中候，郡候，騎千人，衛將軍，衛尉候，秩各六百石，有丞者二百石。〔註81〕

> 中司馬，郡司馬，騎司馬，中輕車司馬，備盜賊，關中司馬□□關司□。〔註82〕

引文中之「中」字，閻步克先生引勞榦先生之說，謂指京師而言。「中」字勞榦先生說：「中尉之中，猶言京師」〔註83〕，中尉之職秦已有之，則以「中」區別中央與地方之制當自秦始。這一區別方式用於秦代是沒有任何問題的，但在漢初就造成一些困擾。漢初國家只爲諸侯國設置丞相一人，因此，《秩律》中所反映出來的郡，只能是漢政府自己掌握的郡。

第三節　漢初到文帝時期的官制改革

司馬彪在談論漢代官制演變時說：「漢之初興，承繼大亂，兵不及戢，法度草創，略依秦制，後嗣因循。至景帝，感吳楚之難，始抑損諸侯王。及至武帝，多所改作，然而奢廣，民用匱乏。世祖中興，務從節約，並官省職，費減億計，所以補復殘缺，及身未改，而四海從風，中國安樂者也。」〔註84〕

整體來看，漢初之官制變動不大，但已有開始變動的迹象。高帝時，曾經出現過叔孫通制禮的例子。即便如史書所言「未盡備」，這其中也必然涉及到一些官制方面的變化，如官場之禮儀、班位順序之前後等，本身都是官制的體現。《漢書·禮樂志》：「今叔孫通所撰禮儀，與律令同錄，臧於理官，法家又復不傳。漢典寢而不著，民臣莫有言者。」〔註85〕其禮儀由法家（執法之御史之類，漢代御史糾察典內禮儀等事）所掌，這就已經關係到「法家」

〔註80〕　《張家山漢墓竹簡（釋文修訂本）》，文物出版社，2006年，第71頁。
〔註81〕　《張家山漢墓竹簡（釋文修訂本）》，文物出版社，2006年，第71頁。
〔註82〕　《張家山漢墓竹簡（釋文修訂本）》，文物出版社，2006年，第79頁。
〔註83〕　閻步克《從爵本位到官本位——秦漢官僚品位結構研究》，三聯書店，2009年，第301～302頁。
〔註84〕　（南朝宋）范曄《後漢書·百官一》，中華書局，1965年，第3555頁。
〔註85〕　（漢）班固《漢書》，中華書局，1962年，第1035頁。

這類官員的職能了。叔孫通的「朝儀」都是依照官制來創建的。如《漢書・叔孫通傳》描述歲首朝賀情況〔註86〕：

> 漢七年，長樂宮成，諸侯群臣皆朝十月。儀：先平明，謁者治禮，引以次入殿門，廷中陳車騎戍卒衛官，設兵，張旗志。傳言「趨」。殿下郎中俠陛，陛數百人。功臣列侯諸將軍軍吏以次陳西方，東鄉；文官丞相以下陳東方，西鄉。大行設九賓，臚句傳。於是皇帝輦出房，百官執戟傳警，引諸侯王以下至吏六百石以次奉賀。自諸侯王以下莫不震恐肅敬。至禮畢，盡伏，置法酒。諸侍坐殿上皆伏抑首，以尊卑次起上壽。觴九行，謁者言「罷酒」。御史執法舉不如儀者輒引去。竟朝置酒，無敢讙譁失禮者。於是高帝曰：「吾乃今日知爲皇帝之貴也。」

但這裡面因革秦制的成分不小，故司馬遷說「至秦有天下，悉內六國禮儀，采擇其善，雖不合聖制，其尊君抑臣，朝廷濟濟，依古以來。至於高祖，光有四海，叔孫通頗有所增益減損，大抵皆襲秦故。」〔註87〕漢初在文帝之前，主要由於時局不穩，其官制變化大半是對秦制的因襲，「自天子稱號下至佐僚及宮室官名，少所變改」。即便從叔孫通禮制方面考慮，大率應屬班位、朝位、官禮方面，而官制改變或許不大。從秦代禮儀來看，「尊君卑臣」爲法家思想之內核。宋人徐天麟稱「叔孫通所起朝儀，謂之秦儀雜就，往往猶祖其尊君卑臣之陋習」〔註88〕。朱子亦論：「叔孫通爲綿蕝之儀，其效至於群臣震恐、無敢喧譁失禮者。比之三代燕享群臣氣象，便大不同。蓋只是秦人尊君卑臣之法。」〔註89〕

　　漢興六七十年間，統治思想依舊以黃老道家爲主，清靜無爲，緩刑約法，此時儒家、儒士進用較緩，博士之官尚沿秦舊，雜廁諸子百家。《漢書・儒林傳》：「叔孫通作漢禮儀，因爲奉常，諸弟子共定者，咸爲選首，然後喟然興於學。然尚有干戈，平定四海，亦未皇庠序之事也。孝惠、高后時，公卿皆武力功臣。孝文時頗登用，然孝文本好刑名之言。及至孝景，不任儒，竇太后又好黃、老術，故諸博士具官待問，未有進者。」縱法家所用亦稀。

〔註86〕　按：漢初沿用秦制，以十月爲歲首，至武帝時始改正月爲歲首。
〔註87〕　（漢）司馬遷《史記・禮書》，中華書局，1982年，第1159頁。
〔註88〕　（宋）徐天麟《東漢會要》，上海古籍出版社，1978年，第31頁。
〔註89〕　（宋）黎靖德《朱子語類》，中華書局，1986年，第3222頁。

　　漢承秦制，儘管從文化總體面貌上來看，漢承秦制爲大局，爲「六國文化遺風的復蘇」〔註90〕，但官制方面沒有太大變化。漢初，政府所面臨最大問題在於分封制。秦代實行郡縣制，漢代郡縣制與分封制並行。分封又分爲諸侯國與列侯二等。我們知道，秦代尚有列侯這一級，則漢代當與之差別不大。漢代的列侯一般不能自置吏，只可以食租稅，「秦漢之制，列侯封君食租稅」〔註91〕，《漢書・高惠高后文功臣表》有陸量侯須無，「詔以爲列諸侯，自置令長」，當屬特例。但諸侯王的設置，如宮室、車馬、衣服、苑囿、馳獵等方面，與天子相同，「宮室百官，同制京師」〔註92〕。其在官制方面，無論是官稱還是秩級都保持一致。從某種程度來說，這也是秦代的遺留問題。秦無諸侯王，沒有建立也無必要建立諸侯之制，天子之制設置也不完善，所以許多制度方面，很大程度上是沿用戰國時期諸侯的王制。漢代分封諸侯王，也使用王制。天子與諸侯制度無別，這有悖於戰國以來法家所提倡之「尊君卑臣」的觀念。總之，這便爲日後中央政府改革諸侯國官制埋下伏筆。

　　文帝時，賈誼適時拋出「等齊」論，便是中央政府對此問題的一次回應。《新書・等齊》曰：

　　　　諸侯王所在之宮衛，織履蹲夷，以皇帝所在宮法論之；郎中、謁者受謁取告，以官皇帝之法予之；事諸侯王或不廉潔平端，以事皇帝之法罪之。曰：一用漢法，事諸侯王乃事皇帝也。誰是則諸侯之王乃將至尊也。然則，天子之與諸侯，臣之與下，宜撰然齊等若是乎？天子之相，號爲丞相，黃金之印；諸侯之相，號爲丞相，黃金之印，而尊無異等，秩加二千石之上。天子列卿秩二千石，諸侯列卿秩二千石，則臣已同矣。人主登臣而尊，今臣既同，則法惡得不齊？天子衛御，號爲大僕，銀印，秩二千石；諸侯之御，號爲大僕，銀印，秩二千石，則御已齊矣。御既已齊，則車飾惡得不齊？天子親，號云太后；諸侯親，號云太后。天子妃，號曰后，諸侯妃，號曰后。然則，諸侯何損而天子何加焉？妻既已同，則夫何以異？天子宮門曰司馬，闌入者爲城旦；諸侯宮門曰司馬，闌入者爲城旦。殿門俱爲殿門，闌入之罪亦俱棄市。宮牆門衛同名，其嚴一等，罪

〔註90〕 俞偉超《古史的考古學探索》，文物出版社，2002年，第180～190頁。
〔註91〕 （漢）班固《漢書・貨值傳》，中華書局，1962年，第3686頁。
〔註92〕 （漢）班固《漢書・諸侯王表》，中華書局，1962年，第394頁。

已鈞矣。天子之言曰令，令甲令乙是也；諸侯之言曰令，令儀之言
是也。天子卑號皆稱陛下，諸侯卑號稱陛下。天子車曰乘輿，諸侯
車曰乘輿，乘輿等也。衣被次齊貢死經緯也，苟工巧而志欲之，唯
冒上軼主次也。然則，所謂主者安居，臣者安在？〔註93〕

賈誼此論，其實是攜儒家之勢行法家之實，余英時先生所謂儒家之法家化，
早已在文帝時就已嶄露頭角，不必俟武帝時。〔註94〕從史料來看，賈誼發此
論之後，似乎爲創制新官制進行過一番努力，《漢書・藝文志》中有《五曹官
制》五篇。注云「漢制，似賈誼所條。」作品列入陰陽家一類。其內容已不
可知。但隋朝人蕭吉《五行大義・論諸官》引西漢劉向所著《洪範五行傳》
中，講到諸曹如金曹、戶曹、田曹、尉曹、功曹、辭曹、集曹等與干支相搭
配的情況。則我們推測賈誼的五曹官制或許與之相似，配五行而行。進次來
說，賈誼的這次更改官制的準備，似乎是爲其五德理論做的鋪墊。我們知道，
五德之中，秦代周用水德，漢承秦制，襲用的也是秦之水德，包括宮室制度
官制等均未改變。漢初在很長一段時間內，統治者始終都認爲自己是水德。
文帝時，漢以土德興的理論搬上檯面，這與當時的社會現狀具有一致之處，
文帝時，清淨無爲，天下斷案甚少，這與以刑法爲特徵的水德不同──「水
德尚法」。〔註95〕

　　但我們也須看到，賈誼所論天子與諸侯同制之時，其實二者已存在諸多
差別，如王國有自己所設有別於中央朝廷之官。趙平安先生對此曾有過研究。
《續封泥考略》有「齊中傅」封泥，爲齊國所獨設。《漢書・武帝紀》建元三
年七月，「濟川王明坐殺太傅、中傅，廢遷防陵」，可參。此外《續封泥考略》
所收「齊右宮大夫」、「齊三士印」，《漢印文字徵》所收「齊鑄長」印，也盡
爲漢官所無。不過，趙先生認爲「齊中謁者」爲「王國謁者的別稱」則否，
張家山漢簡《秩律》中有此官〔註96〕，此官實爲漢朝與王國官所共有者。趙
先生還發現，漢初諸侯國官印中，群卿屬官只稱「長」，不稱「令」。如有御
府長、宦者長、祠祀長、哀廟長，廄長、祝長等，而《百官公卿表》所敘述

〔註93〕（漢）賈誼《新書》，中華書局，2000年，第46~47頁。

〔註94〕余英時《反智論與中國政治傳統──論儒、道、法三家政治思想的分野與匯
流》，《余英時文集》第二卷，廣西師範大學出版社，2004年，第2卷。

〔註95〕參閻步克先生《士大夫政治演生史稿》，北京大學出版社，1996年，第378
頁。

〔註96〕《張家山漢墓竹簡（釋文修訂本）》，文物出版社，2006年，第74頁。

漢代群卿屬官大多數稱令，少數稱長。前舉例在《百官公卿表》中表示為御府令、宦者令、祠祀令、廄令、太祝令等。這一現象與文獻高度吻合。如《史記‧扁鵲倉公列傳》有「齊中御府長」、「齊太倉長」、濟北王「永巷長」，《漢書‧王尊傳》有東平王「廄長」，《燕王旦傳》有「醫工長」，《路溫舒傳》有「廣陽王私府長」，《文三王傳》有梁平襄王「食官長」，等等。〔註97〕

關於諸侯官制系統中諸卿之下屬官稱「長」的情況，閻步克先生以為改「令」為「長」行事在景帝之時，「漢景帝已把王國的諸署令改為諸署長了」〔註98〕。我們認為，這個時間上限值得商榷。上引《史記‧扁鵲倉公列傳》，淳于意至少在文帝四年就已經為「齊太倉長」，從《史記》行文來看，似乎其在呂后之時已經為此官。則諸侯國群卿之下屬官稱「長」的做法，似可追述到呂后時期，乃至漢初高祖時期所設定不排除有其可能。

再者，需要說明的是，漢初許多官印印文之中常冠以王國名，則區別之用意，很早即已經存在。通過以上分析，則賈誼之論，當是就其大端而言，實則彼時中央與諸侯官制並不完全相同。景武以後的官名改革，也確實主要著眼於大的方面。

總之，尚乏迹象表明，賈誼的建議曾獲施行，但並不能說未對君主產生觸動。漢初至文帝時期的這些舉措，大致都是為此後改革作理論之準備，及嘗試之探索。景帝時期的官制變動，則是對這場思潮的最好回應。

但文帝時，諸侯國官秩的確已經初步有了下降，這時主要表現在諸侯相方面。文帝時，淮南王厲王「不用漢法，出入警蹕，稱制，自做法令，數上書不遜順。」文帝作為長兄，念及骨肉之情，尚「重自切責之」，既不能率下，則何以服天下？然則我們對於歷史，不能只是瞭解其所展現的一面。文帝不變動官制，除了占主導的遵循黃老思想及親親思想之外，恐怕也有不得已的苦衷。漢初，諸侯王相都是功臣擔任。從《漢書‧高惠高后文功臣表》來看，不少諸侯王相因此而封侯，如漢惠帝時，有軑侯黎朱蒼「以長沙相侯」，呂后時有平定敬侯齊受「以齊丞相侯」，中邑貞侯朱進「以呂相侯」，山都貞侯王恬啟「以梁相侯」，祝茲夷侯徐厲「用常山丞相侯」，醴陵侯越，「用長沙相侯」，

〔註97〕以上參趙平安《秦西漢官印論要》，《考古與文物》，2001年第3期。
〔註98〕按：閻步克先生所謂「諸署令」、「諸署長」即趙平安先生所論群卿屬官，見閻步克《從爵本位到官本位——秦漢官僚品位結構研究》，三聯書店，2009年，第348頁。

等等。則一旦變動官制，諸侯的地位勢必下降，則隨之諸侯王相之地位亦必下降，是否還能保持封侯的地位，都是難說的。這方面的因素亦不能擯除。

在官吏設置上，一般認為，漢初中央政府只為諸侯國設丞相，其餘官職皆諸侯王自置。《史記‧五宗世家》，太史公曰：「高祖時諸侯皆賦，得自除內史以下，漢獨為置丞相，黃金印。諸侯自除御史、廷尉正、博士，擬於天子。自吳楚反後，五宗王世，漢為置二千石，去『丞相』曰『相』，銀印。諸侯獨得食租稅，奪之權。其後諸侯貧者或乘牛車也。」如此來看，五宗王的世襲，其二千石為漢所置。《史記》說的稍微簡略。《漢書‧高五王傳》則敘述其事為：「以海內初定，子弟少，激秦孤立亡藩輔，故大封同姓，以填天下。時諸侯得自除御史大夫群卿以下眾官，如漢朝，漢獨為置丞相。自吳、楚誅後，稍奪諸侯權，左官附益阿黨之法設。其後諸侯唯得衣食租稅，貧者或乘牛車。」漢初這類例子可以舉出不少。如《漢書‧韓信傳》：「信至國……召辱己少年令出跨下者，以為中尉」；《漢書‧高五王傳》：「（曹參）以為賢，言之悼惠王。王召見，拜為內史。始悼惠王得自置二千石。及悼惠王薨，哀王嗣，勃用事重於相。」

但我們仔細端詳這一制度，這就如同周天子為諸侯設卿監國一樣，其本意是好的。因為丞相總理王國一切事物。但實際結果卻並不令人滿意。周代諸侯勢力的膨脹，漢初七國之亂，都足以說明問題。漢初諸侯王之所以較為安定，誠如賈誼所論「然而天下少安者，何也？大國之王幼在懷衽，漢所置傅相方握其事。數年之後，諸侯王大抵皆冠，血氣方剛，漢之所置傅歸休而不肯住，漢所置相稱病而賜罷，彼自丞尉以上遍置其私人，如此有異淮南、濟北之為耶！」〔註99〕

在置吏問題上，此時漢政府對諸侯國置吏權限開始採取逐步收縮趨勢。從張家山漢簡《秩律》來看，除丞相外，包括御史大夫、諸卿等在內，都屬於二千石。因此，同姓諸侯王何時失去自置二千石之權利呢？文帝時，薄昭寫信給淮南王劉長：「漢法，二千石缺，輒言漢補，大王逐漢所置，而請自置相、二千石。皇帝馭天下正法而許大王，甚厚。」〔註100〕陳蘇鎮先生認為，王國二千石由中央任免，文帝初年即已實現。復以為「新法並未要求諸侯王任命的二千石立即罷免，代之以漢朝任命的二千石，而是規定當王國出缺時，

〔註99〕　（漢）賈誼《新書‧過秦上》，中華書局，2000 年，第 25 頁。
〔註100〕　（漢）班固《漢書‧淮南王傳》，中華書局，1962 年，第 2137 頁。

繼任者改由漢朝任命。顯然，全部完成這一替換過程需要一段時間。」〔註101〕我們認爲，這一時間尙可前提。《秩律》中二千石一秩級有「漢中大夫令、漢郎中」，一般認爲，其他不著「漢」字之官職，通漢官與諸侯國官而言。《秩律》一般認爲爲呂后二年左右產物，則漢中央收回諸侯王置二千石權當在呂后初，而非文帝初年。〔註102〕當漢朝收歸諸侯王二千石，中尉得自置，所以諸侯國中尉屯兵收歸中央。故文帝二年記載「九月，初與郡國守相爲銅虎符、竹使符。」〔註103〕諸侯國相持有「銅虎符、竹使符」，說明在此之前，已經握有兵權。

這一時期，御史監郡制度方面也值得注意。漢初，該制度曾一度廢除。安作璋先生認爲，漢初郡國並行，郡權還不算太重，所以減省了這種御史監郡的制度。我們認爲這種說法失之輕率。漢初郡守之秩同於九卿之制，其權力不可謂不重。之所以減省御史，主要因爲漢初諸侯國不能設監御史，只可在自己所掌控的郡中設置。這些郡，不是邊諸侯之郡，就是邊少數民族之郡，其重要性甚巨，中央政府需要釋放一定放權。邊郡太守可以領兵，內郡太守不可以領兵，也是同樣道理。在官制上尙有其他證據。

羅福頤先生主編之《秦漢南北朝官印徵存》收錄了兩方與「候」有關的漢印，一方爲「蒼梧候丞」，一方爲「南郡候印」〔註104〕。乍看並無出奇之處。但印文的背後卻隱藏著一個極大的玄機，即西漢政區擴張問題。

眾所周知，「候」官屬於邊郡警衛候望系統的官職，本取「候望」之意。陳夢家《漢簡綴述》對此有詳細論述。〔註105〕邊郡之「候」爲候官的長官，

〔註101〕陳蘇鎮《〈春秋〉與「漢道」──兩漢政治與政治文化研究》，中華書局，2011年，第81頁。

〔註102〕《史記·曹相國世家》：「參代何爲漢相國，舉事無所變更，一遵蕭何約束。擇郡國吏木訥於文辭，重厚長者，即召除爲丞相史。」似乎曹參尙能調動郡國其他官吏。但此句我們懷疑當在曹參爲齊丞相時之所爲，史載「孝惠元年，除諸侯相國法，更以（曹）參爲齊丞相。」後不愼亂入其爲漢相國後。其理由有二。其一，曹參既然已代蕭何爲相國，則當云「相國史」。《漢舊儀》：「漢初，置相國史，秩五百石，後罷並爲丞相史。」可見相國是有相國史的。又曹參爲相國後，先言「舉事無所變更，一遵蕭何約束」，又謂「君爲相，日飲，無所請事」，其無所作爲之政策與進退吏員這樣的舉措有違。故此處或存在錯簡。

〔註103〕（漢）司馬遷《史記·孝文本紀》，中華書局，1982年，第424頁。

〔註104〕二印俱見是書第10頁，羅福頤《秦漢南北朝官印徵存》，文物出版社，1987年。

〔註105〕詳陳夢家先生《漢簡所見居延邊塞與防禦組織》一文，載《漢簡綴述》，中華書局，1980年，第37～96頁。

候官作爲一級單位直屬於都尉府。「每一個候官統轄一個（段）塞，其長爲候而塞尉爲其屬官，副爲候丞與塞丞；候與塞尉一同統轄幾個部，其長爲候長，其副或屬吏爲候史」，候長之下還有隧長，在防禦組織的候望系統中，隧是最基層的哨所，即烽火臺和它的屋舍。每個隧的人數不多，少者一二人，多者五六人。居延漢簡中這樣的例子比比可見，不贅。

候望系統在漢官只見於邊郡有記載，出土之西漢尹灣漢簡所載內郡東海郡就未見有候官記載。嚴耕望先生在考證都尉屬官時也說，「至於邊郡都尉，除以上所考府內之丞與掾史屬吏外，又外領司馬、千人、候官等職」〔註106〕。這就與我們上面所引兩方漢印產生矛盾。我們只能得出一個結論，邊郡一直是一個變動的概念。隨著所處位置不同，郡的設置也有所變化。「蒼梧候丞」與「南郡候印」，當即在南郡和蒼梧分別爲邊郡的時候設置。

我們這種推論亦得到資料的印證。出土之張家山漢墓竹簡，整理者定時間爲呂后二年，其中有《秩律》一份，爲漢初之官簿。其中二千石級別有「御史大夫，廷尉，內史，典客，中尉，車騎尉，大僕，長信詹事，少府令，備塞都尉，郡守、尉，衛將軍，衛尉，漢中大夫令，漢郎中、奉常」〔註107〕。這裡面九卿的秩級與郡的級別相同，與後來情況不同。漢代以後，九卿爲秩中二千石，郡國守相只有二千石，是截然有別的。郡守尉級別如此之高，與九卿相抗衡，則只能說明他們的地位之重要。換言之，即邊郡。自古以來，邊郡因其地位之重要，其地位都要高過內地郡。這一源頭，現在看來，可以追溯到漢代。

漢初，由於大封諸侯王尤其是異姓諸侯王，導致潛伏下許多威脅。又重以北方、西方少數民族的不時侵略，所以此時中央政府所掌控之郡中，除內史外，所有的郡基本屬於邊郡。張家山漢簡中對諸侯國的提防非常顯眼。如《賊律》：「以城邑亭障反，降諸侯，及守乘城亭障，諸侯人來攻盜，不堅守而棄去之若降之，及謀反者，皆要（腰）斬。其父母、妻子、同產，無少長皆棄市。其坐謀反者，能偏（徧）捕，若先告吏，皆除坐者罪。」《捕律》：「捕從諸侯來爲閒者一人，拜爵一級。」如不瞭解了漢初天下之局勢，便不能很好理解這些律條。就其中《秩律》來看，漢初涉及到的郡，以《漢書・地理

〔註106〕嚴耕望《中國地方行政制度史——秦漢地方行政制度》，上海古籍出版社，2007年，第173頁。

〔註107〕《張家山漢墓竹簡（釋文修訂版）》，文物出版社，2006年，第69頁。

志》所載後世郡國版圖逆之，計有：內史、蜀郡、河南郡、沛郡、雲中郡、北地郡、巴郡、廣漢郡、漢中郡、南陽郡、河內郡、河東郡、九原郡、汝南郡、濟南郡、上郡、潁川郡、南郡、西河郡、上黨郡、魏郡、武陵郡等。而據譚其驤先生所考，高祖末期左右，漢所得郡爲：內史、河東、河內、河南、上黨、南陽、南、巴、蜀、廣漢、漢中、隴西、北地、上、雲中、魏、東、潁川、淮陽、汝南、河間、琅邪。〔註108〕《秩律》中自然有些縣雖在後世屬於某郡，但此時可能可能尙屬於附屬他郡的位置。但除去內史之外，其餘諸郡都面臨諸侯國或少數民族的威脅。如蜀郡、廣漢、巴郡、武陵郡南邊都與少數民族聚集區毗鄰。武陵郡、南郡東與長沙國、淮南國接壤。南陽郡與淮南國與淮陽國接壤。河南郡與淮陽、梁二國接壤。河內郡、魏郡與梁、趙、代三國接壤。河東郡與趙、代國接壤。雲中郡、上郡、九原郡、北地郡、隴西郡都與匈奴等少數民族毗鄰。就呂后時來看，又增加了同姓諸侯王對呂氏政權的威脅，這些威脅都具有顚覆漢政權的危險。邊郡設立候望系統是順理成章的事情。

總之，經此可以看出，漢初中央政府與諸侯王尤其是同姓諸侯王之間的關係，絕非溫情脈脈到可以不設防的地步。就上述兩印來看，「南郡候印」無疑是漢初之產物。是時南郡尙爲邊郡，其所毗鄰爲異姓諸侯國長沙國。而「蒼梧候丞」一印要等到蒼梧設郡之時，其所防備的主要爲少數民族。從時間上來看，此印要晩於前者。這是《秦漢南北朝官印徵存》一書所未有細究的。

從秦代看，監御史有監軍的權利，秦末戰爭期間，亦有許多監御史領兵的記載。則漢初不設監御史，或基於邊郡的重要性，而採取適度的放權政策。如兵書《六韜》所論「國不可從外治，軍不可從中御。」邊郡面臨很多緊急狀況，並非所有狀況都允許先上請而後行之。這是一個方面。另一個容易被忽略的方面，漢初三分之二的國土面積都爲諸侯國佔據，而諸侯國官制方面，只有丞相一人是漢政府所置，本身就有監國的意圖。在此種情況下，也不大可能爲諸侯國設置監御史。以上是對漢初不設監御史的一點討論。

御史監郡制度到惠帝三年復施行。《唐六典》載「惠帝三年，相國奏遣御史監三輔不法事，有辭訟者，盜賊者，鑄偽錢者，獄不直者，繇賦不平者，吏不廉者，吏苛刻者，逾侈及弩力十石以上者，非所當服者，凡九條。監者每二歲一更，常十一月奏事，三月還監焉。」杜佑《通典》敘述更詳：

〔註108〕譚其驤《長水集》，人民出版社，2009年，第100頁。

秦置監察御史。漢興省之。至惠帝三年，又遣御史監三輔郡，
察詞訟，所察之事凡九條，監者二歲更之。常以十月奏事，十二
月還監。其後諸州復置監察御史。文帝十三年，以御史不奉法，
下失其職，乃遣丞相史出刺，並督監察御史。武帝元封元年，御
史止不復監。至五年，乃置部刺史，掌奉詔六條察州，凡十二州
焉。〔註109〕

二者實際上有一點區別。在這裡《通典》記為「監三輔郡」，多一「郡」字。
但是此時已經不存在三輔郡，三輔郡早在劉邦時就已經歸併為內史。在此所
用當只是三輔的概念。則此處當標點作「三輔、郡」，《唐六典》蓋以三輔郡
為三輔，亦失之。文帝時，丞相史出刺，以督監郡御史。安作璋先生以為丞
相史亦監郡〔註110〕，失之。《漢舊儀》：「丞相初置，吏員十五人，皆六百石，
分為東、西曹。東曹九人，出督州為刺史」。此時丞相史九人，顯係用九州之
制，此時丞相史即為州刺史之源頭，實監州，非監郡。

第四節　景帝時期的官制改革

景帝到武帝時期，掀起官制變動的浪潮。僅就當時改革力度來看，我們
認為景帝改革未必亞於武帝之時。其改革與大臣晁錯有一定關聯。景帝信用
晁錯，而晁錯之身份，據記載「學申商刑名於軹張恢先所，……為人峭直刻
深」，是一個介於儒法之間的人物，這與漢初黃老一統的格局不符，這就導致
他在政治上講求尊君卑臣，以削弱諸侯國地方勢力為目標。史稱晁錯「常數
請間言事，輒聽，寵幸傾九卿，法令多所更定」，已著手對黃老清靜無為的狀
況進行改變。故太史公論曰：「漢興，孝文施大德，天下懷安，至孝景，不復
優異姓，而晁錯刻削諸侯，遂使七國俱起。」

景帝與武帝時對官制變動較多，其理論上當也受到賈誼影響，但從當時
環境來看，吳楚七國之亂後，諸侯國實力的大幅削弱，漢室手中掌握更多郡、
對諸侯國置吏權行駛更多干預等，也是促成變革的重要條件。總之，從景、
武二帝時的官名設置來看，大體還是延續了前代，保持了一定連續性。而景
帝時的官制改革主要集中在調整中央與地方關係方面。

〔註109〕　（唐）杜佑《通典・職官十四》，中華書局，1988年，第884頁。
〔註110〕　安作璋、熊鐵基《秦漢官制史稿》，齊魯書社，2007年，第511頁。

一、相對諸侯國官職的官制調整

1、調整中央官名，以「大」為特徵，突出中央官職

《百官公卿表》記敘景帝官制改革比較詳細，且多集中在九卿等重要官吏方面：

（1）奉常，秦官，掌宗廟禮儀，有丞。景帝中六年更名太常。屬官太祝……景帝中六年更名太祝為祠祀。

（2）衛尉，秦官，掌宮門衛屯兵，有丞。景帝初更名中大夫令，後元年復為衛尉。

（3）廷尉，秦官，掌刑辟，有正、左右監，秩皆千石。景帝中六年更名大理。

（4）典客，秦官，掌諸歸義蠻夷，有丞。景帝中六年更名大行令。

（5）治粟內史，秦官，掌穀貨，有兩丞。景帝後元年更名大農令。

（6）將作少府，秦官，掌治宮室，有兩丞、左右中候。景帝中六年更名將作大匠。

（7）長信詹事掌皇太后宮，景帝中六年更名長信少府。

（8）將行，秦官，景帝中六年更名大長秋，或用中人，或用士人。

（9）內史，周官，秦因之，掌治京師。景帝二年，分置左、右內史。

（10）主爵中尉，秦官，掌列侯。景帝中六年更名都尉。

（11）郡守，……景帝中二年更名太守。

（12）郡尉，……景帝中二年更名都尉。

以上十二項改革，雖然時間前後不一，卻俱有規律可循。即在中央與地方主要官名上，以「大」為特徵突出中央官職。它們體現出景帝官制改革思想的延續性與統一性。其中，除第2、7、9條外，其餘九條官名的變動都改成「大」（「大」「太」秦漢通用）或「大」的近義詞「都」：太（大）常、大理、大行、大農、大將、大長秋、大（太）守、都尉。稍加研究我們會發現，之所以「中尉」和「郡尉」不改成「大」尉，是因為漢朝已經有太尉一官，為避免混淆，用「都」字來替代。「都」字可訓「大」，如《呂氏春秋・察今》：「軍驚而懷都舍。」《漢書・王莽傳下》：「賜治廟者司徒、大司空錢各千萬，侍中、中常侍以下皆封。封都匠仇延為邯淡里附城。」顏師古注：「都匠，大匠也。」《後

漢書・張衡傳》「中有都柱，傍行八道。」「都」字皆訓「大」。這表明，漢景帝有意用「大」之觀念將中央官與諸侯王國官區分開來，這正是賈誼改革思想的貫徹實施。相對於漢初以「中」來區分中央、地方的做法，無疑為一種創新。

引申開來，第 2 條改衛尉為中大夫令，也是因為不能改為「大（太）尉」的緣故。第 7 條長信詹事改長信少府，當也是因為諸侯王有長信宮，設長信詹事一職。值得一提的是，1968 年中山靖王劉勝妻竇綰墓中出土的長信宮燈，有的學者認為來自於漢朝的長信宮，我看更像是中山國的長信宮。

再看第 9 條左右內史的設置，之所以不將「內史」改「大內」，主要因為「大內」是秦漢以來的一個官名。睡虎地秦簡之《金布律》：「已稟衣，有餘褐十以上，輸大內，與計偕。」〔註111〕《漢書・嚴助傳》：「越人名為藩臣，貢酎之奉，不輸大內。」則很有可能也是為了區別諸侯王之內史而劃分左右，這一因素也必須考慮在內。

除此之外，值得注意的是，漢景帝中五年「更名諸侯丞相為相」的舉動，為示中央與地方的區別，這次改動的則是地方制度。但有材料表明，景帝最初本打算改動中央丞相的官名。《史記・漢興以來將相名臣年表》於景帝元年下記載「置司徒官」〔註112〕，這表明景帝初期有意以「司徒」一名取代丞相，但後來不明因何最終沒有成功。既然不能改變中央官名，則只好後來在中五年採取「更名諸侯丞相為相」辦法。

2、罷黜諸侯國與中央重名的官吏

中三年冬，罷諸侯御史中丞〔註113〕。（《史記・孝景本紀》）

中五年，省御史大夫、廷尉、少府、宗正、博士官。（《漢書・百官公卿表》）

3、更名諸侯國官吏與中央同名者

中五年六月，更命諸侯丞相曰相。〔註114〕（《史記》卷十一《孝景本紀》）

景帝中五年，改丞相曰相。（《漢書・百官公卿表》）

〔註111〕　《睡虎地秦墓竹簡》，文物出版社，1978 年，第 66 頁。

〔註112〕　（漢）司馬遷《史記》，中華書局，1982 年，第 1130 頁。

〔註113〕　按：《漢書・景帝紀》記載為中三年「罷御史大夫」，而中五年又言省御史大夫，則中三年所罷當如《史記》為御史中丞。

〔註114〕　按：《漢書・景帝紀》作「八月」，二者必有訛誤。

4、諸侯國侍從等私臣損員

（中五年）大夫、謁者、郎諸官長丞皆損其員。（《漢書・百官公卿表》）

5、繼續收回諸侯國置吏權

如前所揭，諸侯王一開始便沒有諸侯相自置權，大約在呂后當政左右，又開始喪失二千石置吏權。景帝中五年，「令諸侯王不得復治國，天子爲置吏」〔註115〕。陳蘇鎮先生認爲，此時中央政府剝奪了諸侯王千石以下、五百石以上吏的設置權限。這基於以下材料的推測。漢武帝元光六年，衡山王犯法，有司請求懲治，「天子不許，爲置吏二百石以上。」《集解》引如淳注：「《漢儀注》：『吏四百石以下，自調除國中』」〔註116〕。由此，他推武帝時諸侯王唯得自置吏四百石以下吏，千石以下、五百石以上吏的任免權可能已被景帝剝奪。我們覺得，如淳所引材料有問題。這則材料的出處在今本《漢舊儀》中：

> 帝子爲王。王國置太傅、相、中尉各一人，秩二千石，以輔王。
> 僕一人，秩千石。郎中令，秩六百石，置官如漢官。官吏郎、大夫
> 四百石以下自調除國中。漢置內史一人，秩二千石，治國如郡太守、
> 都尉職事，調除吏屬。相、中尉、傅不得與國政，輔王而已。當有
> 爲，移書告內史。內史見傅、相、中尉，禮如都尉。太守、相置長
> 史，中尉及內史令置丞一人，皆六百石。成帝時，大司空何武奏罷
> 內史，相如太守，中尉如都尉，參職。是後相、中尉爭權，與王遞
> 相奏，常不和。〔註117〕

從其所揭示語境來看，《百官公卿表》記載武帝時損王國郎中令爲千石，而此處爲六百石，顯然不同時。其制當在武帝後，或當昭宣之時。因此，此處並無直接證據。陳先生所論值得商榷。

總之，對王國官制的改革並非僅僅表現在官名變換上，如省諸侯國御史大夫與廷尉，則剝奪了諸侯王的治獄權與監察權，《漢書・何武傳》記載：「往者諸侯王斷獄治政，內史典獄事，相總綱紀輔王，中尉備盜賊。」說得便應該是景帝中五年之前的情況；省去少府，則剝奪了對山林川澤等稅的徵收權，削弱了諸侯國的財力。史料中所說的諸侯王食租稅，大概是從此時開始

〔註115〕（漢）班固《漢書・百官公卿表》，中華書局，1962年，第741頁。

〔註116〕（漢）司馬遷《史記・淮南衡山列傳》，中華書局，1982年，第3095頁。

〔註117〕（清）孫星衍等輯、周天遊點校《漢官六種》，中華書局，1990年，第80頁。

的〔註118〕。宗正一官的剝奪，除了使其作爲小宗更緊密上連天子、受到中央政府統轄外，還有一個重要目的，是因爲宗正有都司空令丞這樣的屬官。都司空主要管理刑徒，在漢時是各官府勞動力、服兵役、邊戍力量的一個重要來源。漢政府剝奪了這些官職，無疑將這些權利收歸中央，從而增加了自己的實力。

　　所有這些對諸侯國的限制，表現在史料中，便是自景帝開始，在皇帝頒發的詔書中，提到「郡國」的次數越來越多。這是中央政府中央集權加強的體現，說明朝廷的力量逐漸滲入到諸侯國。如《漢書・文帝紀》只有一次記載「令郡國無來獻」，爲諸侯國貢獻之事。而《景帝紀》所記則不同，這在以前都是諸侯國內政，漢朝所不能干涉者。

　　　　詔曰：「間者歲比不登，民多乏食，天絕天年，朕甚痛之。郡國
　　　　或磽陿，無所農桑豰畜；或地饒廣，薦草莽，水泉利，而不得徙。
　　　　其議民欲徙寬大地者，聽之。」

　　　　詔曰：「農，天下之本也。黃金珠玉，饑不可食，寒不可衣，以
　　　　爲幣用，不識其終始。間歲或不登，意爲末者眾，農民寡也。其令
　　　　郡國務勸農桑，益種樹，可得衣食物。吏發民若取庸采黃金珠玉者，
　　　　坐臧爲盜。二千石聽者，與同罪。」

對於景帝改革官名的做法，有的學者持否定態度，認爲大多無實際意義，某些官職以後在武帝時期又回改了回來〔註119〕。我們認爲，這種看法是不成熟的。在景帝改革的時期，通過官名來確定中央政府與地方諸侯之尊卑可以說是達到目的了。古人在君臣方面，名號看得極重，「惟名與器，不可以假人」〔註120〕。王莽時期，下詔「四夷僭號稱王者皆更爲侯」〔註121〕，少數民族就因爲改王爲侯的問題掀起過戰爭。武帝時官名回改並不多，必須結合武帝時的背景。這就是許多諸侯國官職被裁撤，回改的一些官職已經在諸侯國不存在，自然回改並無什麼問題。

〔註118〕　（漢）班固《漢書・高五王傳》：「自吳、楚誅後，稍奪諸侯權，左官附益阿
　　　　　黨之法設。其後諸侯唯得衣食租稅，貧者或乘牛車。」中華書局，1962 年，
　　　　　第 2002 頁。

〔註119〕　江連山《試論西漢官制改革（二）》，綏化師專學報（社會科學版），1985 年
　　　　　第 3～4 期，第 86 頁。

〔註120〕　《左傳》成公二年：「唯器與名，不可以假人，君之所司也。」又昭公三十二
　　　　　年：「是以爲君，慎器與名，不可以假人。」分別見阮刻《十三經注疏》，中
　　　　　華書局，2009 年，第 4111 頁、第 4622 頁。

〔註121〕　（漢）班固《漢書・王莽傳中》，中華書局，1962 年，第 4105 頁。

二、增省官制

這一時期增省官制較少，計有三例。第一個就是太尉。太尉一職在文帝時曾省過，大概出於畏忌太尉周勃在誅殺呂后之當中的作用。七國之亂，中尉周亞夫爲中尉將軍，平叛有功，回來就做了太尉。此後數年復廢。第二個就是景帝二年，分內史爲左右內史，大約出於京師難治的考慮。第三個爲中六年更大內爲兩千石秩，置左右內官屬「大內」。

三、任官制度的改革

這一時期主要涉及納資入仕（爲郎）制度。至於爲何要施行這一制度，亦未見有中肯說明，茲試論之。我們認爲，從社會層面來講，一旦獲得郎官職位之後，不僅社會地位立即得到提升，得購買車馬、刀劍等代表身份之裝備，另一個優勢，便是不用參與徭役和征伐，而且可以獲得任職機會。易言之，在編戶齊民、社會流動不強的社會中，國家施行郎官制度，反倒在無形中喪失了一部份勞動力資源。因此可以說，入資爲郎者購買的人身自由權。這只是一個層面。另一方面，入資爲郎之後，還要擔負許多財政支出，「郎官故事，令郎出錢市財用，給文書，乃得出，名曰『山郎』。」〔註122〕所以，張釋之以訾爲騎郎之後，「久宦減仲之產」〔註123〕，時間越長，後面這一部份支出必然越多。這才是爲郎最大的阻礙。

但是以財產作爲入官的條件，必然導致許多人才被阻擋在仕途之外。景帝後二年對先前之「資算十以上乃得爲官」的制度改爲「資算四」。詔書言：「其唯廉士，寡欲易足。今訾算十以上乃得官，廉士算不必眾。有市籍不得官，無訾又不得官，朕甚愍之。訾算四得官，亡令廉士久失職，貪夫長利。」即景帝後元二年之後，這就使得更多的民眾獲得入仕機會，從而實現更廣範圍的社會公平。關於這一制度，其本質是直接賣官還是作爲條件之一，還存在不同意見。但從萬錢納算賦127錢爲一算來看，資算十也不過1270錢，不大可能是買官。漢代萬錢爲一金，《史記・孝文本紀》：「嘗欲作露臺，召匠計之，直百金。上曰：『百金中民十家之產。』」則此前「資算十」乃十金之中產者。而降爲「資算四」，則並及下等貧民無慮。

〔註122〕（漢）班固《漢書・楊惲傳》，中華書局，1962 年，第 2890 頁。
〔註123〕（漢）班固《漢書・張釋之傳》，中華書局，1962 年，第 2307 頁。

從史料中來看，漢代入貲爲官以郎官爲主。如張釋之「以貲爲騎郎，事文帝」〔註124〕，司馬相如「以訾爲郎，事孝景帝」〔註125〕，黃霸「武帝末以待詔入錢賞官，補侍郎、謁者。」〔註126〕而郎官的眞實身份爲「宦皇帝者」，非官吏。詔書中沒有提到「郎」而只是言「官」，其涉及範圍當更大。我認爲這是針對廉吏而言。漢代對廉吏特別重視，文帝曾下詔稱讚說「廉吏，民之表也。」〔註127〕武帝時，舉孝廉成爲國家很重要的一項選舉制度。低級的廉吏在有功或積勞當拜官的時候，家產也當是一種衡量手段。景帝詔書當緣此而發。

第五節　武帝時期的官制改革

武帝時期的官制改革是漢代官制變革最大的一次改革。這一時期改革之原因是多層面的，既有伴隨國家疆土的擴大，增設官僚機構的需要，又有事務增多的原因。從統治結構上來說，又有職能轉化的因素，如丞相一章我們所論，丞相職能的變化及府吏的增加等等。總之，大致包括各方面統治和管理機構的設置與變革，官吏隊伍的膨脹，職掌的變更，選舉任用制度和監察制度的深化。我們將從中央與郡國官名的變革、監察制度、軍事制度、民族關係等角度展開論述。

一、繼續調整中央與地方王國官制

1、定官名

漢武帝在景帝的基礎之上，對中央與王國官制繼續改革。中央方面的變革主要集中在太初元年（前104）：「夏五月，正曆，以正月爲歲首。色上黃，數用五，定官名。」〔註128〕這一舉措與文帝時賈誼提法一致〔註129〕，二者當存在一定繼承關係。這些改革措施主要有：

〔註124〕（漢）班固《漢書・張釋之傳》，中華書局，1962年，第2307頁。
〔註125〕（漢）班固《漢書・司馬相如傳》，中華書局，1962年，第2529頁。
〔註126〕（漢）班固《漢書・黃霸傳》，中華書局，1962年，第3627頁。
〔註127〕（漢）班固《漢書・文帝紀》，中華書局，1962年，第124頁。
〔註128〕（漢）班固《漢書・武帝紀》，中華書局，1962年，第199頁。
〔註129〕（漢）班固《漢書・賈誼傳》：「誼以爲漢興二十餘年，天下和洽，宜當改正朔，易服色制度，定官名，興禮樂。乃草具其儀法，色上黃，數用五，爲官名悉更，奏之。」中華書局，1962年，第2222頁。

改名前	改名後	屬官改名前	屬官改名後
大理	廷尉		
大行令	大鴻臚		
		行人	大行令
		別火（新置）〔註130〕	——
大農令	大司農		
郎中令	光祿勳		
		中大夫	光祿大夫
太常	——		
		祠祀	廟祀
太僕	——		

〔註130〕安作璋、熊鐵基二先生在《秦漢官制史稿》中認爲，別火與飲食有關，是「別開伙食的意思，當是所謂蠻夷的飲食習慣不同，因此需要另外開伙，其說誤。按：別火即改火。《居延漢簡》中有一條簡文涉及了別火的具體制度：

御史大夫吉昧死言：丞相相上大常昌書，言大史丞定言元康五年五月二日壬子日夏至，宜寢兵。大官抒井更水火進，雞鳴謁以聞。布當用者。●臣謹案比原泉御者、水衡抒大官御井，中二千石、二千石令官各抒、別火。別火官先夏至一日以除隧取火，授中二千石、二千石官在長安雲陽者。其民皆受，以日至易故火，庚戌寢兵不聽事盡。甲寅五日臣請布臣昧死以聞。

別火爲漢世風俗，以新火易故火，陳直先生《居延漢簡研究》對此有精湛考證，但他認爲，此火爲陽燧之火，以事例來看則不然。此禮制的具體來源陳直先生未言。今補充之。按：《論語·陽貨》：「宰我問：『三年之喪，期已久矣。君子三年不爲禮，禮必壞；三年不爲樂，樂必崩。舊穀既沒，新穀既升，鑽燧改火，期可已矣。』」別火之意與之同。改火在政治上具有一定意義。《隋書·王劭傳》：劭以古有鑽燧改火之義，近代廢絕，於是上表請變火，曰：「臣謹案《周官》，四時變火，以救時疾。明火不數變，時疾必興。聖人做法，豈徒然也！在晉時，有以洛陽火渡江者，代代事之，相續不滅，火色變青。昔師曠食飯，云是勞薪所爨。晉平公使視之，果然車輞。今溫酒及炙肉，用石炭、柴火、竹火、草火、麻荄火，氣味各不同。以此推之，新火舊火，理應有異。伏願遠遵先聖，於五時取五木以變火，用功甚少，救益方大。縱使百姓習久，未能頓同，尚食內廚及東宮諸主食廚，不可不依古法。」上從之。

故《四書集注》：「燧，取火之木也。改火，春取榆柳之火，夏取棗杏之火，夏季取桑柘之火，秋取柞楢之火，冬取槐檀之火，亦一年而周也。」漢代的改火制度有所變動。從簡文來看，初創武帝時，用夏至日。而《後漢書·禮儀中》：「日夏至，禁舉大火，止炭鼓鑄，消石冶皆絕止。至立秋，如故事。是日濬井改水，日冬至。鑽燧改火云。」則又將改火挪至冬至舉行。改火原本與濬井（即抒井）本同時，至後漢，後者改到立秋日舉行。至於後世的四時改火，無疑遵用的《周官》的典故，與漢之改火來源不同。武帝時期的初創時期，無疑是從《論語》中來的。這也體現了經學對官制的影響。

		家馬	挏馬
		路軨（新置）	——
少府	——		
		考工室	考工
		左弋	佽飛
		居室	保宮
		甘泉居室	昆臺
		永巷	掖廷
中尉	執金吾		
將作少府			
		東園主章	木工

2、降低諸侯國官吏秩級

景帝時並未見有直接降低諸侯國官吏秩級的舉措。吳楚之亂後，諸侯國「去丞相曰相，銀印」〔註131〕，檢《漢書・百官公卿表》：「凡吏秩比二千石以上，皆銀印青綬」，閻步克先生認為此時諸侯相秩降為中二千石，或然。〔註132〕武帝世，始有清晰資料表明「壓低王國官秩級」〔註133〕。《史記・汲鄭列傳》，武帝時，汲黯為淮陽太守，「以諸侯相秩居淮陽」，《史記集解》引如淳注：「諸侯王相在郡守上，秩真二千石」。《百官公卿表》武帝時，「損其（按：指諸侯王國）郎中令，秩千石；改太僕曰僕，秩亦千石。」據閻步克先生研究，王國官中其他官吏的秩級約在此時被降低〔註134〕。

王國官	秩　級	中央官	秩　　　　　級
相	眞二千石	丞相	——
郎中令	千石	光祿勳	中二千石
僕	千石	太僕	中二千石
治書	比六百石	尙書	六百石

〔註131〕（漢）司馬遷《史記・五宗世家》，中華書局，1982年，第2104頁。
〔註132〕閻步克《叢爵本位到官本位——秦漢官僚品位結構研究》，三聯書店，2009年，第349～350頁。
〔註133〕閻步克《叢爵本位到官本位——秦漢官僚品位結構研究》，三聯書店，2009年，第344頁。
〔註134〕按，表中所列「治書」以下官，閻步克先生所引據《後漢書・百官五》之材料亦並未明言，依據推論當附於此期，權信從之，見上書第346～348頁。

中大夫	比六百石	中大夫	比八百石（太初元年，改爲光祿大夫，秩比二千石。）
謁者	比四百石	謁者	比六百石
禮樂長	比四百石	太樂令	六百石
衛士長	比四百石	衛士令	六百石
醫工長	比四百石	太醫令	六百石
永巷長	比四百石	永巷令	六百石
祠祀長	比四百石	祠祀令	六百石
郎中	二百石	郎中	比三百石

二、監察制度方面

主要是司直、刺史、司隸校尉的設置。丞相司直，漢武元狩五年（前 118）置，掌佐丞相舉不法，主要爲監督官吏，司直考察能否，以徵虛實。司直設置之前，文帝時改派丞相史出刺，監察監御史，其監察體系爲：司直、丞相史、監御使、郡國。監御史制度在元封元年（前 110）廢除，此時監督體系變爲：司直、丞相史、郡國。元封五年（前 106）設置十三州〔註 135〕，分置刺史，以六條問事，把對地方的監督權收歸中央，監督體系又變成：司直、刺史、郡國。後設司隸校尉，可對司直進行監督。其監督結構變化可用下表表示：

	置司直（元狩五年／前118年）	罷監御史（元封元年／前110年）	置刺史（元封五年／前106年）	置司隸校尉（徵和二年／前89年）	某個時間
					御史中丞
				司隸校尉〔註 136〕	司隸校尉
	司直	司直	（丞相）司直	（丞相）司直	（丞相）司直
丞相史（刺史前身）	丞相史（刺史前身）	丞相史（刺史前身）	刺史	刺史	刺史
監御史	監御史				
郡國二千石	郡國二千石	郡國二千石	郡國二千石	郡國二千石	郡國二千石

〔註 135〕此數字有爭議。一般認爲，武帝初設刺史爲十三人，辛德勇先生認爲應該是十二人，十二州之中有中州，詳辛氏《兩漢州制新考》一文。

〔註 136〕具體來講，司直與司隸校尉沒有統屬關係，二者皆可互相監督，故《通典》說「翟方進爲司直，旬歲間免兩司隸」，詳《漢書·翟方進傳》，中華書局，1962 年，第 3411～3424 頁。

徵和四年（前89），以巫蠱事而設置司隸校尉，持節，秩比二千石，率領中都官徒千二百人。此時的司隸校尉只不過察京師百官。武帝以後，司隸校尉監察權利越來越大，最終監察三輔、三河、弘農郡等，稱爲獨立一部。地方行政制度方面，刺史此時權力尚輕，六條外其他事則不與，對郡國沒有過多干涉，年終時需要向御史中丞彙報工作。

三、中外朝出現

中外朝或內外朝制度出現的時間，諸家見解有分歧。主流觀點以安作璋等先生爲代表，認爲出現在漢武帝世。其依據《漢書・嚴助傳》：

> 獨擢助爲中大夫。後得朱買臣、吾丘壽王、司馬相如、主父偃、徐樂、嚴安、東方朔、枚皐、膠倉、終軍、嚴葱奇等，並在左右。是時征伐四夷，開置邊郡，軍旅數發，內改制度，朝廷多事，婁舉賢良文學之士。公孫弘起徒步，數年至丞相，開東閣，延賢人與謀議，朝覲奏事，因言國家便宜。上令助等與大臣辯論，中外相應以義理之文，大臣數詘。

但此時的「中外」，誠如顏師古所論，「中謂天子之賓客」，「外謂公卿大臣」，與孟康所說的中外朝尚有區別。《漢書・劉輔傳》孟康注：「中朝，內朝也。大司馬、左右前後將軍、侍中、常侍、散騎、諸吏爲中朝，丞相以下至六百石爲外朝也。」孟康的中朝，粗略來看，至少包括賓客與大臣二類，比此時涉及更多。此時的「中」只是天子之賓客，即侍從之臣而已，還沒有擴展到大司馬、諸將軍等。從史料來看，前後左右將軍雖說在武帝時已經產生，但其實不過爲行軍征戰的臨時官號，軍罷則隨之而罷。如《漢書・衛青霍去病傳》：

> 明年春，大將軍青出定襄，合騎侯敖爲中將軍，太僕賀爲左將軍，翕侯趙信爲前將軍，衛尉蘇建爲右將軍，郎中令李廣爲後將軍，左內史李沮爲彊弩將軍，咸屬大將軍，斬首數千級而還。
>
> 郎中令李廣爲前將軍，太僕公孫賀爲左將軍，主爵趙食其爲右將軍，平陽侯襄爲後將軍，皆屬大將軍。

班固在編撰《百官公卿表》時，在處理前、後、左、右將軍問題上，很具慧眼卓識。他明知前、後、左、右四將軍武帝時已出現，但仍堅持未將之列入《漢書・百官公卿表》之表中。這表示，當時的前、後、左、右將軍並不入

百官位列。《百官公卿表》中有前、後、左、右將軍自昭帝時第一次正式出現。漢武帝後元二年有左將軍上官桀，昭帝始元四年有右將軍王莽，昭帝末年，即元平元年，有後將軍趙充國，前將軍韓增。通觀之，前、後、左、右將軍真正成為常置將軍，自昭帝始，前、後、左、右將軍之制在昭帝末期最終形成。《百官公卿表》謂「前、後、左、右將軍，皆周末官，秦因之，位上卿，金印紫綬。漢不常置，或有前後，或有左右，皆掌兵及四夷。有長史，秩千石」。此處的「不常置」只不過是就秦漢這段長期來看。通常的情況下「或有前後，或有左右」而已。《漢官解詁》說：「前、後、左、右將軍，宣元以後，雖不出征，猶有其官，位在諸卿上」，反映的即是這種武昭間的變化。昭帝時，霍光錄尚書事，大權在握，則以「給皇帝處理日常政務當參謀、顧問」〔註137〕為目的之中朝官也不太可能產生。綜合前人意見，對於中朝官的產生，我們認為，始於安作璋先生所認為之武帝時，初步形成於祝總斌先生所持霍光執政的昭帝時，而最終確立於宣帝之時，是為一漸變之過程。

當然，從歷史上來看，這同時也是有一個近臣到制度的演化過程。中朝官最初起源於近臣，最後演變為近臣與大臣的集合。孟康注中所包含的兩類官員有其存在之必要性。其中侍中、常侍、散騎、諸吏等，都屬於加官的層面——加官「所加或大夫、博士、議郎」〔註138〕。《漢舊儀》亦云「侍中，無員。或列侯、將軍、衛尉、光祿、（將）大夫、郎為之，得舉非法，白請及出省戶休沐，往來過直事」〔註139〕。我們知道，像大夫、議郎這類官職，都屬於宦皇帝即侍從官的行列，即不屬於正常的政府部門。皇帝並不是真正的「寡人」，其需要參謀、顧問的訴求是天然存在的。所以中朝的起源，不會如學界中通常認為那樣，是從武帝時開始。只不過武帝時國家事眾，中朝臣眾多，規模、體系漸成不可忽視之勢，史料記載也頗為詳細而已。之所以不認為是昭帝時，亦因為前後左右將軍在昭帝最後一年才設置完全，亦嫌其太晚。

對於中朝（內朝）官產生的原因，勞幹先生曾說過，「『內朝』的起源或由於軍事的處置，不是德業雍容的宰相所能勝任，因此將大計交給另外的人，但內朝和外朝既有分別，漸漸的在非軍事時期也常常有天子的近臣來奪宰相之

〔註137〕 祝總斌《漢魏南北朝宰相制度研究》，中國社會科學出版社，1990年，第77頁。
〔註138〕 （漢）班固《漢書·百官公卿表》，中華書局，1962年，第739頁。
〔註139〕 （清）孫星衍等輯、周天遊點校《漢官六種》，中華書局，1990年，第32頁。

權，因此宰相便成了一個奉命執行的機關了」〔註140〕，勞先生認爲君權與相權的爭奪是其原因。祝總斌先生則認爲主要出於霍光執政的特殊需要。漢武帝晚年託孤，以奉車都尉霍光爲大司馬大將軍，「政事一決大將軍光」。先生認爲，霍光出身於奉車都尉，職位不高，而以這樣的出身來代表天子以臨百官，就不免存在難以厭服眾心的問題。同時輔政的左將軍上官桀不服，援引御史大夫桑弘羊等，與霍光作對。所以在這種情況下，便選拔一批有才幹、多智謀，而又對自己忠誠的官吏，在宮中充當自己的參謀、顧問。此外，祝先生特別提出，霍光與中外朝的關係同武帝與近臣的關係不同，中外朝不僅可以出謀劃策，而且要忠於霍光，幫助處理與丞相、大臣的關係。〔註141〕按，先生此意與錢大昕之說有異曲同工之妙，錢氏《三史拾遺》曰：「中外朝之分，漢初蓋未之有。武帝始以嚴助主父偃入直承明，與參謀議，而其秩尚卑。衛青霍去病雖貴幸，亦未干丞相御史職事。至昭宣之世，大將軍權兼中外，又置前後左右將軍，在內朝預聞政事。而由庶僚加侍中給事中者，皆自詫爲腹心之臣矣。」

中外朝產生的大背景，籠統的說，在武昭時期應該是沒錯的。中外朝產生的原因，祝先生、錢氏之說，尚覺其不妥。而其他觀點簡單將其歸結爲武帝時期事務的繁多，亦嫌其不夠深入。如果站在歷史的高度上看待這個問題，我們會發現其實有其內部原因存在。首先是從區域性國家向統一性國家的轉變。這一過程，表現爲秦國官制與秦漢官制的轉變。國土的擴大，事務的繁冗隨之而來，而秦始皇時期，事情都是自己處理的，「天下之事無小大皆決於上，上至以衡石量書，日夜有呈，不中呈不得休息。」〔註142〕誠如勞先生所論，天下庶務不可能由一個皇帝來完成，但從此也可以看出，作爲一個強調君權、強調強權的君主，此時不可能存在參謀的機構。因爲，正如眾多學者所認爲，中朝之權力，其本質上來說是君權。也正是從這種意義上來講，最初中朝官的設置，並非如有的學者所論是出自對相權的削弱〔註143〕。某些中

〔註140〕 勞幹《論漢代的內朝與外朝》，《中研院歷史語言研究所集刊論文匯編（歷史編·秦漢卷一）》，中華書局，2009年，第278頁。按：西漢的丞相亦掌軍事，勞先生亦丞相雍容德業不掌軍事，誤。但重大的軍事決策，是由中朝官參與則是無可爭辯的。

〔註141〕 祝總斌《兩漢魏晉南北朝宰相制度研究》，中國社會科學出版社，1990年，第82～85頁。

〔註142〕 （漢）司馬遷《史記·秦始皇本紀》，中華書局，1982年，第258頁。

〔註143〕 此觀點以勞幹先生爲代表，見《中研院歷史語言研究所集刊論文匯編（歷史編·秦漢卷一）》，第282頁。

朝官的前身在前代雖然已經存在，但尚未成為後世意義上參謀機構。而漢初以來，歷經戰亂造成的經濟蕭條，統治者在政治上施行無為而治，文帝時「斷獄四十」〔註 144〕，這說明「天下無事」。這時也不大會導致中朝官的確立。其次，武帝時，諸侯國勢力的削弱，導致漢政府所掌控的郡國數增加，諸侯國設官的諸多限制，最終形成諸侯王只能「食租稅」的現狀，行政權力大為削弱。所有這些，也導致了整個漢代國家事務繁多，不可能由皇帝一人應付，從而導致了中朝官的最終確立。當然，這一確立是漸進式的，非一蹴而就。

其次，中朝為外朝的補充。從處理事務內容及參與官員級別來看，中朝無疑要比外朝要高。但外朝也有自己的事務。有學者認為，內朝的出現，「使丞相以下至六百石變成執行內朝決議的外朝官」〔註 145〕，這種觀點又把內朝的作用誇大化了。中外朝事務各有其側重點，外朝事務大多是時效性不強而較瑣碎的事務。內朝則多是重大事務的決策。丞相、御史大夫等不加入內朝，恐怕不是天子疏遠二府，而主要是因為這二府事務最為繁忙，不可能天天陪王伴駕。而像外朝九卿之太僕，因為職事不多，就可以參與內朝會議。

四、民族關係方面

由於對少數民族的戰爭，也吸引了大批少數民族歸附。屬國制度在秦國就有，「典屬國，秦官，掌蠻夷降者」〔註 146〕。文帝時隨著少數民族的歸附，屬國有所增加。武帝時對匈戰爭及經營西域，屬國大量增加。圍繞屬國所建立的機構都尉、丞、候、千人及九譯令等相應建立。

五、軍事方面，有省有設

1、省太尉

武帝即位之初，建元元年（前 140）至二年（前 139），曾短暫置過太尉官。歷代以來，多有學者認為此職兵權太重，於皇權為重大威脅，故此後不復設太尉職。如馬端臨《文獻通考》引石林葉氏：

〔註 144〕 個人認為，此處的斷獄，不是地方性的，而當是中央接受地方請讞之獄。
〔註 145〕 江連山《試論西漢官制改革（四）——元成時的官制改革》，《綏化師專學報》（社會科學版）1988 年第 4 期，第 92 頁。
〔註 146〕 （漢）班固《漢書·百官公卿表》，中華書局，1962 年，第 735 頁。

漢高祖元年，以蕭何爲丞相，周苛爲御史大夫。五年而後始命盧
綰爲太尉。綰王燕後，以命周勃，尋省。蓋是時高祖方自征伐，武事
不以屬人，亦不必設官也。文帝元年，周勃遷右丞相，以薄昭爲車騎
將軍，宋昌爲衛將軍，而不置太尉。蓋自代來，未敢以兵權委漢廷舊
臣。故以其腹心分領之耳。自是虛太尉者二十六年。七國反，景帝以
周亞夫擊之，始復以亞夫爲太尉，兵罷亦省。又十三年而武帝以命田
蚡，一年復省。又二十一年，乃以大將軍衛青、驃騎將軍霍去病爲大
司馬，各冠其將軍，即太尉也。蓋方有四夷之功故爾。自去病青死又
十九年，而霍光以奉車都尉爲大司馬大將軍。以此考之，太尉官自高
祖以來有事則置，無事則省，不以爲常也。蓋漢雖設太尉總兵，而左、
右、前、後及因事置名以爲將軍者不一，豈固不欲以兵權屬一官邪？
　　觀高祖命盧綰，武帝命衛霍，非親即舊，其意可知矣。〔註147〕

葉氏此說，筆者不以爲然。自文帝設立虎符制度，郡國兵權皆在皇帝之手，
由符節令掌管。全國衛士之選拔由衛尉掌管。且太尉職事，在文帝時，已並
於丞相之下〔註148〕。因此，再設置太尉已經沒有任何意義。如果再設置太尉，
就必須將丞相府拆分，而武帝時貴戚魏其侯、武安侯相繼執政，從漢初來看，
丞相要尊於太尉〔註149〕，這與後來太尉要尊於丞相還不同。因此，形式上也
不可能損尊就卑。這是一個方面。另一個方面，武帝加強京師保衛，後來設
置許多直轄的校尉，如果再置太尉，則兵權必然要歸於其下，這也不符合武
帝之初衷。但臨時作戰，非皇帝親征，須有一人總統之，太尉之所以短暫設
置，當出於此意。後來設大司馬大將軍，正是對太尉這一職能的集成，又武
帝時，大司馬不開府，也就是一個虛職。其實與太尉原本之職掌相去已遠甚，
不可同日語。

2、大司馬與北軍五校

　　武帝時雖無太尉，但依然有大將軍一職。這一職不理全國兵政，與「掌
武事」之太尉分歧明顯，但也有自己府員，主要作用爲參加軍事戰爭，及掌

〔註147〕　（元）馬端臨《文獻通考·職官二·太尉》，中華書局，1986 年，第 446 頁。
〔註148〕　（漢）班固《漢書·文帝紀》：三年，「罷太尉官，屬丞相。」中華書局，1962
　　　　　年，第 119 頁。
〔註149〕　（漢）班固《漢書·文帝紀》群臣上奏排名次序：「丞相臣平、太尉臣勃、大
　　　　　將軍臣武、御史大夫臣蒼、宗正臣郢」，文帝下詔：「制詔丞相、太尉、御史
　　　　　大夫」，升遷方面，「太尉潁陰侯灌嬰爲丞相。」都表明太尉不如丞相尊。

管一部份京師防衛部隊，兼及訓練等。如霍光爲大將軍，「出都肆郎羽林。」
〔註150〕後爲了獎勵軍功卓著的衛青，設置大司馬一官，「元狩四年初置大司
馬，以冠將軍之號。」〔註151〕此後，驃騎將軍霍去病也曾加官大司馬。因此，
《百官公卿表》說「以冠將軍之號」，只要是將軍，大凡都具備冠此號之可能。
從漢代來看，衛將軍、車騎將軍等都可以加大司馬。宣帝時，大司馬曾一度
與將軍分離，獨立爲官，然此時尚未有官府，只是作爲削弱霍氏家族的力量
的權宜之計。成帝時，設三公官，大司馬方正式開府。

　　通常認爲，大司馬的性質爲加官。換言之，它僅作爲一種身份之代表。
大司馬不具備官府性質，沒有獨立屬員，在朝會、俸祿方面，會有一定待遇。
但是我們認爲，正如下面即將談到，護軍都尉歸於大司馬也是在設大司馬之
年〔註152〕，這恐怕不會是一種巧合。護軍都尉「護北軍諸校尉」，而護軍都尉
是監管北軍。換言之，大司馬設置之初，就掌握北軍兵權，大司馬並不純粹是
加官。東漢有大將軍五校其實就是西漢的北軍五校。大司馬雖然沒有官府官署，
則實際上，護軍都尉屬於加大司馬官銜的大將軍。霍光以及後來元成時王氏外
戚「五大司馬」，其之所以權移主上，與他們掌握的這部份兵權具有密切關聯。

　　大將軍一官，還有一個大將軍五校的問題。北軍是兩漢禁衛軍之一（主要
是衛戍部隊），學界認爲，西漢的北軍五校與東漢的北軍五校是一致的，這是誤
解。東漢的五校尉是由西漢武帝時設置的七校尉演變而來，《後漢書・百官志》：

　　　　北軍中候一人，六百石。本注曰：掌監五營。屯騎校尉一人，
　　　　比二千石。本注曰：掌宿衛兵。司馬一人，千石。越騎校尉一人，
　　　　比二千石。本注曰：掌宿衛兵。司馬一人，千石。步兵校尉一人，
　　　　比二千石。本注曰：掌宿衛兵。司馬一人，千石。長水校尉一人，
　　　　比二千石。本注曰：掌宿衛兵。司馬、胡騎司馬各一人，千石。本
　　　　注曰：掌宿衛，主烏桓騎。射聲校尉一人，比二千石。本注曰：掌
　　　　宿衛兵。司馬一人，千石。右屬北軍中候。本注曰：舊有中壘校尉，
　　　　領北軍營壘之事。有胡騎、虎賁校尉，皆武帝置。中興省中壘，但
　　　　置中候，以監五營。胡騎並長水。虎賁主輕車，並射聲。

〔註150〕　（漢）班固《漢書・霍光金日磾傳》，中華書局，1962年，第2935頁。
〔註151〕　（漢）班固《漢書・百官公卿表》，中華書局，1962年，第725頁。
〔註152〕　（漢）班固《漢書・百官公卿表》：「護軍都尉，秦官，武帝元狩四年屬大司
　　　　　馬」。中華書局，1962年，第737頁。

而在西漢武帝時，這七個校尉的屯兵範圍均不在北軍營，而在長安城周圍。
武帝末，戾太子之亂，《漢書・劉屈氂傳》載，戾太子「使長安囚如侯持節發
長水及宣曲胡騎，皆以裝會」，又「召監北軍使者任安發北軍兵，安受節已，
閉軍門，不肯應太子。」這說明西漢武帝時設置的七校尉中的長水校尉（掌
長水、宣曲胡騎）都在城外，其他校尉駐紮地也在附近。據《百官公卿表》，
步兵校尉「掌上林苑門屯兵」，則在城南上林苑。胡騎校尉掌池陽胡騎，顏師
古注：「胡騎之屯池陽者」。其餘尚不清楚，但大體「八校分屯，不專在一所」
〔註153〕已是不爭。《漢書・胡建傳》：

> 胡建字子孟，河東人也。孝武天漢中，守軍正丞……時監軍御
> 史為奸，穿北軍壘垣以為賈區，建欲誅之，乃約其走卒曰：「我欲與
> 公有所誅，吾言取之則取，斬之則斬。」於是當選士馬日，監御史
> 與護軍諸校列坐堂皇上。建從走卒趨至堂皇下拜謁，因上堂〔皇〕，
> 走卒皆上。建指監御史曰：「取彼。」走卒前曳下堂皇。建曰：「斬
> 之。」遂斬御史。護軍諸校皆愕驚，不知所以。

此處兩次提到了「護軍諸校」，即護軍都尉所領之諸校尉。此諸校在北軍營內。
《漢書・百官公卿表》「護軍都尉，秦官，武帝元狩四年（前119年）屬大司
馬」，胡建斬監軍御史的時候是在天漢中，則此時護軍都尉已歸屬大司馬，則
此時大司馬領北軍兵。又按《百官公卿表》，此時大司馬衛青已去世，大司馬
一職已缺，北軍無屬，這大概便是為何有監軍御史的原因。蓋北軍諸校，置
大司馬則交由近臣掌管，大司馬闕則天子派監軍。文中所記載「護軍諸校」
當為後漢之大將軍五校尉（不言大司馬者，因後漢大司馬一職只在後漢初置
過，此後改大司馬為太尉，與西漢不同）。《漢書》中所提到的北軍五校，都
是指的這支部隊。《漢書・霍光傳》「光薨……載光屍柩以輻轀車，黃屋左纛，
發材官、輕車、北軍五校士軍陳至茂陵，以送其葬。」因此，西漢的北軍五
校與東漢的北軍五校實有本質不同。

　　總之，西漢的北軍五校當為大將軍營五部校尉。而東漢的北軍五校是由
步兵、長水等校尉入主北軍營，從而取代西漢大將軍五校的位置。這是兩漢
之區別。《通典》載「大將軍營五部，部校尉一人」〔註154〕，這是大將軍所部

〔註153〕　（元）馬端臨《文獻通考・兵考二》引山齋易氏語，中華書局，2010年，第
　　　　　4498頁。
〔註154〕　（唐）杜佑《通典・職官十一》，中華書局，1988年，第799頁。

之構成。同書卷十八所列「後漢官秩差次」亦持此論，其「比二千石」秩級下有護軍都尉、大將軍營五部校尉、北軍屯騎校尉、北軍越騎校尉、北軍步兵校尉　北軍長水校尉、北軍射聲校尉，可見後漢同時存在兩個五校尉。後漢多承前漢，則前漢也應當如此。

3、前、後、左、右將軍

武帝時始設置。說其始置，是因為此時四將軍尚未獨立，只是征戰時臨時置備，與昭、宣後常置不同。筆者根據《百官公卿表》繫年統計（見本節附表），前、後、左、右四將軍，一般不並置，搭配規律比較明顯，同時必然出現兩個將軍。前將軍與後將軍，左將軍與右將軍為經常之搭配。班固《百官公卿表》序中說「前後左右將軍，皆周末官，秦因之，位上卿，金印紫綬。漢不常置，或有前後，或有左右，皆掌兵及四夷。」這份記載與表契合。

但從表中來看，左、右將軍在昭帝、宣帝時常置，元成以後，皆置前、後將軍。其中若缺一人，則臨時以前將軍或後將軍補足。另一方面，升遷順序上，亦有高低之別，右將軍一般遷左將軍，則左將軍位次要高於右將軍。這點文獻中未見記載。至於前後將軍的情況則尚不明朗，又前後左右將軍之班次如何，也待研究。東漢時，前、後、左、右將軍在光武帝南征北戰中置過，應屬臨時設置，班固所在的明帝時期，已經沒有常任了。故《後漢書‧百官志》也說「將軍，不常置。本注曰：掌征伐背叛。比公者四：第一大將軍，次驃騎將軍，次車騎將軍，次衛將軍。又有前、後、左、右將軍。」除此之外，前、後、左、右將軍具體職掌為何，現在還缺乏研究。不過就史料來看，前、後、左、右將軍，在西漢時很大程度上也是作為「加官」出現，或加衛尉，或加郎中令，或加水衡都尉，等等。這一性質尚未見有人提及，尚需進一步研究。

4、諸校尉的設置

武帝時置了八校尉官。中壘校尉掌北軍壘門內，外掌西域。屯騎校尉掌騎士。步兵校尉掌上林苑門屯兵。越騎校尉掌越騎。長水校尉掌長水宣曲胡騎。又有胡騎校尉，掌池陽胡騎，不常置。射聲校尉掌待詔射聲士。虎賁校尉掌輕車。《百官公卿表》謂「凡八校尉，皆武帝初置」。這八校尉大都屯駐在長安城外的禁苑離宮。如日本學者濱口重國先生認為「步兵校尉負責長安城外上林苑苑門的警備，長水校尉負責城外宣曲宮的警備，胡騎校尉負責左馮翊池陽宮的警備。」其餘屯騎、越騎、射聲、虎賁四校尉職掌不明，推測當與之相類。

5、還設置了期門與羽林這兩支軍事力量，詳見郎官研究章。

附：昭帝至西漢末前、後、左、右將軍任職表

帝　系	左將軍	右將軍	前將軍	後將軍
昭帝／始元元年	上官桀（太僕併入）			
二年	同上			
三年	同上			
四年	同上	王莽		
五年	同上	同上		
六年	同上（反誅）	同上（卒）		
元鳳元年		張安世（光祿勳並）		
二年		同上		
三年		同上		
四年		同上		
五年		同上		
六年		同上		
元平元年			韓增	趙充國
宣帝／本始元年			同上	同上
二年			同上	同上
三年			同上	同上
四年			同上	同上
地節元年			同上	同上
二年			同上	同上
三年			同上	同上
四年			同上	同上
元康元年			同上	同上
二年			同上	同上
三年			同上	同上
四年			同上	同上
神爵元年				同上
二年				同上
三年				同上

四年			
五鳳元年			
二年			
三年			
四年			
甘露元年			
二年			
三年			
四年		常惠	
黃龍元年		同上	蕭望之
元帝／初元元年		同上	同上（免）
二年		同上（薨）	
三年	許嘉	馮奉世	
四年	同上	同上（並光祿勳）	
五年	同上	同上	
永光元年	同上	同上	
二年	同上	同上	
三年	馮奉世（光祿勳）	王商	
四年	同上（卒）	同上	
五年		同上	
建昭元年		同上	
二年		同上	
三年		同上	
四年		同上	
五年		同上	
竟寧元年		同上	
成帝／建始元年		同上	
二年	王商	千秋	
三年	千秋	史丹	
四年	同上	同上	
河平元年	同上	同上	
二年	同上（薨）	王章	

三年	史丹	同上		
四年	同上	同上		
陽朔元年	同上	同上		
二年	同上	同上		
三年	同上	同上		
四年	同上			
鴻嘉元年	同上	辛慶忌		
二年	同上	同上		
三年	同上	同上（光祿勳並）		
四年	同上	同上		
永始元年	同上	同上		
二年	同上	同上		
三年	同上（薨）／辛慶忌	韓勳		
四年	同上	廉褒		
元延元年	同上（薨）／尹岑	同上		
二年	同上（薨）	同上		
三年		同上	朱博	
四年		同上（免）	同上	
綏和元年	孔光	王咸		
二年	王咸	傅喜（罷）、彭宣		
哀帝／建平元年	彭宣			
二年	丁望	公孫祿		
三年	公孫祿	嶠望		
四年	同上（免）	王安		
元壽元年		馬宮	何武	
二年		王崇、馬宮、甄豐、孫建	同上	
平帝／元始元年	甄豐	孫建		
二年	孫建（光祿勳）	甄邯（光祿勳）		
三年				
四年				
五年				

第六節　元成時期的官制改革

本期的官制變化主要有：

一、省併官職

元成時期，官制改革的一個特點就是省併官職。漢代官職總數，至武宣時期臻於頂峰。《漢書‧百官公卿表》中的職官主要反映的便是武帝時的規模，史稱「奢廣」之制〔註155〕。武帝好大喜功，制度方面極求其盛，而宣帝又引爲榜樣，因此，宣帝時官制方面又略有增加。據《漢書‧百官公卿表》，宣帝時設置的官職有大司馬〔註156〕、增經學博士員〔註157〕，廷尉左、右平〔註158〕，設置西域都護、副校尉〔註159〕、設置監羽林的中郎將、騎都尉〔註160〕等。武宣時代累世膨脹的官僚系統，到了成帝時期，許多都不符合現狀，弊端漸積呈現，因此客觀上具備了省併的條件。其中本期主要有省陵邑。

所謂陵邑，即是在西漢一段時期內，帝王修建陵墓，爲了加強對陵墓保護，並削弱地方豪門大族的勢力，徵發一批人定居在陵墓周圍，從而形成的特殊的縣級單位。說其特殊，是因爲陵縣的戶口，主要以高官與各地遷徙的富豪爲主。《漢書‧地理志》：「漢興，立都長安，徙齊諸田，楚昭、屈、景及諸功臣家於長陵。後世世徙吏二千石、高訾富人及豪桀併兼之家於諸陵。」在漢代，帝王陵墓由太常管理，陵縣既毗鄰帝陵，則陵縣移交太常管理似乎成了順理成章的事。隨著陵邑的增多，漢代有太常郡的說法〔註161〕。而最終「元帝永光元年分諸陵邑屬三輔」。

〔註155〕此期在研究中容易忽略的是武帝時期臨時官吏的設置。武帝連年用兵，大量軍職皆用假職，軍罷而廢。這部份職事，在官制材料中是顯現不出來的。

〔註156〕（漢）班固《漢書‧百官公卿表》：「宣帝地節三年置大司馬，不冠將軍，亦無印綬官屬。」中華書局，1962年，第725頁。

〔註157〕（漢）班固《漢書‧百官公卿表》：「武帝建元五年初置《五經》博士，宣帝黃龍元年稍增員十二人。」中華書局，1962年，第726頁。

〔註158〕（漢）班固《漢書‧百官公卿表》：「廷尉……宣帝地節三年初置左右平，秩皆六百石。」中華書局，1962年，第730頁。

〔註159〕（漢）班固《漢書‧百官公卿表》：「西域都護加官，宣帝地節二年初置，以騎都尉、諫大夫使護西域三十六國，有副校尉，秩比二千石，丞一人，司馬、候、千人各二人。」中華書局，1962年，第738頁。

〔註160〕（漢）班固《漢書‧百官公卿表》：「羽林有令丞。宣帝令中郎將、騎都尉監羽林，秩比二千石。」中華書局，1962年，第727頁。

〔註161〕詳周振鶴《西漢政區地理》，人民出版社，1987年；孔祥軍《肩水金關漢簡所見「太常郡」初探》，《中國歷史地理論叢》2012年第3期。

二、調整諸侯相與郡守的關係

景、武以來，諸侯國勢力大蹙。元帝初元三年，「令諸侯相位在郡守下」〔註 162〕。王國官中最高的諸侯相都不如郡守，這暗示了諸侯國疆域的縮小。諸侯國像漢初那樣「跨州連郡」的日子一去不復返了。到成帝即位時，諸侯國疆土益蹙。《漢書·谷永傳》當成帝初上書，「諸侯大者乃食數縣，漢吏制其權柄，不得有為，亡吳、楚、燕、梁之勢。」王國內史一官乃至「郡國守相委任」〔註 163〕，這種情形下，再設置內史就顯得沒有必要，所以以成帝綏和元年省內史，更令相治民，如郡太守，中尉如郡都尉。所以此時「更令相治民」，其實就是兼職，也是省併官職的一種表現。

成帝綏和元年的這次改制，其實還設置了中尉。中尉一職，此前不知何時被罷過。《漢書·何武傳》：「今王不斷獄與政，中尉官罷，職並內史。」嚴耕望先生說：「據此，則綏和改制以前，中尉之職已省，內史專總軍民之權，為一國之真正統治者。至此始罷內史，移其職權於國相，復置中尉官，佐國相典武職甲卒，如郡都尉之佐太守者。」〔註 164〕中尉罷後，內史兼中尉之職，所以在內史被罷後，中尉職掌又被重新分出。考宣帝元康三年，尚有「召拜玄成為淮陽中尉」〔註 165〕、元帝即位「以玄成為少府」〔註 166〕，則諸侯中尉罷，似當在元帝時。

三、罷刺史，置州牧

成帝綏和元年，罷刺史，置州牧。州牧一職，體現了儒家思想的影響。《尚書》中分天下為十二州，州設一牧管理，故《堯典》有「十有二牧」之說。而變革的本質，還在於中國官制史上行政與監察往往不分的事實。刺史本設本為監察官，「掌奉詔條察州」。初衷雖好，但進駐地方之後，由於詔條內容缺乏固定外延，導致刺史對地方事務多所干涉，「今部刺史居牧伯之位，秉一州之統，選第大吏，所薦位高至九卿，所惡立退，任重職大。」〔註 167〕置州

〔註 162〕（漢）班固《漢書·元帝紀》，中華書局，1962 年，第 283 頁。

〔註 163〕（漢）班固《漢書·何武傳》，中華書局，1962 年，第 3485 頁。

〔註 164〕嚴耕望《中國地方行政制度史——秦漢地方行政制度》，上海古籍出版社，2007 年，第 100 頁。

〔註 165〕（漢）班固《漢書·宣元六王傳》，中華書局，1962 年，第 3311 頁。

〔註 166〕（漢）班固《漢書·韋玄成傳》，中華書局，1962 年，第 3113 頁。

〔註 167〕（漢）班固《漢書·朱博傳》，中華書局，1962 年，第 3406 頁。

牧，只不過是承認這種現實。從另一方面來看，武帝以來郡國數量大增，到平帝時達到「郡國一百三」，政務日繁已成趨勢，郡國之上再設置一個行政級別，也存在一定合理性。但這次改革最終沒有成功，三年之後，「哀帝建平二年復爲刺史」。其原因可以說是多方面的。從其秩級來看，眞二千石〔註168〕與普通二千石相差不大，換言之，尚未脫離二千石範疇，故《漢書·成帝紀》與《百官公卿表》皆言「秩二千石」。這將導致一個問題，按照漢代選拔九卿的慣例，必然要從郡國中選拔。但如果設置州牧後，逕自從十三位州牧中選拔九卿，命中率太高。如果將其與郡國守相一起，作爲遴選對象，又無以突顯其顯赫地位。再者，設置州牧之後，手下握有若干郡，對中央軍事威脅過大，容易滋生擁兵自重。因此，直到東漢末年，刺史才眞正獨立成爲一級行政單位，其擁兵自重的負面效果在此時顯示地最明顯。

四、武、昭、宣、元、成以來的秩級變動

漢武帝之後，昭、宣、元、成時期，中央官吏秩級有過變動，但史書中未見明確記載。《宣帝紀》只提到爲宣帝時曾爲百石以下低級官吏增秩〔註169〕。《元帝紀》提到有爲三河、大郡太守秩的記錄：建昭二年，「益三河大郡太守秩。戶十二萬爲大郡。」《漢紀》引作「益三河郡太守，秩中二千石。」則大郡太守秩級由二千石提升到中二千石。除此之外，其餘官職秩級有無升遷並不明確。通過耙梳史料，我們其實可以發現更多的變化。列表如下：

官名	武帝	昭帝	宣帝	元帝	成帝
太子少傅	二千石（《百官公卿表》：自太子太傅至右扶風，皆秩二千石。）			中二千石（《漢書·馮野王傳》：御史大夫李延壽病卒……上使尚書選第中二千石，而野王行能第	

〔註168〕 （漢）班固《漢書·朱博傳》：「前丞相方進奏罷刺史，更置州牧，秩眞二千石，位次九卿。」中華書局，1962年，第3406頁。

〔註169〕 （漢）班固《漢書·宣帝紀》神爵三年，「詔曰：『吏不廉平則治道衰。今小吏皆勤事，而奉祿薄，欲其毋侵漁百姓，難矣。其益吏百石以下奉十五。』」中華書局，1962年，第263頁。

				一。……乃下詔曰：「剛彊堅固，確然亡欲，大鴻臚野王是也。……廉絜節儉，太子少傅張譚是也。其以少傅爲御史大夫。」）	
三河、大郡太守	二千石			中二千石（《漢書·元帝紀》「益三河大郡太守秩。戶十二萬爲大郡。」《漢紀》引作「益三河郡太守，秩中二千石。）	二千石（《漢舊儀》：元朔三年，以上郡、西河爲萬騎太守，月奉二萬。綏和元年，省大郡萬騎員秩，以二千石居。）
光祿大夫	比二千石（《百官公卿表》：太初元年更名中大夫爲光祿大夫，秩比二千石。）			二千石（《漢書·貢禹傳》：拜爲光祿大夫，秩二千石。）	比二千石（《漢官儀》：成帝時，王延世以校尉領河堤。詔曰：「東郡決河，流漂二州，校尉延世堤防立塞。改爲河平元年。惟延世長於計策，功費約省。以延世爲光祿大夫，秩二千石。」）〔註170〕
諫大夫	比八百石（《百官公卿表》：武帝元			八百石（《漢書·貢禹傳》：「拜爲諫	

〔註170〕 （清）孫星衍等輯、周天遊點校《漢官六種》，中華書局，1990 年，第 132 頁。

	狩五年初置諫大夫，秩比八百石。）		大夫，秩八百石。」）	
太史令	六百石	八百石（《漢書·律曆志》：元鳳三年，太史令張壽王上書……劾壽王吏八百石）		
博士	四百石（《百官公卿表》：「博士，秦官，掌通古今，秩比六百石。」與之不同。）		比六百石（《後漢書·郡國二》：「本四百石，宣帝增秩序。」）	

第七節　東漢的官制改革

東漢官制改革規模，總體來看，變化較小，主要是光武帝劉秀進行的一些局部調整，其大部份制度源於西漢，有一小部份則繼承自新莽制度，其繼承關係詳見王莽官制一章。其後明、章、和帝以至安、順等帝大都因循光武舊章，政策上保持連貫性。其間曾有鄧太后等女主主政，也大都以故事、慣例爲準。漢末時期，官制雖有一些變動，但已是強弩之末，不足以影響我們對秦漢官制的判斷、定性。因此，我們將其作爲一個大階段來介紹，不再進行分期。本期主要的變化有：

一、官吏員額的固定化，實現對官吏員額的控制

東漢以來，這一趨勢十分明顯。西漢龐大的政府機構給國家財政帶來巨大災難，西漢的算緡、對鹽鐵等徵稅，都是對這一問題的回應，史書稱「及至武帝，多所改作，然而奢廣，民用匱乏。」〔註171〕西漢元成以來，漸有省減官職的趨勢，已見上揭。光武帝即位之六年，下詔曰：「夫張官置吏，所以爲人也。今百姓遭難，戶口耗少，而縣官吏職所置尚繁，其令司隸、州牧各

〔註171〕（南朝宋）范曄《後漢書·百官一》，中華書局，1965年，第3555頁。

實所部，省減吏員。縣國不足置長吏可併合者，上大司徒、大司空二府。」「於是條奏並省四百餘縣，吏職減損，十置其一。」〔註172〕這就是《後漢書》所說的「並官省職，費減億計」〔註173〕，但僅為治標不治本的一種做法。其根本措施在於確定官吏的員額，盡量縮減冗職。比較一下《漢書・百官公卿表》與《後漢書・百官志》就能很容易發現其中的不同。前者從來不言某官職的具體人數，有其許多官職，徑直搪塞以「無員」。而後者正好相反。這表明有了員額意識很強烈，但《百官志》中記載並不是很詳細，只看到長官一級的員額，且大都是員一人到數人，至於其下屬人員組成及員額等情況則不是很明晰。這一部份資料，更詳細的保存在《漢官》中，今試舉幾例：

> 太傅，長史一人，秩千石，掾屬二十四人，令史、御屬二十二人。

> 太常員吏八十五人，其十二人四科，十五人佐，五人假佐，十三人百石，十五人騎吏，九人學事，十六人守學事。

> 太祝員吏四十一人，其二人百石，二人斗食，二十二人佐，二人學事，四人守學事，九人有秩。百五十人祝人，宰二百四十二人，屠者六十人。

> 河南尹員吏九百二十七人，十二人百石。諸縣有秩三十五人，官屬掾史五人，四部督郵吏部掾二十六人，案獄仁恕三人，監津渠漕水掾二十五人，百石卒吏二百五十人，文學守助掾六十人，書佐五十人，修行二百三十人，幹小史二百三十一人。

> 雒陽令秩千石，丞三人四百石，孝廉左尉四百石，孝廉右尉四百石。員吏七百九十六人，十三人四百石，鄉有秩、獄史五十六人，佐史、鄉佐七十七人，斗食、令史、嗇夫、假五十人，官掾史、幹小史二百五十人，書佐九十人，修行二百六十人。

> 光祿大夫三人。太中大夫二十人。中散大夫三十人。諫議大夫三十人。議郎五十人，無常員。〔註174〕

其規定之詳，類目之細，出人意表，尤於大夫、郎這一類近侍官員最明顯。《漢書・百官公卿表》於此二類官吏均無定額。其言大夫「掌論議，有太中大夫、

〔註172〕　（南朝宋）范曄《後漢書・光武帝紀》，中華書局，1965年，第49頁。

〔註173〕　（南朝宋）范曄《後漢書・百官一》，中華書局，1965年，第3555頁。

〔註174〕　以上所引見（清）孫星衍等輯、周天遊點校《漢官六種》，中華書局，1990年，第1～9頁。

中大夫、諫大夫，皆無員，多至數十人。」言郎「掌守門戶，出充車騎，有議郎、中郎、侍郎、郎中，皆無員，多至千人。」按理說，在皇朝官制中，帝王身邊的這類官員的員額最難保障，因為很多都是隨帝王喜好賞賜或憑藉外戚、勳貴、官僚等身份「任子」而來。東漢能做到員額化，極為難能。但可惜的是，這部份現在保存的只是中央官員的員額情況，州一級單位「員職略與司隸同」〔註175〕，尚算明白。考慮到郡縣有地域大小、民戶眾寡之不同，員額控制方面，執行起來大概相對來說比較寬鬆。

二、孝廉郎崛起，任子制衰落

任子為郎，是西漢入仕的一條重要途徑，即東漢之詔除郎或詔拜郎。東漢以來，這一制度漸趨式微。東漢郎官組織結構與西漢有些許不同，又稱三署郎，其來源主要為郡國選舉之孝廉。《後漢書·和帝紀》注引應劭《漢官儀》：「三署謂五官署也，左、右署。各置中郎將以司之。郡國舉孝廉以補三署郎，年五十以上屬五官，其次分在左、右署」。可知孝廉郎已成為郎官的主要來源。許多官職都特別規定由孝廉郎來擔任，這在西漢所未嘗見。如：

> 憲陵園丞秩三百石，陽陵令秩六百石。（《後漢書·段熲傳》注）
>
> 丞皆選孝廉郎年少薄伐者，遷補府長史、都官令、候、司馬。（《續漢志》補注）
>
> 太官令，兩梁冠，秩千石，丞四人。郡孝廉年五十，清修聰明者，光祿上名，迺召拜，比秩四百石。〔註176〕
>
> （尚書）郎以孝廉年未五十，先試牋奏。初上稱郎中，滿歲為侍郎。（《北堂書鈔》「設官部」引）〔註177〕
>
> 雒陽令秩千石，丞三人四百石，孝廉左尉四百石，孝廉右尉四百石。（《漢官》〔註178〕）

〔註175〕 （南朝宋）范曄《後漢書·百官五》，中華書局，1965 年，第 3619 頁。

〔註176〕 （清）孫星衍等輯、周天遊點校《漢官六種》，中華書局，1990 年版，第 135頁。

〔註177〕 （清）孫星衍等輯、周天遊點校《漢官六種》，中華書局，1990 年版，第 142 頁。

〔註178〕 （清）孫星衍等輯、周天遊點校《漢官六種》，中華書局，1990 年，第 8 頁。

孝廉郎在政治上享受優待也時見於東漢帝王的詔書中，如：

> 初舉孝廉、郎中寬博有謀，任典城者，以補長、相。〔註 179〕

（章帝建初元年）

> 光祿勳與中郎將選孝廉郎寬博有謀、清白行高者五十人，出補
> 令、長、丞、尉。（漢安帝元初六年）〔註 180〕

相反，西漢郎官的主要途徑詔拜郎，在政治待遇上，相對要差些。如和帝永元元年（89）三月：「初令郎官詔除者得占丞、尉，以比秩爲眞。」閻步克先生認爲，「孝廉郎外任可補長、相，而詔除郎只能占爲丞、尉，且只能『以比秩爲眞』，是仍低一等」〔註 181〕，其言甚是。又《後漢書‧馬融列傳》：「忤鄧氏，滯於東觀，十年不得調。因兄子喪自劾歸。太后聞之怒，謂融羞薄詔除，欲仕州郡，遂令禁錮之。」「羞薄詔除，欲仕州郡」，最見東漢詔拜郎之尷尬地位。正緣其地位下降、升遷緩慢之現實，故鄧太后認爲馬融此舉是「羞薄詔除」。閻步克先生還舉了一則車騎將軍馮緄的例子，《隸釋》卷七《車騎將軍馮緄碑》：

> 弱冠，詔除郎，還更仕郡，歷諸曹史、督郵、主簿、五官掾、
> 功曹。舉孝廉，除右郎中，蜀郡廣都長。〔註 182〕

《後漢書‧馮緄傳》，緄以父任爲郎，正是因爲詔除郎升遷不捷，所以才折回從仕州郡開始。上引馬融「滯於東觀，十年不得調」，雖是「忤鄧氏」，亦與事實不會差太遠。根據汪征魯先生統計，東漢以孝廉入仕的傳主有 66 位，其中出身高官家庭者 29 例，出身低官家庭者 6 例，出身平民者 31 例。而以父兄任及外戚任爲郎者共 23 例，一律出身高官家庭〔註 183〕。26 與 23 這兩個數字，本身就說明了孝廉郎的優勢與吸引力。其次，孝廉郎官的選拔都需要考試，通常以經學爲主，通常講，這也是貴族子弟比較薄弱之處。

三、皇帝私人勢力——郎官、謁者的壯大

上述兩漢郎官之結構變化，現在從整體上來觀察。東漢初年，光武帝省併大量職官。在這一潮流中，《後漢書‧百官二》光祿勳下注：「舊有左右曹，

〔註 179〕　（南朝宋）范曄《後漢書‧肅宗孝章帝紀》，中華書局，1965 年，第 134 頁。
〔註 180〕　（南朝宋）范曄《後漢書‧孝安帝紀》，中華書局，1965 年，第 229 頁。
〔註 181〕　閻步克《察舉制度變遷史稿》，中國人民大學出版社，2009 年，第 23 頁。
〔註 182〕　（宋）洪邁《隸釋 隸續》，中華書局，1986 年，第 86 頁。
〔註 183〕　汪征魯《魏晉南北朝選官體制研究》，福建人民出版社，1995 年，第 33、35 頁。

秩以二千石，上殿中，主受尙書奏事，平省之。世祖省，使小黃門郎受事，車駕出，給黃門郎兼。有請室令，車駕出，在前請所幸，徹車迎白，示重愼。中興但以郎兼，事訖罷，又省車、戶、騎凡三將，及羽林令。」郎官之中省去了左右曹、請室令，羽林令，但對郎官制度影響最大的卻是車、戶、騎三將。這三將本是光祿勳下郎中的長官，即郎中車將、郎中戶將、郎中騎將。省去之後，其郎中歸屬產生轉移，分部到三署中郎將之下。

總之，從戰亂後滿目瘡痍的現實看，人口與職官總保持一定比例是應該的。漢代歷史上看，這樣的情況也時有發生。但我們認爲，光武帝這次對官制的省併，絕不可等閒視之。省併只是一方面，同時還進行了若干結構之調整。我們認爲，省併官職，損害最大的是外朝的力量。東漢一代，中後期以後外戚與宦官交替專權，禍起蕭牆之內，其實質是借用了皇權，而並非外朝的相權之類，這正說明皇帝勢力的擴大。在省併官職的過程中，許多職位或事物，皇帝將其交給了身邊的親近侍從，這就涉及到結構調整了。這就使得皇帝所直接操控的勢力增強。西漢所建立起來的官員監督體系被削弱，皇帝的直接干預力量加強。正如我們將在尙書一章所討論，東漢尙書號稱掌握樞機，卻沒有發展成爲西漢那樣大臣專政的情況，當也與帝王權利的這種增大有關。這其中涉及到的親近官吏主要爲郎官與謁者。主要表現在：

1、安插郎官到公卿大臣府中

東漢的郎官分部極廣，這增大了皇帝所掌控的勢力範圍。啓用郎官這樣的吏員，安插在許多重要部門中，使得皇帝將權利緊緊掌握在自己手中。如公府都有從事中郎，東漢《漢官》中，九卿等中央官府都有「四科」。漢代的四行有三種，一種是丞相四科，爲丞相掾史。一種是王莽四科，仿孔門四科。一類爲光祿四科，爲光祿勳之郎官。《後漢書·黃瓊傳》：「瓊以前左雄所上孝廉之選，專用儒學文吏，於取士之義，猶有所遺，乃奏增孝悌及能從政者爲四科，事竟施行。」《漢官》中的「四科」沒有秩級，符合郎官的特徵，與公府掾史有秩級不同，故可認定爲光祿勳下之郎官。又《後漢書·百官二》：「大行令一人，六百石，本注曰：主諸郎。丞一人。治禮郎四十七人」。孫星衍所輯《漢官》有：「大行員吏四十人。其四人四科，五人二百石，文學五人百石，九人斗食，六人佐，六人學事，十二人守學事。」這說明，「四科」確實具有郎官的身份。此表明郎官已經深入中央級官府中，這無疑加強了帝王的集權

統治。很多學者認爲東漢時期，光祿勳由於官署遷移到城外太學附近，而逕認爲光祿勳地位下降。但如果從光祿四科來看，其實不然。《百官志》所記禮制中，光祿勳「郊祀之事，掌三獻」，排在掌「亞獻」的太尉之後，而更不言他官與此事，地位又怎可輕視？除此之外，東漢郎官補尙書、「符節當得明法律郎」、「太子洗馬選郎中補也」，都很說明問題。因爲筆者這部份尙未籌劃撰寫，故略言及此。

2、郎官取代某些官職

如奉車都尉一職，其功能本是替皇帝御車，《漢書・百官公卿表》「奉車都尉掌御乘輿車」，《後漢書・百官二》載同。但胡廣《漢官解詁》卻記載：「天子出，有大駕、法駕、小駕。大駕則公卿奉引，大將軍驂乘，太僕御，屬車八十一乘，備千乘萬騎。法駕，公不在鹵簿，唯河南尹、執金吾、洛陽令奉引，侍中驂乘，奉車郎御，屬車三十六乘。小駕，太僕奉駕，侍御史整車騎。」〔註 184〕天子車駕分大駕、法駕、小駕三類，其中爲天子駕車的爲太僕與奉車郎。大駕最爲隆重，歷代以來皆有太僕駕。《晉書》亦有記載。則此處的奉車郎當是取代了奉車都尉的職掌。其更多更詳細討論，參考郎官研究一章。

3、謁者方面，其監督力量也有所增加

西漢不聞有謁者臺，當時謁者主要在殿內活動，故張衡《西京賦》描述未央宮前殿「內有常侍謁者，奉命當御」。東漢有謁者臺，與尙書臺、御史臺並列爲三臺〔註 185〕，成爲尊官〔註 186〕。謁者在兩漢雖都屬光祿勳，但卻有很大區別。《漢舊儀》：「左、右中郎將，秩比二千石，主謁者、常侍侍郎。本注曰：左主謁者，右主常侍侍郎。」則西漢左中郎將下有謁者。《後漢書・百官二》：「左中郎將，比二千石。本注曰：主左署郎。中郎，比六百石。侍郎，比四百石。郎中，比三百石。本注曰：皆無員。右中郎將，比二千石。本注曰：主右署郎。中郎，比六百石。侍郎，比四百石。郎中，比三百石。本注曰：皆無員。」則東漢左、右中郎將之下只有郎官，沒有謁者。謁者在東漢

〔註 184〕　（清）孫星衍等輯、周天遊點校《漢官六種》，中華書局，1990 年，第 23 頁。

〔註 185〕　《漢官儀》：「尙書爲中臺，謁者爲外臺，御史爲憲臺，謂之三臺。」（清）孫星衍等輯、周天遊點校《漢官六種》，中華書局，1990 年，第 141 頁。

〔註 186〕　《漢官儀》：「孝明皇帝丁酉詔書曰：『謁者，堯之尊官，所以試舜於四門。』」見《漢官六種》第 132 頁。

獨立成臺，有謁者臺〔註 187〕。東漢之謁者與光祿勳關係不大，屬於「文屬」的類型〔註 188〕，名義上統屬而已，這有點類似尚書與少府的關係〔註 189〕。

謁者權力的提高有許多表現，如職事上：

> 將作大匠，世祖中興，以謁者領其官。章帝建初元年，乃置真，位次河南尹。

> 又舊河堤謁者，世祖改以三府掾屬為謁者領之，遷超御史中丞、刺史，或為小郡。

> 監察黎陽謁者，世祖以幽并州兵騎定天下，故於黎陽立營，以謁者監之，兵騎千人，復除甚重。謁者任輕，多放情態，順帝改用公解府掾有清名威重者，遷超牧守焉。

順帝改用公解府掾有清名威重者為謁者，與《漢官》所記載：「謁者三十人，其二人公府掾」〔註 190〕相同，公府掾中有謁者，與郎官同。如賞賜次序上，「賞賜：侍御史、謁者、議郎、尚書令各五千；郎官、蘭臺令史二千。」

東漢謁者權利、地位的增加與官吏員額變動有關。在西漢，出使較多的是御史大夫府中的御史，而侍御史只有十五人。東漢侍御史雖然未變，但御史大夫裁撤，這就使得出使人員不足。此時謁者自然而然被推向歷史臺前。

四、繼承西漢末期的三公制度

三公制在東漢的確施行，臧雲浦先生認為，從《後漢書‧百官志》所列太尉府組織結構來看，此時太尉權利至為廣泛，似乎有從三公中脫穎而出的迹象〔註 191〕。《秦漢官制史稿》也持此論，且認為其「職權之所以加重，其主要原因，在於錄尚書事」〔註 192〕。其實不然。實際上，《百官志》在此因為三公府組織結構相似，所以省略了司徒、司空府的吏員介紹，使人很容易產

〔註 187〕（南朝宋）范曄《後漢書‧百官二》：「謁者僕射一人，比千石。本注曰：為謁者臺率，主謁者」。第 3578 頁。

〔註 188〕（南朝宋）范曄《後漢書‧百官二》「光祿勳」下注：「自奉車都尉至謁者，以文屬焉。」第 3578 頁。

〔註 189〕（南朝宋）范曄《後漢書‧百官三》「少府」下注：「自侍中至御史（按：中間包括尚書），皆以文屬焉。」第 3600 頁。

〔註 190〕（清）孫星衍等輯、周天遊點校《漢官六種》，中華書局，1990 年，第 3 頁。

〔註 191〕臧雲浦《秦漢職官制度的行成與影響》，《徐州師範學院學報（哲學社會科學版）》1981 年第 2 期，第 32 頁。

〔註 192〕安作璋、熊鐵基《秦漢官制史稿》，齊魯書社，2007 年，第 77 頁。

生誤解，以爲司徒府、司空府沒有屬吏。《後漢書·百官一》：太尉府有「掾史屬二十四人，令史及御屬二十三人」。司徒府有「掾屬三十一人。令史及御屬三十六人。」司空府有「掾屬二十九人。令史及御屬四十二人。」可見其吏員總數相差不遠。至於太尉錄尙書事，根據我們統計的結果，至少有一半情況屬於參錄，也就是說，與司徒、司空、太傅等官一起錄尙書事。再從東漢外戚專權的現實來看，外戚一般擔任大司馬、大將軍等職，而從來沒有任太尉專權。這些都能證明太尉的權利也不能高估。

至於三公分部九卿之制，一般認爲是一種理想化制度。從有關材料來看，未必盡空穴來風，至少在某些場合可以說是存在的。三公所部，據《後漢書·百官志》注所引《漢官》爲：「宗正、大司農、少府……司空所部」，「太僕、廷尉、大鴻臚……司徒所部」，「太常、光祿勳、衛尉……太尉所部。」《後漢書》中有「遣司空持節與宗正奉弔祭」〔註193〕，這是司空與其所部宗正搭配的極好證明。又有「使司徒持節與大鴻臚奉策書璽綬之清河，追上尊號」〔註194〕，這是司徒與其所部大鴻臚搭配的例子。則三公部九卿之說，當有其現實基礎。然更多的細節，尚待研究。

五、重申漢武帝時四科取士制度〔註195〕

應劭《漢官儀》：

> 世祖詔：方今選舉，賢佞朱紫錯用。丞相故事，四科取士……
> 自今以後，審四科辟召。及刺史、二千石察茂才、尤異、孝廉之吏，
> 務盡實覈，選擇英俊、賢行、廉潔、平端於縣邑，務授試以職。有
> 非其人、臨計過署、不便習官事、書疏不端正、不如詔書，有司奏
> 罪名，並正舉者。〔註196〕

西漢時期，四科辟召僅限於丞相或三公。至東漢，適用範圍進一步擴大。郡國舉孝廉等都依照這一標準。從《漢官六種》所收錄《漢官》來看，九卿之

〔註193〕（南朝宋）范曄《後漢書·章帝八王列傳》，中華書局，1965年，第1803頁。

〔註194〕（南朝宋）范曄《後漢書·章帝八王列傳》，中華書局，1965年，第1804頁。

〔註195〕臧文認爲此制爲光武帝制度，誤，實爲漢武帝所制，見臧雲浦《秦漢職官制度的行成與影響》第33頁。

〔註196〕（清）孫星衍等輯、周天遊點校《漢官六種》，中華書局，1990年，第125頁。

下基本都有四科的員額，當與這種擴大化有關。此外，還需注重一點，東漢選舉實行「授試以職」的政策也是自光武帝始，這一制度，可以說貫穿東漢一代。其詳細內容，可參考閻步克先生《察舉制度變遷史稿》一書相關章節。

六、尚書臺權利加強

西漢的尚書機構，祝總斌先生認為，還處於掌管文書階段。光武時，分尚書為六曹，較之西漢四曹機構有所擴大。尤重要者，六曹尚書之下，有尚書侍郎三十六人，令史十八人，後為二十一人，這都是西漢所未曾設置的。其所掌之內容亦擴大到政治、經濟、社會的各個層面，較西漢不啻天壤。東漢尚書獨立成臺，較之西漢尚未有臺，地位明顯上升。其原因，據仲長統所言：「光武皇帝慍數世之失權，忿彊臣之竊命，矯枉過直，政不任下，雖置三公，事歸臺閣。自此以來，三公之職，備員而已。」〔註197〕但尚書一旦形成一個獨立機構、納入到國家權力體系之中，也便受到諸多限制。這些限制，使得東漢的尚書臺官員，始終沒有發展出一股強大的勢力。盡東漢一代，沒有位高權重的權臣出現，甚至出現「任尊而賞薄」、人不樂為之的情況。相對於目前學界只關注尚書權勢之大，這是一個新的研究點。這都說明，一方面，尚書臺掌握的權利的確增強了，但尚書臺官員的地位卻沒有提高多少。

七、取消郡國都尉官

軍事制度方面，光武時取消郡國都尉官，將兵權收歸中央。郡國從此沒有常備兵，只在全國郡國重地建立幾大兵營，如黎陽營、雍營，派謁者監管，以備不時之需。據信，是劉秀懲於王莽時代的教訓，因為反新起義的浪潮就是從都尉兵變開始。明帝時，為了隔絕南北匈奴，於五原曼柏設立度遼營。和帝時，南蠻起兵，設立象林營進行鎮壓。鮮卑進攻居庸關，又設置漁陽營。又在遼東屬國設立扶黎營。總體來說，都是頭痛醫頭、腳痛醫腳〔註198〕。雖然取消都尉官，但太守依然握有發兵權。相對於西漢太守、都尉共同掌握兵權而言，東漢太守軍事權力增強。同時，許多地方斗爭跨州連郡，非一郡所能控制，導致東漢中期以後，刺史開始掌握兵權，以協調諸郡行動。漢末刺史、太守擁軍自重、尾大不掉的局面之形成，實與此有關。

〔註197〕 （南朝宋）范曄《後漢書‧仲長統列傳》，中華書局，1965年，第1657頁。
〔註198〕 中國軍事史編寫組《中國軍事制度》，解放軍出版社，2006年，第130～132頁。

八、分封制的變化

東漢依然沿用西漢的王、侯二級制，但二者都有一些變化。王下有了「公」這一爵級。如建武二年，封周後姬常爲周承休公；五年，封殷後孔安爲殷紹嘉公。十三年，改常爲衛公，安爲宋公，以爲漢賓，在三公上〔註199〕。這是沿用西漢後期的制度，本來只是封二代之後「漢賓」。東漢時，至建武十五年，始封諸王子爲「公」，十七年進「右翊公」劉輔爲「中山王」，其餘九公，皆進爵爲王。這是一個變化。侯這一級，在西漢已經有縣侯、鄉侯的分別，東漢又出現了亭侯，所謂「功大者食縣，小者食鄉、亭」（《後漢書・百官五》）。

餘　論

描述秦漢各個時期的官制變革，更細的分段並不是一個很好的方式。官制之間的勾連會被切斷，脈絡顯得不夠清晰，某些論述歸入前段後段，似都有充分理由。筆者在撰寫中，已經感受到這些困擾。本章在撰寫時，只是希望起到提綱挈領的目的，但在寫作過程中，越寫越多，發現許多問題，都缺少必要之論述。學界的一些觀點，甚至有些無法施行拿來主義，也在一定程度上降低了文章的可讀性。

縱觀先秦以來，官僚體制的演變，可以得出很多推論。限於篇幅，我們只舉官名一例來看。秦漢之官名，依然具有很大不確定性。夏商時期由於資料所乏，已難詳說。自周代尤其是春秋以來，官名出現很大不穩定性。降及秦漢，這一特點，在漢代地方政府依然存在。《周禮》之中保存了一部份官名，但是這部份官名有許多與當時各國官名不合。這其中除《周禮》本身成書或有問題外，還應當注意到周王朝的影響力。正如清代學者顧棟高《春秋大事表・春秋列國官制銑序》所言：「周官三百六十，獨列畿內之官，及於醢、醯、酒、漿之細，而於列侯之官概未之及。」〔註200〕周王朝當時只爲封國設置大國三卿等，其餘大夫以下之職都是各國自辟除，所以官名上存在很大自主性。這與漢初諸侯國官名有許多與中央不同，及漢代地方長官如刺史、郡守、縣令辟除僚佐幾乎一致。從尹灣漢簡可以看出，官簿中確定的只有官員的種類，如「卒史」、「屬」等等，而不是詳細制度官員名稱，說明具有靈活性。稍微

〔註199〕　（南朝宋）范曄《後漢書・百官五》，中華書局，1965年，第3630頁。
〔註200〕　（清）顧棟高《春秋大事表》，中華書局，1993年，第1031頁。

不同者，漢代中央政府的控制力要遠遠強過周代，所以地方政府的官吏之名在很大程度上又有模仿中央保持的一面。而周代由於天子缺乏控制力，各諸侯國間官名的不穩定性就較大。

第三章 丞相研究

對於秦漢丞相或宰相的研究，論文、專著皆不少。但是由於歷史的原因，還存在許多以訛傳訛、因循不革的錯誤。筆者在此將對其中一些問題進行討論。

第一節 從相（國）到丞相

《漢書‧百官公卿表》：「相國、丞相，皆秦官，金印紫綬，掌丞天子助理萬機。秦有左右，高帝即位，置一丞相，十一年更名相國，綠綬。孝惠、高后置左右丞相，文帝二年復置一丞相。」所謂「相國、丞相，皆秦官」，是就漢承秦制來言。實際上，只有丞相一官是出自秦國的首創，即《史記》所記秦武王二年初設丞相。相國一職，據楊寬先生《戰國史》所言，是仿傚自三晉的制度。秦國設置相位，是較遲的。有資料表明，大約在秦惠文王時期，就有過相邦的記載。董說《七國考》引《蜀王本紀》云：「秦惠王欲伐蜀……遣丞相張儀等將兵隨石牛道伐蜀焉」。陳直先生《史記新證》亦謂天津博物館藏有「丞相義戟」，認爲義即張儀。然陳先生亦未親驗，其說不可憑信。且《史記》明書之，《史記‧秦本紀》秦武王二年初置丞相，樗里疾、甘茂爲左右丞相。在此之前，秦國只有相。當以《史記》爲正。在此之前，秦的最高官長爲大良造，這是商鞅變法後所形成的官爵不分的狀況。李玉福先生《秦漢制度史論》進一步考證，認爲相國一職，直接來源於卿大夫下的相室一職，即家相之類。可備一說。

此處，還有左、右丞相位次的問題。《史記‧秦始皇本紀》，秦二世元年詔書刻石：「皇帝曰：『金石刻盡始皇帝所爲也。今襲號而金石刻辭不稱始皇

帝，其於久遠也如後嗣爲之者，不稱成功盛德。』丞相臣斯、臣去疾、御史大夫臣德昧死言：『臣請具刻詔書刻石因明白矣。臣昧死請。』制曰『可』。」許多學者據此內容，認爲李斯當時爲左丞相，馮去疾爲右丞相，而刻石官次排列，列李斯名於前，認爲秦以左丞相爲尊〔註1〕。但《史記‧秦始皇本紀》又言：「其後公卿希得朝見，盜賊益多，而關中卒發東擊盜者毋已。右丞相去疾、左丞相斯、將軍馮劫進諫」，則右丞相署名次第又冠左丞相之前。因此，不能遽以爲左丞相要尊過右丞相。秦武王二年初置左右丞相之時，據《史記‧樗里子甘茂列傳》，樗里子爲右丞相，甘茂爲左丞相。而二人身份不同。樗里子爲「秦惠王之弟」、秦武王之諸父，故太史公說「樗里子以骨肉重」，地位十分尊顯。而甘茂則是六國人，「甘茂者，下蔡人也。事下蔡史舉先生，學百家之術。」太史公謂「甘茂起下蔡閭閻」。試問尊卑如此明顯，何以能使樗里子爲右丞相，而居左丞相甘茂之下？

再從爵制來看。最早的秦爵保存在《商君書‧境內篇》之中，「就爲大庶長，故大庶長，就爲左更。故四更也，就爲大良造。」四更即從左更、中更、右更、大庶長之遷轉次序，顯然以右爲尊。復從《漢書‧百官公卿表》所列秦爵來看，二十等秦爵之中，右庶長爲十一級，左庶長爲士級，右更爲十四級，左更爲十二級，也是以右爲尊，高下尊卑很明顯，這些大可懷疑之處。再從當時的社會環境來看，帝王都是以南面爲尊，這就使得形成以右爲上的傳統，我們認爲秦國當以右丞相爲尊。

漢初右丞相尊於左丞相，應該是對秦制的繼承。如《史記‧呂太后本紀》，呂后稱制，欲封諸呂爲王，先「問右丞相王陵」，繼問左丞相陳平、絳侯周勃。王陵免，乃以左丞相平爲右丞相，以辟陽侯審食其爲左丞相。再如《史記‧孝文本紀》，「皇帝即祚，謁高廟。右丞相平徙爲左丞相，太尉勃爲右丞相。」《陳丞相世家》敘此事云：「於是孝文帝乃以絳侯勃爲右丞相，位次第一；平徙爲左丞相，位次第二。」這些都是很好的例子。我們想，左右丞相的不同，除了職掌有別之外，最大的不同在於位次。

左右丞相是否爲正副丞相也需要辨析。這可能受了秦漢以來御史大夫爲副丞相的影響。但不能因爲位次稍有不同，便遽以爲二者爲正副。青川木牘

〔註1〕如安作璋、熊鐵基《秦漢官制史稿》第 18 頁：「秦以左爲上，左右丞相當是正副丞相。」李玉福《秦漢制度史論》：「左右丞相之關係即正副丞相，其中以左丞相爲尊。」山東大學出版社，2002 年，第 109～110 頁。

中有田律簡，簡文首云：「二年十一月己酉朔朔日，王命丞相戊、內史匽，口口更修爲田律。」「丞相戊」即秦武王時之丞相甘茂，《史記·秦本紀》及其本傳有記載。學界因此通常認爲此簡即爲秦武王二年（前309）之事。如我們上面所論，此時應該爲右丞相樗里子爲尊，但此律卻以左丞相甘茂署名，若此時甘茂爲副職，便與秦漢以來，公文文書以長官署名的制度不符。這說明，左右丞相設置初始，最主要還是體現在分工方面的不同。所以在簽署這份律條的時候，不區分左右，而徑以「丞相」署名。

但對此之後的記載，卻頗有異同。如《史記·穰侯列傳》，記載穰侯爲相國，而《六國年表》卻記載爲丞相。是司馬遷在秦朝官制丞相與相國這一問題上舉棋不定。可以肯定的是，丞相與相國有所不同。《史記·呂不韋列傳》：「莊襄王元年，以呂不韋爲丞相，封爲文信侯，食河南雒陽十萬戶。莊襄王即位三年，薨，太子政立爲王，尊呂不韋爲相國，號稱『仲父』。」從此記載可以看出，相國的地位要明顯尊崇於丞相。所以繆文遠先生認爲，「丞有佐貳之義，初設丞相時，是以丞相作爲相邦的輔佐或代理者」，這一觀點無疑很有道理，但尚有須補充糾正之處。

《商君書·禁使》篇：「今恃多官眾吏，官立丞、監。夫置丞立監者，且以禁人之爲利也。」這說明秦國「丞」之初設之時，其身份本是作爲一個監臨官。我們認爲這一點運用到丞相之上，也是可以講通的。正因爲相國的權利太大，所以才產生了丞相，以分相權，以監視之。這樣就很好的解釋了爲何相國的地位要尊於丞相。

丞相制自建立伊始，權利大概發生四次較大變化，由二權分立，到三權分立再到二權分立，最後轉爲三公，復三權分立。今敘其過程如下。

戰國以來，將相併稱已是很流行的做法，將軍掌握兵權，丞相主管國政，是爲兩權分立階段。這一時期，監督權力機構——御史機構尚未完全建立。雖不能如眾人所言僅爲記事之小官，但其權力大概只是限制在京師範圍，「執法在傍，御史在後」〔註2〕，以執法爲主，雖有外派監督的情況，但沒有外駐

〔註2〕《史記·滑稽列傳》：「（齊）威王大說，置酒後宮，召髡賜之酒。問曰：『先生能飲幾何而醉？』對曰：『臣飲一斗亦醉，一石亦醉。』威王曰：『先生飲一斗而醉，惡能飲一石哉！其說可得聞乎？』髡曰：『賜酒大王之前，執法在傍，御史在後，髡恐懼俯伏而飲，不過一斗徑醉矣。』」，中華書局，1982年，第3199頁。

成爲一級監察組織機構。秦代建立，施行三權分立，是爲第二階段。太尉主掌兵權，丞相或相國主國政，御史大夫掌監察。《史記·秦始皇本紀》，秦始皇二十六年，「分天下以爲三十六郡，郡置守、尉、監。」如果僅從漢代的情況來看，就不免將尉看作是守的部下。因爲漢代太守是有兵權的。但在秦代及漢初，並非如此。《漢書·文帝紀》，漢文帝二年，「初與郡守爲銅虎符、竹使符。」則在此之前，太守當無兵權。故《史記·絳侯周勃世家》太尉周勃曾說：「吾嘗將百萬軍。」考秦末戰爭期間，周勃無將百萬軍之情況，則此總天下之兵爲言。此時御史大夫手下御史分爲兩類，一類侍御史，侍從天子，掌握文書的上帝下達，草擬制命等，若東漢尚書之任。又有糾察之責，此是戰國以來之責任之延續。一類爲監御史，執行外駐監郡的任務，實際上已經成爲一級組織機構。地位甚尊，秦簡中常見尊稱爲其「監公」，已見緒論所表，不贅。

漢初，丞相甚至也沒有總天下大計之權。在睡虎地秦簡中，這一權利由內史掌管，見第二章所陳。《漢書·張蒼傳》，高祖時，張蒼「遷爲計相，一月，更以列侯爲主計四歲。」顏師古曰：「專主計籍，故號計相。」張晏曰：「以列侯典校郡國簿書。」知當時郡國上計這一塊，本欲從內史中分化出一個官職「計相」作專門之管理。又《漢書·張陳王周傳》，漢文帝曾問右丞相周勃：「天下一歲決獄幾何？」周勃謝不知。又問：「天下錢穀一歲出入幾何？」勃又謝不知，「汗出洽背，愧不能對」。文帝亦問左丞相陳平。陳平道：「各有主者。」文帝問：「主者爲誰乎？」陳平道：「陛下即問決獄，責廷尉；問錢穀，責治粟內史。」決獄、錢穀都是歲計之重要內容。故尹灣漢簡東海郡集簿中列本郡「一歲諸前出」、「一歲諸錢入」、「一歲諸穀入」等統計情況〔註3〕。這表明，丞相時的確不理歲計之事。《史記》研究中有一條材料歷來備受質疑，認爲其事不可信，《漢書·司馬遷傳》，如淳引《漢儀注》：「太史公，武帝置，位在丞相上。天下計書先上太史公，副上丞相。」如果我們知道漢初丞相不領上計之事，則對這則材料便會重新認識。總之，自漢初前推，丞相權利還是有限，尚未拓展到國家的各個層面。漢文帝時，省太尉官，職並丞相，丞相掌握兵權，丞相權利始大。是爲第三階段。此時均勢打破，御史大夫身份亦隨之發生轉變，與丞相「參職」，開始向「副丞相」轉變，西漢丞相府與御史府並稱「二府」的格局，實自此始。

〔註3〕 張顯成、周群麗撰《尹灣漢墓簡牘校理》，天津古籍出版社，2011 年，第 6 頁。

　　成帝以後，三公制開始建立，《漢書·何武傳》載其事本末：「成帝時，何武爲九卿，建言：『古者民樸事約，國之輔佐必得賢聖，然猶則天三光，備三公官，各有分職。今末俗之弊，政事煩多，宰相之材不能及古，而丞相獨兼三公之事，所以久廢而不治也。宜建三公官，定卿大夫之任，分職授政，以考功效。』」於是以丞相、大司馬、大司空爲三公。哀帝建平二年如故。這段期間，三公分職的格局較前應該不會有太大改變。《漢書·哀帝紀》，哀帝元壽二年「正三公官公職。大司馬衛將軍董賢爲大司馬，丞相孔光爲大司徒，御史大夫彭宣爲大司空，封長平侯。正司直、司隸，造司寇職，事未定。」此時，三公可能在分職上有了一定改變。丞相也正式轉爲大司徒。但從「事未定」一語，似乎尚未理清職權劃分。王莽時期，三公部九卿，實際如何，已不能詳考。我們認爲，直到東漢時，丞相轉爲大司徒，權利最終分割完成，是爲第四階段。這幾個階段的丞相權力的變化，以其屬吏作一剖面，能很好理解。

第二節　丞相屬吏之變化

　　兩漢之間，丞相屬吏有幾個重要變化，目前尚未見有研究者，現分階段略述。

　　第一階段：漢初。此時丞相屬吏變化只有《漢舊儀》一條材料可尋：「漢初，置相國史，秩五百石，後罷並爲丞相史。」這說明，丞相史曾一度因相國史的加入而人員增加。但丞相是一直有史的。如《漢書·爰盎晁錯傳》：「丞相曰：『使君所言公事，之曹與長史掾議之，吾且奏之；則私，吾不受私語。』」再如《漢書·曹參傳》：「參代何爲相國，舉事無所變更，壹遵何之約束。擇郡國吏長大，訥於文辭，謹厚長者，即召除爲丞相史。」大概這時「史」只是設置而已，還沒有具體的員額限制。《秩律》中只有丞相或相國長史存在，而沒有其他屬吏介紹。所以以後才有了以下材料記載：

　　　　丞相初置，吏（史）員十五人，皆六百石，分爲東、西曹。東曹九人，出督州爲刺史。西曹六人，其五人往來白事東廂爲侍中，一人留府曰西曹，領百官奏事。長安給騎亭長七十人，六月一更倉頭盧兒。出入大車駟馬，前後大車、駢車，中二千石屬官以次送從。〔註4〕

〔註4〕（清）孫星衍等輯、周天遊點校《漢官六種》，中華書局，1990年，第68頁。

此處「吏」字當爲「史」字之訛。丞相處理天下大事，職尊事繁，不可能只有吏員十五人，此由下文所引武帝元狩六年丞相吏員總數亦可概見。這句說也並不是說此前丞相沒有史員，因爲從史料來看，武帝之前丞相即有吏員。在此，這個「史」應該是丞相府各曹之長官，並且有了員額的限制。在我們印象中，丞相百官總己，一人之下，萬人之上。其顯赫之權利，似乎與「史員十五人」不協調，但正如我們上文所述，丞相在漢初如上計等事務都非其所掌範圍，很多事務像內史這樣的官員，承擔似乎更多。考慮及此，也就不覺奇怪。但令人疑惑者，同樣作爲「史」，丞相長史卻不在此列。因爲從秩級上看，長史秩千石，而此處這個「史」不過六百石而已。其實，這也並不矛盾，對長史之討論，見後文。

該段文字，從時間上來看，似乎將其時間界定在文景時期較合理。理由主要基於以下：第一，從其中所謂「出督州爲刺史」來看，這與文帝時令丞相史出刺類似。有「九州」的劃分，與丞相史九人也相吻合。第二，從史籍中來看，漢初有中二千石記載最早爲景帝時。而漢初，至遲在呂后二年的《秩律》中，所見獨有二千石，尚無中二千石之別。第三，漢初還不具備中二千石分化條件與必要。從《秩律》中所涉及的地名來看，都是當時漢政府實際掌控之範圍，不包括所劃分的諸侯王地區。則除內史郡以外，其餘所有漢郡皆邊臨諸侯國或少數民族，是爲邊郡，按照歷史傳統，邊郡由於地位之重要，郡守長官級別要高於內地郡。這也是爲何《秩律》時代，郡守與九卿秩皆爲二千石的原因。其後疆土漸拓，隨著異性、同姓諸侯王國之消亡，許多王國郡轉爲內郡，「邊郡」地位漸次下降，關中與關東之別開啓，才有了升九卿爲中二千石的區分。

第二階段，丞相府屬吏增加。這主要是因爲太尉的廢除，其府吏併入丞相府。《漢書・文帝紀》，漢文帝三年，「罷太尉官，屬丞相。」此後，武帝建元元年曾經設置太尉，但第二年旋省。丞相府所接受的太尉府職能也不太可能重新分出。

第三階段。武帝時丞相屬員發生過幾次變化。第一次是增加了少史這一等級，定其秩爲四百石。《漢書・蕭望之傳》蘇林注：「少史，曹史之下者」。《漢書・昭帝紀》如淳注引《漢儀注》：「丞相、太尉、大將軍史四百石，武帝又置丞相少史，秩四百石。」〔註5〕很明顯，四百石少史是承六百石丞相史

〔註5〕按：第一處「四百石」當是「六百石」之誤。這一制度是當武帝初年前的情況。因爲太尉這一官職在西漢最後一次罷黜是在武帝登基之初的建元二年，

而來。接下來，武帝時又增加了屬、屬史兩個等級。衛宏《漢舊儀》：

> 武帝元狩六年，丞相吏員三百八十二人：史二十人，秩四百石；
> 少史八十人，秩三百石；屬百人，秩二百石；屬史百六十二人，秩
> 百石。皆從同秩補。以爲有權衡之量，不可欺以輕重；有丈尺之度，
> 不可欺以長短。官事至重，古法雖聖猶試，故令丞相設四科之辟，
> 以博選異德名士，稱才量能，不宜者還故官。第一科曰德行高妙，
> 志節清白。二科曰學通行修，經中博士。三科曰明曉法令，足以決
> 疑，能案章覆問，文中御史。四科曰剛毅多略，遭事不惑，明足以
> 照奸，勇足以決斷，才任三輔劇令。皆試以能，信，然後官之。第
> 一科補西曹南閣祭酒，二科補議曹，三科補四辭八奏，四科補賊決。
> 其以詔使案事，御史爲駕一封，行赦令駕二封，皆特自奏事，各以
> 所職劾中二千石以下。選中二十書佐試補令史，令史皆斗食，遷補
> 御史令史。其欲以秩留者，許之。歲舉秀才一人，廉吏六人。〔註6〕

這一時期，丞相史有了更豐富的變化。分爲史、少史、屬、屬史四等。最高
級史由六百石降低到四百石，但員額總數卻有所增加。這四級之中，並非逐
次下轄的關係。如「史」下有「屬」，「少史」下也有「少史屬」。二者當爲諸
曹之長官。《漢舊儀》：「廷尉正、監、平物故，以御史高第補之。御史少史行
事如御史，少史有所爲，即少史屬得守禦史，行事如少史。」從搭配來看，
在這裡「史」有二十人，「少史」有八十人，兩兩相加共百人，與「屬」百人
正好匹配。《後漢書·百官志》注引《漢書音義》曰：「正曰掾，副曰屬」。則
所謂的掾，即針對史與少史而言。當然這並不是說所有的史與少史都是曹的
長官。丞相府遠未有如此多之曹。《漢書》中所見之曹僅有：

> 東曹：（丙）吉善其言，召東曹案邊長吏，瑣科條其人。（《漢書·
> 丙吉傳》）

> 西曹：（蕭）由字子驕，爲丞相西曹，衛將軍掾〔註7〕。

其後都沒有設置太尉官。徐天麟《西漢會要》未加區別，將丞相史與丞相少
史都注爲四百石，實誤。史與少史的秩級不同，還可以從御史來看。如御史
秩六百石，御史少史秩比六百石，詳下文所引。

〔註6〕　（清）孫星衍等輯、周天遊點校《漢官六種》，中華書局，1990 年，第 68～
69 頁。

〔註7〕　見《漢書·蕭望之傳》，安作璋、熊鐵基《秦漢官制史稿》以爲西曹掾，誤。
中華書局，1962 年，見第 40 頁。

奏曹、集曹掾：衡謂所親吏趙殷曰：「主簿陸賜故居奏曹，習事，曉知國界，署集曹掾。」（《漢書・匡衡傳》）

議曹：方進雖受《穀梁》，然好《左氏傳》、天文星曆，其《左氏》則國師劉歆，星曆則長安令田終術師也。厚李尋，以爲議曹。（《漢書・翟方進傳》）

侍曹：西曹以故事適之，侍曹輒詣寺舍白遵曰：「陳卿今日以某事適。」遵曰：「滿百乃相聞。」故事，有百適者斥，滿百，西曹白請斥。大司徒馬宮大儒優士，又重遵，謂西曹：「此人大度士，奈何以小文責之？」（《漢書・遊俠傳》）

許多史、少史其實起著出使的作用。如懸泉漢簡：「丞相守少史護之，徵和元年八月辛巳，假一封傳信，案上書事。盜，傳失亡，外七十五。」這四個級別都屬於有秩的級別。百石之下尚有令史、書佐等，「令史皆斗食」，書佐與之類似。這四類的劃分，應當是漢武帝對官署屬吏的一次規範性操作。從現有資料看，這四等分類只普及到郡一級。中央列卿都有「中二千石屬」。郡一下諸縣之中，有「史」但是沒有「屬」這一等，而「史」這一級是先秦以來普遍的一種設置，縣中有「史」很正常。

有資料表明，此後依舊是在武帝時期，「屬史」這一級吏員被取消，衛宏《漢舊儀》：

丞相少史（按：「少」字當衍）秩四百石，次三百石、百石。書令史斗食，缺，試中二十書佐高第補，因爲騎史〔註8〕。

這條材料表明，丞相百石以上的屬吏依舊由先前的「史」、「少史」、「屬」、「屬史」四級變成了「史」、「少史」、「屬」三級。其中「屬史」一級被取消，「屬」也由二百石降至百石。之所以認爲「少」字爲衍文，這與以下《漢舊儀》材料正好相互印證。

元封元年，御史止不復監。後御史職與丞相參增吏員，凡三百四十一人，分爲吏（史）、少史、屬，亦從同秩補，率取文法吏。〔註9〕

漢成帝後期的《尹灣漢簡》裏面有一份《東海郡吏員簿》〔註10〕，其中「統計東海郡郡級即各縣、邑、侯國，以及鹽官、鐵官所設的吏員及長吏之

〔註8〕（清）孫星衍等輯、周天遊點校《漢官六種》，中華書局，1990年，第68頁。
〔註9〕（清）孫星衍等輯、周天遊點校《漢官六種》，中華書局，1990年，第72頁。
〔註10〕標題爲整理者所加。

俸祿」。我們在此僅列東海郡郡守、東海郡都尉、東海郡所屬海西縣三條，以概其餘，請注意「屬」這一級已經是百石秩了（此書中不注明者皆百石）。

> 太守吏員廿七人：太守一人，秩中二千石；太守丞一人，秩六百石；卒史九人；屬五人；書佐九人；用算佐一人；小府嗇夫一人。凡廿七人。〔註11〕

> 都尉吏員十二人：都尉一人，秩眞二千石；都尉丞一人，秩六百石；卒史二人；屬三人；書佐四人；用算佐一人。凡十二人。〔註12〕

> 海西吏員百七人：令一人，秩千石；丞一人，秩四百石；尉二人，秩四百石；官有秩一人；鄉有秩四人；令史四人；獄史三人；官嗇夫三人；鄉嗇夫十人；游徼四人；牢監一人；尉史三人；官佐七人；鄉佐九人；亭長五十四人。凡百七人。〔註13〕

《後漢書·百官志》：「太尉……掾史屬二十四人。本注曰：《漢舊注》東西曹掾比四百石，餘掾比三百石，屬比二百石，故曰公府掾，比古元士三命者也。」注引《漢書音義》曰：「正曰掾，副曰屬。」但這其實不是西漢的資料，而是東漢應劭的《漢官儀》裏的。孫星衍的《漢官儀》中有這麼一條「東西曹掾比四百石，餘掾比三百石。賊曹，主盜賊之事」，可見與《百官志》注出自同一條材料。「屬」由武帝時的百石到東漢時期的比二百石，明顯俸祿有所增加。這應當是因光武帝詔令而增秩。《後漢書·光武紀》：「二十六年春正月，詔有司增百官奉。其千石已上，減於西京舊制；六百石已下，增於舊秩。」則在此之前，我們可以推測，東西曹掾當爲三百石，餘掾當爲二百石，屬爲百石。則這個推測結果，當是東漢之前、武帝之後的俸祿變動。當然，這已經是三公吏員而非丞相吏員了。

總之，「史」只是諸曹的等級劃分，而不是是官方意義上的丞相府屬吏的最高等級，如我們前論，史的上面還有長史，此外還有丞相司直。還需強調的是，所謂的「史」、「佐」前面可以冠以各種名稱，如上引尹灣漢簡太守、都尉府中的「卒史」，「書佐」、「用算佐」等等皆是。其中卒史在「屬」之上，明顯屬於「史」一級。居延漢簡所見漢代公文中的資料，也有許多類似的例子。如：

〔註11〕　張顯成、周群麗撰《尹灣漢墓簡牘校理》，天津古籍出版社，2011年，第7頁。
〔註12〕　張顯成、周群麗撰《尹灣漢墓簡牘校理》，第7～8頁。
〔註13〕　張顯成、周群麗撰《尹灣漢墓簡牘校理》，第8頁。

雜予閣謹以文理遇士卒毋令冤失職務稱令意且遣都吏循行廉察
不如護大守府書致案毋忽如律令／掾熹屬壽給事佐明〔註14〕

都尉事司馬丞登行丞事謂肩水候官寫移檄到如大守府檄書律令
／卒史安世屬樂世書佐延年〔註15〕

□城倉居延農延水卌井甲渠殄北塞候寫移書到遺脫有移名籍遣
吏將屬居延毋有以書言會月廿日如律令／掾仁屬寧〔註16〕

綜上，爲清楚起見，試列表如下：

時　期	掾　　史	少　　史	屬	屬　史
漢初 1	相國史（五百石）			
漢初 2	史（六百石）			
武帝元狩六年之前	史（六百石）	少史（四百石）		
武帝元狩六年左右	史（四百石）	少史（三百石）	屬（二百石）	屬史（百石）
武帝元封元年左右	史（四百石）	少史（三百石）	屬（百石）	
三公	東西曹掾（三百石）	餘掾（二百石）	屬（百石）	
東漢	東西曹掾（比四百石）	餘掾（比三百石）	屬（比二百石）	

第三節　丞相調除吏員權限範圍之變化

在人事調動方面，主要有兩類與丞相關係密切。一類是選舉方面，一類爲人事調動方面。選舉方面，國家有常例，即郡國舉孝廉、舉秀才，然後爲郎官，最後成爲正式之官吏。這一部份都不是尚書所能涉足的。與之相應，東漢的三公府有辟舉的權利，許多人都是先經過三公府吏，然後正式做官。後漢書中的例子不勝枚舉，較之西漢，至有氾濫之勢。

漢初丞相調除官吏範圍貌似較大，有除拜二千石之記載。《漢書·田蚡傳》：

〔註14〕謝桂華、李均明等《居延漢簡釋文合校》，文物出版社，1987 年，第 18 頁。
〔註15〕謝桂華、李均明等《居延漢簡釋文合校》，第 20 頁。
〔註16〕謝桂華、李均明等《居延漢簡釋文合校》，第 278 頁。

> 蚡爲人貌侵，生貴甚。又以爲諸侯王多長，上初即位，富於春
> 秋，蚡以肺附爲相，非痛折節以禮屈之，天下不肅。當是時，丞相
> 入奏事，語移日，所言皆聽。薦人或起家至二千石，權移主上。上
> 乃曰：「君除吏盡未？吾亦欲除吏。」

但細玩此意，二千石似非丞相所能調，武安侯田蚡在此當爲越權。然此時之
尚書，即天子之代稱，或爲錄尚書事之尚書。此天子之特權。天子拜除的是
郡縣等的長官。《漢書・張湯傳》：「湯給事內史，爲寧成掾，以湯爲無害，言
大府，調茂陵尉，治方中。」這是武帝時的制度。茂陵尉爲令以下之官，此
時由丞相調出，與下文《漢舊儀》所引制度符合。

《漢舊儀》記載西漢時制度：

> 舊制：令六百石以上，尚書調；拜遷四百石長相至二百石，丞
> 相調；除中都官百石，大鴻臚調；郡國百石，二千石調。哀帝時，
> 長相皆黑綬。亡新吏黑綬，有罪先請，與廉吏同。

但衛宏所描述的這個情況，不是武帝時制度，應該是西漢後期宣元之後的制
度，至於它對武帝時制斟酌損益如何，現在已難曉。「令」，一般認爲是縣令。
《漢書・百官公卿表》：「縣令、長，皆秦官，掌治其縣。萬戶以上爲令，秩
千石至六百石。減萬戶爲長，秩五百石至三百石。皆有丞、尉，秩四百石至
二百石，是爲長吏。」此處沒有提到五百石，則此制當是漢成帝陽朔二年後
（前 23 年）制度。《漢書・百官公卿表》：「成帝陽朔二年除八百石、五百石
秩。」看來，在這次官秩變動中，不足萬戶的縣長已經由五百石秩，轉爲四
百石秩。此處的「相」是指列侯相，而不是諸侯王相。所謂「四百石長相至
二百石」，是包括縣長、列侯相國、縣丞、縣尉等「長吏」在內的一個集合體，
甚至還包括中央部郡國縣道的鹽官、鐵官等。尹灣漢簡中的簡牘主要在成帝
元延（前 12 年～前 9 年）年間左右，在陽朔二年之後，其中所列東海郡長相
之秩來看，都在四百石與二百石之間。據廖伯源先生統計，東海郡 38 縣中，
丞、尉四百石者 4 縣，三百石者 3 縣，其餘 31 縣，丞尉秩俱二百石。〔註17〕
列侯相的情況與之相同。鐵官、鹽官都有二百石的情況。如此來看，反觀令
六百石以上的情況，當不限於指縣令。

〔註17〕廖伯源《簡帛與制度——尹灣漢簡簡牘官文書考證（增訂版）》，廣西師範大
　　　　學，2005 年。

　　東漢初，繼承西漢的制度，則尙書調六百石以上的制度當依舊存在。六百石以上，據《通典・職官十八》所列後漢官秩差次來看，有六百石、比千石、千石、比二千石、二千石、中二千石共六級。其中中二千石爲卿一級，二千石爲郡國守、相一級的封疆大吏，都應該是由皇帝直接過問，當不屬於尙書調動的範圍。《漢舊儀》在此如此記述，只不過以尙書爲天子喉舌，作爲天子代表罷了。這一制度可以與《漢舊儀》中的其他材料相互印證。

　　　　拜御史大夫爲丞相，左、右、前、後將軍贊，五官中郎將授印綬；拜左、右、前、後將軍爲御史大夫，中二千石贊，左、右中郎將授印綬；拜中二千石，中郎將贊，御史中丞授印綬；拜千石、六百石，御史中丞贊，侍御史授印綬。印綬盛以篋，篋緣綈表，白素裏。尙書令史捧，西向，侍御史東向，取篋中印綬，授者卻退，受印綬者手握持出，至尙書下，乃席之。

沒有八百。漢代官場有一些禮儀規範，拜除六百石以上至御使大夫，分別由天子的近臣五官中郎將、左右中郎將、中郎將、御史中丞、侍御史授予，說明他們都是代表天子的。這說明「令六百石以上，尙書調」，其實就是天子調，六百石爲令的最低級別。

　　西漢末期，丞相雖轉爲三公之大司徒，但制度層面的設計尙未全盤實現。東漢時三公制正式落實，則「四百石長相至二百石」當爲三公調。不過，這一制度到東漢順帝時又發生改變。順帝陽嘉元年辛卯詔書：

　　　　閒者以來，吏政不勤，故災咎屢臻，盜賊多有。退省所由，皆以選舉不實，官非其人，是以天心未得，人情多怨。《書》歌股肱，《詩》刺三事。今刺史、二千石之選，歸任三司。其簡序先後，精覈高下，歲月之次，文武之宜，務存厥衷。（《後漢書・孝順孝沖孝質帝紀》）

就此詔令來看，刺史與二千石這兩級重要的職位，都由三公來調動。但從實際來看，似乎二千石以下所有選舉工作，都已經交給三公。如順帝時郎顗對尙書：

　　　　今選舉皆歸三司，非有周、召之才，而當則哲之重，每有選用，輒參之掾屬，公府門巷，賓客塡集，送去迎來，財貨無已。其當遷者，競相薦謁，各遣子弟，充塞道路，開長姦門，興致浮僞，非所謂率由舊章也。尙書職在機衡，宮禁嚴密，私曲之意，羌不得通，

> 偏黨之恩，或無所用。選舉之任，不如還在機密。(《後漢書・郎顗
> 襄楷列傳》)

其中「選舉皆歸三司」即謂三公已甚明。又言「每有選用，輒參之掾屬」，即三公之掾屬，這部份人不可能初次上任即爲刺史二千石，這與後漢的實際情況不符。需要說明一下，這一詔令並非一時之制，而是具有延續性。就史料來看，其例甚多。

　　這說明東漢三公的權勢絕對坐而論道可概，進一步，如果說，尚書在東漢初還擁有相當權利的話，則順帝之後，其權利實際上已經在逐步收縮。這與魏晉時期中書令一職異軍突起、尚書機構權利漸趨衰落的趨勢是一致，可見其始肇端自東漢後期。不當如《通典》所論從三國時起。

第四節　長史與司直

一、長史

　　從字面看，丞相長史似乎是丞相府「眾史之長」，本無甚疑慮。《通典・職官三》只是作了一般性介紹：

> 丞相長史。漢文帝二年置，一丞相有兩長史。(漢《百官表》云
> 丞相「有兩長史」。而張湯傳云：「殺臣者三長史也。」顏師古曰：「兼
> 有守者，非正員故耳。」) 蓋眾史之長也，職無不監。(田仁爲丞相
> 長史，上書言天下太守，皆下吏誅死。武帝悦，拜仁爲丞相司直，
> 威振天下。) 介幘，進賢一梁冠，朱衣，銅印黃綬。劉屈氂爲左丞
> 相，分丞相長史爲兩府，以待天下遠方之選。(待得賢人，當拜爲右
> 丞相。) 後漢建武中，省司直，有長史一人。魏武爲丞相以來，置
> 左右二長史而已。

但在考問長史起源時，我們或許爲注意到許多奇怪現象。即在史料中，長史前面沒有限制詞。如下我們所論，置有長史的官制，不僅僅有丞相，還有衛將軍等。因此，如果沒有限製詞，則何以確定此長史爲何府之長史呢？這種情況從秦代就已經開始了。如上所引《李斯列傳》：「秦王乃拜斯爲長史，聽其計，陰遣謀士齎持金玉以游說諸侯。」；《秦始皇本紀》：「二世乃大赦天下，使章邯將，擊破周章軍而走，遂殺章曹陽。二世益遣長史司馬欣、董翳佐章

邯擊盜，殺陳勝城父，破項梁定陶，滅魏咎臨濟。」；《汲鄭列傳》：「司馬安為淮陽太守，發其事，莊以此陷罪，贖為庶人。頃之，守長史。上以為老，以莊為汝南太守。」；《儒林列傳》：「仲舒弟子遂者：蘭陵褚大，廣川殷忠，溫呂步舒。褚大至梁相。步舒至長史，持節使決淮南獄，於諸侯擅專斷，不報，以春秋之義正之，天子皆以為是。」等等。以上都是長史獨立使用的例子。

　　如果我們從全域來看，在秦漢諸官職中，並非所有官職都可以設置長史。秦漢官職之中，能夠設置長史者，除了相國、丞相有長史，衛將軍也有長史（見《秩律》），《百官公卿表》中還記載太尉、大司馬、前後左右將軍、邊郡郡守、東漢末期的刺史。此外，從《漢書》中我們還可以很輕鬆得到大將軍（如《昭帝紀》：大將軍長史公孫遺）、車騎將軍、驃騎將軍都有長史。九卿屬官中不存在長史。《史記·秦始皇本紀》少府章邯平叛時有長史司馬欣，「二世乃大赦天下，使章邯將，擊破周章軍而走，遂殺章曹陽。二世益遣長史司馬欣、董翳佐章邯擊盜，殺陳勝城父，破項梁定陶，滅魏咎臨濟」，但這兩個長史並非是少府長史，而應該是丞相長史。《百官表》與《通典》都言丞相有二長史，恐怕這一制度也是沿用的秦制。

　　文獻中，在擁有長史的官職中，除了邊郡太守有些異樣外，其餘基本都是武官。但是邊郡太守在史傳中多稱為「將軍」或「邊將」〔註18〕，並親自領兵，則我們可以得出結論，長史是將軍類官員的特有屬員。東漢末刺史轉為州牧，此時亦有長史。但正如嚴耕望先生所言，「蓋仿將軍府置之也」〔註19〕。《漢書·西南夷兩粵朝鮮傳》曰：

> 大將軍鳳於是薦金城司馬陳立為牂柯太守。……及至牂柯，諭告夜郎王興，興不從命，立請誅之。未報，乃從吏數十人出行縣，至興國且同亭，召興。興將數千人往至亭，從邑君數十人入見立。立數責，因斷頭。邑君曰：「將軍誅亡狀，為民除害，願出曉士眾。」

〔註18〕 如《後漢書·方術列傳》：「曇少傳峻學。桓帝時，隴西太守馮緄始拜郡，開綬笥，有兩赤蛇分南北走。緄令曇筮之。卦成，曇曰：『三歲之後，君當為邊將，官有東名，當東北行三千里。復五年，更為大將軍，南征。』延熹元年，緄出為遼東太守，討鮮卑，至五年，復拜車騎將軍，擊武陵蠻賊，皆如占。其餘多此類云。」。

〔註19〕 嚴耕望《中國地方行政制度史——秦漢地方行政制度史》，上海古籍出版社，2007年，第314～315頁。

以興頭示之，皆釋兵降。……興妻父翁指與興子邪務收餘兵，迫脅
旁二十二邑反。至冬，立奏募諸夷與都尉長史分將攻翁指等。翁指
據阸爲壘，立使奇兵絕其饟道，縱反間以誘其眾。都尉萬年曰：「兵
久不決，費不可共。」引兵獨進，敗走，趨立營。立怒，叱戲下令
格之。都尉復還戰，立引兵救之。時天大旱，立攻絕其水道。蠻夷
共斬翁指，持首出降。

彷彿有都尉長史。但此處之長史應該是牂柯太守之長史。這裡涉及到邊郡的概
念，在此筆者不欲多言。約略來說，漢之邊郡，不單是西邊北邊邊匈奴、羌族
等郡爲邊郡，其餘南邊、西南所臨少數民族之郡亦爲邊郡，甚至是初期，諸侯
國興盛時期，臨諸侯國之郡都是邊郡。中華書局本《漢書》於此沒有點斷，誤。

　　問題由此產生，何以丞相也會有長史呢？筆者認爲，這當與戰國以來的
傳統有官。秦自設置丞相開始，最初的左右二丞相樗里子與甘茂，都是帶兵
打仗的將領，如其本傳所云「秦惠王卒，太子武王立，逐張儀、魏章，而以
樗里子、甘茂爲左右丞相。秦使甘茂攻韓，拔宜陽。使樗里子以車百乘入周。」
即從漢之近世來看，《史記·陳涉世家》：「陳王使使賜田臧楚令尹印，使爲上
將。」《楚世家》：「郟敖三年，以其季父康王弟公子圍爲令尹，主兵事。」我
們知道，楚國在六國中沒有相國或丞相一職，它的最高行政長官爲令尹，在
此令尹亦兼武職。丞相文武分途或文職化是後來的事情。即使從丞相統攝文
武的角度來講，丞相也有武官的因素，故丞相有長史也屬正常。

　　張家山漢簡《秩律》中卻有「御史長史」的提法（詳見御史大夫章），這
委實讓人有些意外。閻先生在此認爲，《賜律》中的御史比六百石，此御史爲
御史少史，後來變成六百石，也就是漢代意義上的御史。先生所依據的材料
主要是：

　　　　廷尉正、監、平物故，以御史高第補之。御史少史行事如御史，
　　　少史有所爲，即少史屬得守御史，行事如少史。少史秩比六百石。
　　　御史少史物故，以功次徵丞相史守御史少史〔註20〕。所代到官視事，
　　　得留罷中二千石詹事、水衡都尉。

[註20] 此處當作：「以功次徵丞相少史守御史少史」，脫一「少」字。肩水金關漢簡
　　　　「甘露二年五月己丑朔甲辰朔丞相少史御史守少史仁以請詔有逐驗大逆無道
　　　　故廣陵王胥御者惠同」、「御史守少史即守御史少史，此以丞相少史守禦史少
　　　　史。相同用法還有「□□□□史福御史守少史高□御□守」，見謝桂華等《居
　　　　延漢簡釋文合校》，文物出版社，1987年，第190頁。

但亦有這樣一則材料：

> 乃命刺史出刺並察監御史。元封元年，御史止不復監。後御史
> 職與丞相參增吏員，凡三百四十一人，分爲吏（當作「史」）、少史、
> 屬，亦從同秩補，率取文法吏。

從與丞相官署搭配的角度看，這裡的所謂的史、少史，皆謂掾史、諸曹史而言，已見前文所論。這一部份吏員是御史大夫府的真正屬吏，與御史中丞無關，不是其屬下。御史中丞的直接屬吏爲侍御史。這是兩個不大一樣的機構。《漢書·蕭望之傳》，丞相司直繇延壽彈劾蕭望之：「今丞相數病，望之不問病；會庭中，與丞相鈞禮。時議事不合意，望之曰：『侯年寧能父我邪！』知御史有令不得擅使，望之多使守史自給車馬，之杜陵護視家事。少史冠法冠，爲妻先引，又使賣買，私所附益凡十萬三千。」據文意可知，御史是不可擅使的，而少史、守史在文中都是擅使。這說明御史與少史、守史不同。而從丞相的官吏設置層次來看，最初都是先設史，此時尚未有少史。少史這一制度，大約是後來的事。御史大夫官吏設置很明顯仿照丞相，當也是後來制度。因此，漢初並不存在御史少史，《賜律》中的御史就是實實在在的御史，而不是什麼御史少史。

其實，如果我們仔細觀察，丞相的屬員結構有長史、史、少史、屬、屬史這樣的層次。因此在這個隊列中，長史與少史並不是相對的。儘管從名稱上看來很像那麼回事。

長史的起源，我認爲本是出於君王的委派，最初是用來監督將軍官。戰國以前的將軍，尚未有成爲固定職官。顧亭林《日知錄》卷二十五「將軍」條云：

> 《春秋傳》：「晉獻公作二軍，公將上軍，太子申生將下軍。」
> 是已有將軍之文，而未以爲名也。至昭公二十八年，閻沒女寬對魏
> 獻子曰：「豈將軍食之而有不足。」正義曰：「此以魏子將中軍，故
> 謂之將軍。」及六國以來，遂以將軍爲官名，蓋其元起於此。……
> 《漢書·百官表》曰：「前後左右將軍，皆周末官。」《通典》曰：「自
> 戰國置大將軍，楚懷王與秦戰，秦敗楚，虜其大將軍屈丐。至漢則
> 定以爲官名矣。」

有軍戎征伐之事，則由君王臨時委派，事已即罷。將軍本沒有官府，其出征之時，臨時設置幕府。秦漢官印中，有許多以「假」爲名，正體現其臨時性。清人趙翼在《陔餘叢考》一書中「幕府」條指出：

莫府者，以軍幕爲義……。軍旅無常居，故以帳幕言之。……
幕府始於戰國時也。但古所謂幕府，指將帥在外之營帳而言，而官
吏牙署未有稱幕府者。《後漢書・班固傳》：永平初，東平王蒼以至
戚爲驃騎將軍輔政，開東閣，固奏記於王曰：「今幕府新開，廣延英
俊。」後世稱衙署爲幕府始此。蓋固本以東平有驃騎之號，故以幕
府稱之，而其實非帥將在外之營帳，故後人遂相沿爲牙署之稱也。

也正說明這一問題。在征戰的過程中，君王派出的監督人員，即爲長史。正
如邊郡太守，要由長史領兵，說到底是一種對領兵人員的防範措施。歷史上
不乏這樣的例子。如《史記・司馬穰苴列傳》：「景公召穰苴，與語兵事，大
說之，以爲將軍，將兵扞燕晉之師。穰苴曰：『臣素卑賤，君擢之閭伍之中，
加之大夫之上，士卒未附，百姓不信，人微權輕，願得君之寵臣，國之所尊，
以監軍，乃可。』於是景公許之，使莊賈往。」漢代中央這種派遣官吏的方
式還有不少。如《漢舊儀》：「丞相司置、諫大夫，秩六百石。」其下分述丞
相吏員。「置」字爲「直」字誤，即司直。但諫大夫係在丞相名下，此事確實
有些令人詫異。這本是天子的官吏。《百官公卿表》「郎中令」下吏員：「大夫
掌論議，有太中大夫、中大夫、諫大夫，皆無員，多至數十人。武帝元狩五
年初置諫大夫，秩比八百石」。《漢官》記載東漢之制「謁者三十人，其二人
公府掾，六百石持使也。」也是天子之吏充任三公府吏。東漢還有將軍府有
從事中郎的例子，其例更多。中郎本皇帝的私臣，卻於將軍府下任職，顯然
有監軍的意味。《後漢書・百官一》在將軍條下說：「從事中郎二人，六百石。
本注曰：職參謀議」，其雖爲將軍屬官，但從《後漢書》中的眾多例子來看，
大都是向皇帝請求置從事中郎，這說明從事中郎具有監督作用。如「聞防請
杜篤爲從事中郎」（《第五鍾離宋寒列傳》）、「於是請暠爲從事中郎」（《朱樂何
列傳》）、「大將軍梁商表爲從事中郎」（《馬融列傳》）、「車騎將軍馮緄以奉有
威恩，爲蠻夷所服，上請與俱征。拜從事中郎。」（《楊李翟應霍爰徐列傳》）、
「大將軍梁商表爲從事中郎，甚敬重焉。」（《左周黃列傳》）、「後公車徵爲大
將軍何進從事中郎。」（《荀韓鍾陳列傳》）、「歲中，梁商請爲從事中郎。」（《李
杜列傳》）、「建初三年，車騎將軍馬防擊西羌，請篤爲從事中郎」（《文苑列傳》），
等等。這三類事例，尤其是後二者謁者、從事中郎，無疑是作爲天子的私臣身
份出現。也就是閻步克先生所說的「比秩」者。我們認爲，長史也是這種情況。
只不過其轉變時間要早於後二者。所以在歷史中沒有留下太多痕跡。

　　基於以上討論，我們將以下討論列於此處。長史最早見於《史記‧李斯列傳》：

　　　　至秦，會莊襄王卒，李斯乃求爲秦相文信侯呂不韋舍人；不韋賢之，任以爲郎。李斯因以得説，説秦王曰：……秦王乃拜斯爲長史，聽其計，陰遣謀士齎持金玉以游説諸侯。

馬非百先生《秦集史》以爲，李斯所擔任的長史屬於軍吏，與將軍長史同類。〔註21〕黃留珠先生研究仕進制度時，認爲李斯是舍人入仕之典型，其途徑爲客──舍人──郎──長史──客卿──廷尉──丞相，則以此長史爲秦王之官吏。〔註22〕申超、賈俊俠也同意這種看法，認爲「此處的長史與軍吏顯然有別，當屬於專門服務於秦王的長史，李斯任長史後向秦王獻策瓦解六國的抵抗勢力，這説明李斯應屬於秦王諮詢的對象，而不是備將軍詢問的府僚，李斯所任當非將軍長史。」〔註23〕

　　我們認爲，此處之長史即丞相長史，秦時將軍之下也已經有長史，從其演變過程考量，不太可能還單獨列出長史繫於君王之下。張家山漢簡《秩律》中「長史」皆不單出，繫於丞相、相國之下，我們相信，當沿用秦制，此可作爲側證。之所以存在「李斯應屬於秦王諮詢的對象」，而又爲丞相屬吏這樣的矛盾，是因爲長史這一類官具有天然的二重性。長史在《秩律》中屬於千石，據漢代禮制，六百石以上都需要天子親拜，換言之，長史亦爲皇帝官吏。它是皇帝派遣到丞相府協助辦公的官吏，其與皇帝之關係類似於丞相與辟除的掾史之關係，從其監臨的初始功能看，一開始與丞相要疏遠。但秦代以來，長史與丞相關係卻密切起來，這主要是因爲其他監察機構如御史中丞、司隸校尉等的建立與完善，長史的監察功能不復存在，故丞相吏員化了。但正如我們所講，在漢代禮儀中，這種身份卻是很明顯的。

　　丞相長史的員額。《百官公卿表》云：「有兩長史，秩千石。」丞相之二長史，當爲東門、西門長史。《漢舊儀》説：「丞相門無塾，門署用梗板，方圓三尺，不堊色，不郭邑，署曰丞相府。東門、西門長史物故，廷尉正、監守。」史書中所記，分長史爲兩府。「其以涿郡太守屈氂爲左丞相，分丞相長史爲兩府，以待天下遠方之選。」(《公孫劉田王楊蔡陳鄭傳》)。亦可作爲

〔註21〕馬非百《秦集史》，中華書局，1982年，第496頁。
〔註22〕黃留珠《秦漢仕進制度》，西北大學出版社，1985年，第48頁。
〔註23〕申超、賈俊俠《秦漢將軍長史考述》，《秦漢研究》第六輯，2012年。

兩長史的例子。閻步克先生認為有三長史，主要根據《秩律》中一條模糊的
例子：「丞相長史正、監，衛將軍長史，秩各八百石。」此前簡中尚有丞相、
相國長史千石。閻先生將其斷為「丞相長史、正、監，衛將軍長史」，故就
認為丞相又有八百石長史。其所舉例子是武帝時有三長史。《漢書·張湯傳》：
「丞相患之。三長史皆害湯，欲陷之。始，長史朱買臣素怨湯，語在其傳。
王朝，齊人，以術至右內史。邊通學短長，剛暴人也，官至濟南相。故皆居
湯右，已而失官，守長史，詘體於湯。湯數行丞相事，知此三長史素貴，常
陵折之，故三長史合謀曰……」。在此我們覺得顏師古的注是正確的，顏師
古說，「謂朱買臣為丞相長史，王朝及邊通皆守丞相長史也。」丞相長史員
額當為二人。

二、司直

　　武帝元狩五年（前118年）初置司直，秩比二千石，掌佐丞相舉不法。
學界一般認為司直為丞相之屬官。《漢書·霍光金日磾傳》有「平帝即位，
徵為大司馬司直、京兆尹。」似乎大司馬屬下也有司直官。我們認為此處司
直當為「司寇」之誤，《百官公卿表》：「護軍都尉，秦官，武帝元狩四年屬
大司馬，成帝綏和元年居大司馬府比司直，哀帝元壽元年更名司寇，平帝元
始元年更名護軍。」則此事當在平帝元年改司寇為護軍之前。中華本《漢書》
誤。

　　「司直」一名當出自《詩經·羔裘》：「羔裘如濡，洵直且侯。彼其之子，
捨命不渝。羔裘豹飾，孔武有力。彼其之子，邦之司直。羔裘晏兮，三英粲
兮。彼其之子，邦之彥兮。」詩之主旨，三家詩中唯有毛詩有序傳。毛序云：
「刺朝也，言古之君子以風其朝焉」。孔穎達《正義》曰：「作羔裘詩者，刺
朝也。以莊公之朝無正直之臣，故作此詩道古之在朝君子有德有力，故以風
刺其今朝廷之人焉。」

　　關於丞相司直的秩級，《百官表》謂秩比二千石，《秦漢官制史稿》同此。
而史料記載，司直一度為二千石。

　　　　丞相府司直一人，秩二千石，職無不監。武帝初置，曰馬直官
　　（當作司直官），今省。〔註24〕

〔註24〕　（清）孫星衍等輯、周天遊點校《漢官六種》，中華書局，1990年，第36頁。

太子軍敗，南犇覆盎城門，得出。會夜司直田仁部閉城門，坐令太子得出，丞相欲斬仁。御史大夫暴勝之謂丞相曰：「司直，吏二千石，當先請，奈何擅斬之？」丞相釋仁。（《漢書‧劉屈氂傳》）

累遷諫大夫，丞相司直，歲中三遷，官至二千石。（《漢書‧蕭望之傳》）

上述諸例，都表明司直爲二千石官。由於《漢書》作者是東漢人，則此處有無可能是東漢官吏減秩後的制度呢？我想也無可能。據《後漢書‧百官一》：「本注日：世祖即位，以武帝故事置司直，居丞相府，助督錄諸州，建武十八年省也。」而光武減秩詔書，乃在建武二十六年，「二十六年春正月，詔有司增百官奉。其千石已上，減於西京舊制；六百石已下，增於舊秩。」二者時間上不存在交集。則我們認爲，班固的觀點應該是正確的，這並不是他的一筆糊塗賬，司直身份隱含的秘密，實則反映了西漢制度的一個不可忽略之變革。

司直秩比二千石的現實，說明了司直設置伊始，具有天子私臣的身份。比秩問題，閻步克先生所提出並進行研究，可參其相關著作，於此不贅。《後漢書‧百官一》說「世祖即位，以武帝故事置司直，居丞相府」，「居丞相府」一語實在引人浮想聯翩。如果司直本是丞相府吏，何必又饒舌費此一語？這不禁使我們想起漢初張蒼的例子：

遷爲計相，一月，更以列侯爲主計四歲。是時蕭何爲相國，而張蒼乃自秦時爲柱下史，明習天下圖書計籍。蒼又善用算律曆，故令蒼以列侯居相府，領主郡國上計者。（《史記‧張丞相列傳》）

正如我們前文講到的，計相與相國職能是分開的。相似的例子，還可以舉出護軍都尉一職的演變軌跡。《漢書‧百官公卿表》：「護軍都尉，秦官，武帝元狩四年屬大司馬，成帝綏和元年居大司馬府，比司直」。這裡也使用了「居」字。都尉本身是可以開府的，這點我們從居延漢簡中的都尉府可以看出。但武帝時，大司馬尚未開府，到了成帝綏和元年，大司馬置府，護軍都尉此時歸於大司馬府中。以上我們覺得，這是對司直屬性的最好詮釋。正如司直來源於《羔裘》，其爲「國之司直」，而不是丞相之司直。這一點，與司隸校尉是一樣的。司隸校尉在史料中也被稱爲「國之司直」，如《漢書‧敘傳》敘司隸校尉蓋寬饒說：「寬饒正色，國之司直。」司隸校尉《百官表》未言其秩，《後漢書‧百官志》謂其秩比二千石，當沿用西京舊制。則這兩個官職初設

之時，本是天子之私吏，作為使者之類的身份。故《漢官典職儀式選用》說：
「司隸校尉職在典京師，外部諸郡，無所不糾。封侯、外戚、三公以下，無
尊卑。入宮，開中道稱使者。每會，後到先去。」中道為御道，本天子所行
之道，文武百官只行左右，未經特許不得擅行。而「稱使者」，更是點明其天
子特使之身份。真真道破天機。

文獻中可見，司直具有獨立性，如：

> 始喩麋郭欽，哀帝時為丞相司直，奏免豫州牧鮑宣、京兆尹薛
> 修等。（《漢書·王貢兩龔鮑傳》）

> 鮑宣字子都，渤海高城人也……哀帝初，大司空何武除宣為西曹
> 掾，甚敬重焉，薦宣為諫大夫，遷豫州牧。歲餘，丞相司直郭欽奏「宣
> 舉錯煩苛，代二千石署吏聽訟，所察過詔條。行部乘傳去法駕，駕一
> 馬，舍宿鄉亭，為眾所非。」宣坐免。（《漢書·王貢兩龔鮑傳》）

需要奏事，不是直言丞相，由丞相奏，而是自己上奏。說明司直具有獨立性。
王莽時，大司馬司允，大司徒司直，大司空司若，位皆孤卿。更名大司農曰羲
和，後更為納言，大理曰作士，太常曰秩宗，大鴻臚曰典樂，少府曰共工，水
衡都尉曰予虞，與三公司卿凡九卿。司直獨立稱卿。這也說明司直地位的特殊
性。司直的這種由天子私臣向丞相府吏的傾斜變化，我認為發生在武帝後期。

司直轉化為丞相屬官或與其職權變化有關。《漢舊儀》：

> 御史中丞督司隸，司隸督司直，司直督刺史，刺史督二千石以
> 下至墨綬。〔註25〕

這條資料，有的記載是「武帝時」，但司隸校尉在武帝徵和四年（公元前 89
年）設置，兩年後武帝去世。此時只是「持節，從中都官徒千二百人，捕巫
蠱，督大奸猾。」可見，其設置主要是針對武帝末年的巫蠱事件。這樣條例
清晰監督體系當時是否已形成，值得懷疑。我們暫定在武帝後。由其中可見，
司直本是監督刺史，這與後來《百官公卿表》所言刺史由御史中丞來監督不
同。但司直監督刺史想來是不錯的。正如我們前面所言，刺史在相當長一段
時間之內，是丞相史，假如進行監督，自然應該以外官充任最合適。這也正
好與我們所言司直一職本不為丞相屬官之性質吻合。我們可以更清楚的描述
這一變化：

〔註25〕　（清）孫星衍等輯、周天遊點校《漢官六種》，中華書局，1990 年，第 73 頁。

西漢監督系統變化簡表

	置司直（元狩五年／前118年）	罷監御史（元封元年／前110年）	置刺史（元封五年／前106年）	置司隸校尉（徵和二年／前89年）	某個時間
					御史中丞
				司隸校尉	司隸校尉
	司直	司直	（丞相）司直	（丞相）司直	（丞相）司直
丞相史（刺史前身）	丞相史（刺史前身）	丞相史（刺史前身）	刺史	刺史	刺史
監御史	監御史				
郡國二千石	郡國二千石	郡國二千石	郡國二千石	郡國二千石	郡國二千石

第四章　御史大夫研究

第一節　御史大夫起源及初置

　　僅從「御史大夫」這個名詞來看，便體現出某種變化。從構詞上看，「御史」作爲「史」，起初本是一種掌管文書歸檔的小吏。西周銅器銘文中就已經出現過很多以「史」命名的官稱，如「內史」、「省史」、「右史」、「中史」、「書史」、「佃史」等等〔註1〕。至春秋繼有發展。約成書戰國時期的《周禮》之中，有府、史、胥、徒的區分，在各級官長之下任職，職位甚卑微。其職如鄭玄注：「府治藏、史掌書者，凡府史皆其官長所自辟除。」擬照漢代，就是各級政府下的小吏，漢世百石以下皆長官自辟除，不須請於上。但在《周禮》之中，御史卻與一般的「史」不同，其身份卻一躍進入「士」的階層，體現出一種身份的上升，「御史，中士八人、下士十有六人」，這是御史身份的第一次飛躍。當然，這種身份的提升，可能還可以向前追溯。不僅如此，其屬員規模也極爲闊大。「其史百有二十人」，如此龐大的組織機構，遍查《周禮》之三百六十官，沒有找到與之相比擬者，將其與《周禮》中最重要的職官大宰的府員情況一比較，情形立見。《周禮》天官冢宰（大宰）：「大宰，卿一人；小宰，中大夫二人；宰夫，下大夫四人，上士八人，中士十有六人，旅下士三十有二人，府六人，史十有二人，胥十有二人，徒百有二十人。」而御史則是「御史，中士八人、下士十有六人，其史百有二十人、府四人、徒四十人。」這說明，御史作爲一個行政機構，雖尚未如後世一樣尊貴，但其重要程度已然甚囂塵上。

〔註1〕參閱張亞初、劉雨《西周金文官制研究》，中華書局，1986年，第26～36頁。

　　需要說明的一點，此時的御史，主要領導官員爲「中士八人」，而沒有一個首領官，說明他們之間關係具備平等性。這種設置與後世尚書的設置是不謀而合。尚書最初設置之時，也只是分曹理事，不管是初設時的四人抑或五人，都是平等的關係。即便以後設置了尚書令、僕射、左右丞等檯面上的首領官，但其秩都爲六百石，並稱「八座」，並沒有差別，從低位上來看，也相去不遠。如某些上書時要聯名，缺一不可。御史是否亦如此呢？從《周禮》中御史職能來看，「御史掌邦國、都鄙及萬民之治令，以贊冢宰。凡治者受法令焉，掌贊書，凡數從政者。」「冢宰」在《周禮》六官中的位置，相當於後世之宰相，而御史卻能「以贊冢宰」，這也證明其地位非常。而檢索《周禮》之中，唯有小宰有「贊冢宰受歲會」的記載，而小宰作爲冢宰（大宰）的副職，是由「中大夫二人」擔任（冢宰按照《周禮》，由上大夫即卿擔任），則御史雖僅爲中士，於級別上難比小宰，但在輔佐冢宰方面卻是相同的。御史又「掌贊書」，鄭玄注：「王有命當以書致之則贊爲辭，若今尚書作詔文」，是後鄭將其比之爲東漢的尚書，與東漢的尚書同職，所謂「出納帝命」，「天子喉舌」，而東漢尚書的地位之重是眾所周知的。以上諸點，可以窺見，周代御史之職之重要性。

　　《商君書・定分篇》記載，秦有「三法官」的層次結構，「天子置三法官；殿中置一法官，御史置一法官及吏，丞相置一法官。諸侯郡縣皆各爲置一法官及吏，皆此秦一法官。」這一制度，我們認爲很有可能是戰國時期秦國的制度，其實否如設想般應用到現實已無從考知，但秦漢以來，這一體系卻始終存在。我們認爲，殿中法官就是後世的蘭臺，即御史中丞之職，又稱「御史中執法」。如《漢書・高祖紀》：「御史大夫昌下相國，相國酇侯下諸侯王，御史中執法下郡守」。誠如閻步克先生所論，御史最初不是吏，故彼時沒有設置吏員。御史置一法官及吏，則就是後來的御史大夫寺，其下分曹治事，故有吏。丞相置一法官，是指丞相最初也不是吏。故不言。從簡牘中看，丞相有專門的法令收藏機構。諸侯郡縣皆各爲置一法官及吏，是指郡有監郡御史，縣有監縣御史，又各自守、令等官府機構。這一制度，與戰國末期的秦國是極其相似的。所不同者，在這一時期，秦國已沒有監縣御史，但卻有監郡御史，如《漢書・百官公卿表》：「監御史，秦官，掌監郡」。及嶽麓秦簡《志書》所見之監府等，都可以說明這一事實〔註2〕。

〔註2〕春秋時期，縣比郡大，縣下有郡。許慎《說文解字》「郡」字：「周制：天子地方千里，分爲百縣，縣有四郡。故《春秋傳》曰『上大夫受郡』是也。至秦初置三十六郡，以監其縣。」大體反映了這一現象。郡下設縣則是戰國以來的制度。如此看來，早期的監縣御史實就是後來的監郡御史。

　　以上似乎都可以說明，以《周禮》爲代表的戰國文獻中的御史，已然是一個重要的機關。傳統觀點認爲御史在先秦屬於「微官」，如劉師培先生在《論歷代中央官制之變遷》中說：「御史之職在周代之時亦屬微官，惟邦國之治、萬民之令，均爲御史所掌，復兼攝贊書之職，以書從政之人，與後世起居注略同。戰國時秦、趙皆有御史，亦屬末僚。蓋御史訓爲侍御史，猶言侍史，惟居斯職者得以日親君側，故至秦代，即位尊官，與丞相併，復改稱御史大夫。」其依據的材料，主要有：

《史記·藺頗藺相如列傳》：

　　秦王飲酒酣，曰：「寡人竊聞趙王好音，請奏瑟。」趙王鼓瑟。秦御史前書曰「某年月日，秦王與趙王會飲，令趙王鼓瑟」。藺相如前曰：「趙王竊聞秦王善爲秦聲，請奏盆瓴秦王，以相娛樂。」秦王怒，不許。於是相如前進瓴，因跪請秦王。秦王不肯擊瓴。相如曰：「五步之內，相如請得以頸血濺大王矣！」左右欲刃相如，相如張目叱之，左右皆靡。於是秦王不懌，爲一擊瓴。相如顧召趙御史書曰「某年月日，秦王爲趙王擊瓴」。

安作璋、熊鐵基二先生亦認爲，「秦、趙等國的御史，都是跟隨國王左右的記事官」。但這一點，誠如《漢舊儀補遺》所記，「侍御史，周官也。始皇滅楚，以其君冠賜御史。漢興襲秦，因而不改。掌注言行，糾諸不法。」則作爲記事官本身即爲御史的職責。秦漢如此，先秦當亦如此。不能因其記事就認爲其地位低微。如漢之侍中，「分掌乘輿服物，下至褻器虎子之屬」，卻不妨起地位煊赫。可見地位之高下，不能單憑執掌判斷。安先生又據張儀游說列國時，有「秦王使臣獻書大王御史」，御史還有掌管接受文書的職能，「地位不會很高」。筆者認爲，這恰恰反映了御史地位的重要性。百僚與君王的溝通主要通過上書這種方式，而御史關乎上下文書的壅塞。這一點，與漢代的尙書是極其相似的。

　　但辯證來看，《周禮》中的御史與秦漢的御史又有較大區別。秦漢御史率有兩大職能，一爲掌管法令，一爲糾察百官。而周代御史從記敘來看，顯然尙不具備完全的糾察百官的監督職能。《通典·職官六》說：「至秦漢，爲糾察之任。」秦漢御史的這部份職能，體現在《周禮》大宰之副職小宰上面。《周禮》小宰：「掌建邦之宮刑，以治王宮之政令。凡宮之糾禁，掌邦之六典、八法、八則之貳，以逆邦國、都鄙、官府之治。」鄭玄注「若今御史中丞」。鄭

玄是東漢人，東漢廢御史大夫，西漢御史大夫之任，落到御史中丞之上。東漢的御史中丞即西漢御史大夫之任，他的話是極明白的。

問題在於，御史是何時獲得這部份權力的呢？這個時間不並好界定。這裡面關係著兩個官吏。一個是少府，一個是御史大夫。我們可以想像，當大宰退出君王事務的管理，而將目光轉向天下的時候，其先前的一部份職責就會被少府所取代，他的下屬小宰的職責也將爲御史所取代。但是從戰國晚期的資料來看，御史已經與秦漢無差了。

《商君書・境內篇》：

> 其攻城圍邑也，國司空訾莫城之廣厚之數。國尉分地，以徒校分積尺而攻之。爲期曰：「先已者，當爲最啓；後已者，訾爲最殿。再訾則廢。內通則積薪，積薪則燔柱。陷隊之士面十八人，陷隊之士，知疾鬥不得，斬首隊五人，則陷隊之士人賜爵一級。死則一人後，不能死之，千人環。規諫，黥劓於城下。國尉分地，以中卒隨之。將軍爲木壹，與國正監與正御史參望之。其先入者舉爲最啓，其後入者舉爲最殿。其陷隊也盡其幾者，幾者不足，乃以欲級益之。

此時之御史已經作爲君王的監察。

又《戰國策・韓三》「安邑之御史死」條：

> 安邑之御史死，其次恐不得也。輸人爲之謂安令曰：「公孫綦爲人請御史於王。」王曰：「彼固有次乎？吾難敗其法。」因遽置之。

這是御史監縣的最早記載，是《百官公卿表》所記秦及漢初監郡御史的雛形。

《商君書》與《戰國策》都屬於戰國時代的作品，以上都足以說明在戰國時期，御史的職權已經大大擴大，基本形成了後世的職能格局。

秦代御史職能：

同樣的例子還可以通過里耶秦簡舉出。里耶秦簡中有一些關於御史的記載，可以豐富我們對御史職權的認識。如：

> 卅二年四月丙午朔甲寅少內守是敢言之廷下御史書舉事可爲恒程者洞庭上帬直書到言今書已到敢言之（正）

> 廿九年四月甲子朔辛巳庫守悍敢言之御史令曰各第官徒丁□者爲甲次爲乙次爲丙各以其事易次之・令曰各以□上・今牒書當令者三牒署第上敢言之（正）

這兩條簡的內容比較模糊，還有待於更多的簡牘的公佈加以研究。但其大旨可以看出，御史令在秦朝政治生活中的重要性，縣廷官府都是在御史令的指導下行事，這對於理解御史的重要作用有重要意義。而反觀我們今天對御史的研究，多著眼於御史的糾察功能。這實則是一大忽略。里耶秦簡中還有「御史覆獄治充」的記載，這表明，御史在秦代還具有治獄的功能的，這本是秦漢廷尉的權利。這點在兩漢表現得並不十分明顯。

　　御史大夫的設置，據資料記載是在秦朝。《百官公卿表》說是「秦官」，後世的許多著作，如《山堂考索》等也大都沿用了這一提法。但「秦官」一次比較模糊，不足以區分秦國與秦朝。《睡虎地秦簡》從年代上看，爲秦朝建立之前的資料，其中關於御史的記載有兩條，都未涉及到御史大夫。一條爲《傳食律》，載「御史卒人使者」的待遇；一條爲《尉雜律》：「歲讎辟律於御史。」而在秦二世時期左右的里耶秦簡中，卻有「御史大夫縮」記載。此當爲《史記·秦始皇本紀》中「丞相縮」之前職，秦漢御史大夫升丞相爲正途。這說明御史大夫的確是秦代所建立。漢初的張家山漢簡，在《秩律》中有一次關於「御史大夫」的記載，顯然承襲秦制。總之，從其整個體系來看，戰國時期秦國沒有御史大夫是可信的。御史作爲一個機構具有很大權利，但此時尚沒有集中到一人（御史大夫）手中。御史大夫應該是秦始皇時所建立。

　　平心而論，儘管大夫在戰國時期有上中下之區別，但是這種區別有逐漸弱化的趨勢，體現了周代以來封建貴族統治的衰落。（如《周禮》之中，沒有直接的上大夫以職；秦國作爲區別身份的爵制之中只有「大夫」的區別，而無上中下之分。漢代以來，多以大夫區別身份，而鮮有用上中下的。中大夫在秦漢轉變爲官名。）總得來說，仍屬一類很崇高的等級。孫詒讓《墨子閒詁》：「國君既已立矣，又以爲唯其耳目之請不能一同其國之義，是故擇其國之賢者，置以爲左右將軍大夫。」注：「將軍謂卿也。《周禮》夏官軍將皆命卿。春秋戰國時，侯國亦皆以卿爲將，通謂之將軍。《非攻中篇》云『晉有六將軍』，即六卿也。《管子·立政篇》云『將軍大夫以朝』，《水經·河水》酈注引《竹書紀年》云『邯鄲命將軍大夫適子代吏皆貂服』，並稱卿大夫爲將軍大夫。」在此需要將君主私臣中的大夫區分開來，《百官公卿表》郎中令下有太中大夫、中大夫、諫大夫等，這些大夫，有的在秦代就已經存在。但卻與職官中的「大夫」不同。《睡虎地秦簡》中有「官士大夫」與「宦者顯大夫」兩類群體。我們認爲就是這兩者的代表。不同的是，「官士大夫」在秦簡中，

已呈分途趨勢，一途在在爵制中，其地位已呈下降趨勢，表現爲士階層化了。而另一途則尚保留在官稱中。

御史從一個卑微的小吏到秦漢間「掌副丞相」，其不斷增強的地位，體現了國家政治由人治向法治的演變。春秋以前，國君上下由心，甚少法令之約束。彼時法令不通於百姓，自鄭國子產鑄造刑鼎之後，晉國等國相繼推廣法律，法律開始傳達給民眾，然當時人視爲洪水猛獸〔註3〕。御史這類官職地位開始提升，從而導致政府機構也發生某種變化，社會向法治轉變。戰國以來法家的流行，正是這一趨勢的最好回應。

第二節　丞相史、刺史與御史大夫

秦漢之際，丞相主要屬員統稱爲史，又可以劃分爲各種具體執掌的史員。安作璋等先生認爲秦代丞相的屬吏有侍中〔註4〕。他引《漢舊儀》材料：「（侍中）本秦丞相史，往來殿中，故謂之侍中。」其實，如果改成秦代丞相史可以侍中就沒什麼問題了。這其實是將皇帝之侍中與之混淆了。

丞相史本來是一個統稱，後來逐步分化。到了漢武帝時期，劃分成史、少史、屬、屬史四等，爲丞相府屬吏中的長史。漢初，丞相史作爲監督機構出刺，據《通典》記載，「丞相史出刺」乃在文帝時，則這條材料所記當是文帝後之制。

> 秦置監察御史。漢興省之。至惠帝三年，又遣御史監三輔郡，察詞訟，所察之事凡九條，監者二歲更之。常以十月奏事，十二月還監。其後諸州復置監察御史。文帝十三年，以御史不奉法，下失其職，乃遣丞相史出刺，並督監察御史。武帝元封元年，御史止不復監。至五年，乃置部刺史，掌奉詔六條察州，凡十二州焉。〔註5〕

〔註3〕《左傳·昭公二十九年》：冬，晉趙鞅、荀寅帥師城汝濱，遂賦晉國一鼓鐵，以鑄刑鼎，著范宣子所爲刑書焉。仲尼曰：「晉其亡乎！失其度矣。夫晉國將守唐叔之所受法度，以經緯其民，卿大夫以序守之。民是以能尊其貴，貴是以能守其業。貴賤不愆，所謂度也。文公是以作執秩之官，爲被廬之法，以爲盟主。今棄是度也，而爲刑鼎，民在鼎矣，何以尊貴？貴何業之守？貴賤無序，何以爲國？且夫宣子之刑，夷之蒐也，晉國之亂制也，若之何以爲法？蔡史墨曰：「范氏、中行氏其亡乎！中行寅爲下卿，而干上令，擅作刑器，以爲國法，是法姦也。又加范氏焉，易之亡也。其及趙氏，趙孟與焉。然不得已，若德，可以免。」

〔註4〕安作璋、熊鐵基《秦漢官制史稿》，齊魯書社，2007年，第22頁。

〔註5〕（唐）杜佑《通典·職官十四》，中華書局，1988年，第884頁。

清代學者顧炎武也將刺史制度與秦代監郡御史聯繫起來：

> 漢武帝遣刺史周行郡國，省察治狀，黜陟能否，斷治冤獄。以
> 六條問事：一條強宗豪右田宅逾制，以強陵弱，以眾暴寡；二條二
> 千石不奉詔書，倍公向私，旁詔年利，侵漁百姓，聚斂為奸；三條
> 二千石不恤疑獄，風屬殺人，怒則任刑，喜則任賞，煩擾刻暴，剝
> 削黎元，為百姓所疾，山崩石裂，妖祥訛言；四條二千石選署不平，
> 苟阿所愛，蔽賢寵頑；五條二千石子弟怙倚榮勢，請託所監；六條
> 二千石違公下比，阿附豪強，通行貨賂，割損政令。又令歲終得乘
> 傳奏事。夫秩卑而命之尊，官小而權之重，此小大相制，內外相維
> 之意也。本自秦時遣御史出監諸郡。《史記》言秦始皇分天下以為三
> 十六郡，郡置守尉監，蓋罷侯置守之初而已設此制矣。〔註6〕

綜合各種因素，學界把刺史視為御史大夫或御史中丞屬官，「部刺史轉歸」〔註7〕，安作璋、熊鐵基等先生即持此觀點。他們認為「至於漢的州刺史隸屬於誰，史書記載幾乎一致認為是隸屬於御史中丞」，再如劉欣尚先生也認為「刺史內隸於御史中丞」〔註8〕，相同觀點甚多，我們只是略舉幾例，以概其餘。這主要是基於《漢書·百官公卿表》：「御史大夫，……有兩丞，秩千石。一曰中丞，在殿中蘭臺，掌圖籍秘書，外督部刺史，內領侍御史員十五人，受公卿奏事，舉劾按章。」《漢書·薛宣傳》也同樣記載：

> 是時，成帝初即位，宣為中丞，執法殿中，外總部刺史，上疏
> 曰：「陛下至德仁厚，哀閔元元，躬有日昃之勞，而亡佚豫之樂，允
> 執聖道，刑罰惟中，然而嘉氣尚凝，陰陽不和，是臣下未稱，而聖
> 化獨有不洽者也。臣竊伏思其一端，殆吏多苛政，政教煩碎，大率
> 咎在部刺史，或不循守條職，舉錯各以其意，多與郡縣事，至開私
> 門，聽讒佞，以求吏民過失，譴呵及細微，責義不量力。郡縣相迫
> 促，亦內相刻，流至眾庶。是故鄉黨闕於嘉賓之懽，九族忘其親親
> 之恩，飲食周急之厚彌衰，送往勞來之禮不行。夫人道不通，則陰
> 陽否鬲，和氣不興，未必不由此也。《詩》云：『民之失德，乾餱以

〔註6〕 （清）顧炎武撰、黃汝成集釋《日知錄集釋》，上海古籍出版社，2006年，第
　　　　528〜529頁。
〔註7〕 熊偉《秦漢監察制度史研究》，天津人民出版社，2011年，第62頁。
〔註8〕 劉欣尚《漢代的刺史制度》，《北京師範大學學報》，1987年第1期，第27頁。

懲。』鄙語曰：『苛政不親，煩苦傷恩。』方刺史奏事時，宜明申敕，
使昭然知本朝之要務。臣愚不知治道，唯明主察焉。」上嘉納之。
既言「外督部刺史」、「外總部刺史」，薛宣上書又插手刺史之事，則想當然御
史中丞就是部刺史之長官。殊不知，刺史為獨立之監察官員，直接對皇帝負
責，這從《百官公卿表》中，刺史不列於御史大夫之下可曉。但在設置前期，
有迹象表明，有一段時間刺史與丞相尤為密切，甚而將其作屬官看待。《漢舊
儀》：

> 丞相、刺史常以秋分行部，御史為駕四封乘傳。到所部，郡國
> 各遣吏一人迎界上，得載別駕，自言受命移郡國，與刺史從事盡界
> 罷。行載從者一人，得從吏所察六條。刺史舉民有茂材，移名丞相，
> 丞相考召，取明經一科，明律令一科，能治劇一科，各一人。詔選
> 諫大夫、議郎、博士、諸侯王傅、僕射、郎中令，取明經。選廷尉
> 正、監、平，案章取明律令。選能治劇長安、三輔令，取治劇。皆
> 試守，小冠，滿歲為真，以次遷，奉引則大冠。〔註9〕

「丞相、刺史」，中華本《漢官六種》（周天遊先生點校）如是標點。實則當
作「丞相刺史」，當時丞相無分部之說，王莽時期及東漢有三公分部九卿之說，
但那是兩碼事。丞相也不可能拋開軍國大事而去「秋分行部」。若硬說丞相有
部的話，那就是天下郡國皆為其所部。行天下之部亦是不可能的事。再從行
文來看，整段皆以刺史為主語，所以此處只能是「丞相刺史」。《百官公卿表》：
「丞相遣史分刺州」，是丞相史本就有「刺」名。

類似的錯誤還有《漢舊儀》：「丞相、刺史、侍御史，皆稱卿，不得言君。」
丞相是稱君的。《漢舊儀》中有不少例子。試舉幾例。

> 列侯為丞相、相國，號君侯。

> 君侯月一行屯衛，騎不以車。衛士初至未入，君侯到都門外勞
> 賜吏士。

> 丞相府官奴婢傳漏以起居，不擊鼓。官屬吏不朝，旦白錄而已。
> 諸吏初除謁視事，問君侯應閣奴名，白事以方尺板叩閣，大呼奴名。
> 君侯出入，諸吏不得見，見禮如師弟子狀。掾史有過，君侯取錄，
> 推其錄，三日白病去。

〔註9〕（清）孫星衍等輯、周天遊點校《漢官六種》，中華書局，1990年，第68頁。

以上都是丞相被稱爲「君」的顯例。因此，此處應該斷作「丞相刺史、侍御史，皆稱卿，不得言君。」丞相史稱「卿」是有事實依據的，西漢懸泉漢簡中許多例子都可以印證。

《元康四年雞出入簿》

出雞一隻，以食長史君，一食，東。

出雞一隻，以食使者王君所將客，留宿，再食，東。

出雞二隻，以食大司農卒史田卿，往東四食，東。

出雞一隻，以食丞相史范卿，往來再食，東。

出雞二隻，以食長史君，往東四食，西。

出雞一隻，以食太醫萬秋，一食，東。

出雞一隻，以食刺史，從事史一人，凡二人，一食，東。

出雞一隻，以食大司農卒史馮卿，往東再食，東。

出雞一隻，以食使者王君，一食，東。

從上面來看，不僅是丞相史，連同九卿如文中之大司農之史都可以稱之爲「卿」。這自然是一種敬稱，與實際有殊。但此處有幾點較爲特別。其中所謂「長史君」，大概是郡長史，漢代邊郡有長史。這個長史不大可能是丞相或諸將軍之長史，否則會因記載不明而引發混亂。使者稱君的例子也是較爲特殊，或者是因爲是皇帝的特使而在稱謂上特崇？最奇怪的是刺史既無稱呼，也沒有姓名的記載。這一點與《漢官》中的記載不符，尚待進一步研究。當然，這裡的「君」「卿」的稱謂要與私人書信中的稱謂區別開來。如大司農卒史稱「卿」之例，在文書中亦常見，懸泉簡的 103 條淵泉丞賀上書中有「大司農卒史張卿」的記載，可見並非私人稱謂。需要注意的是，懸泉簡 109 條有一封信，是由龍勒發給都史的。這個都史其實就是都吏，就是後來的督郵，是郡府派出的監督官。閻步克先生曾經在《樂府詩《陌上桑》中的「使君」與「五馬」——兼論兩漢南北朝車駕等級制的若干問題》一文中，證明「二十朝大夫」之朝大夫爲郡府之高級管理[註10]。而從該例來看，郡府之高級管理也有稱「卿」的情況，可爲補充。

其他證據如《漢舊儀》記載：

詔御史，其赦天下自殊死以下。及吏不奉法，乘公就私，凌暴百姓，行權相放，治不平正，處官不良，細民不通，下失其職，俗

[註10] 見《北京大學學報（哲學社會科學版）》，2011 年 02 期。

> 不孝弟，不務於本，衣服無度，出入無時，眾彊勝寡，盜賊滋彰，
> 丞相以聞。於是乃命刺史出刺並察監御史。元封元年，御史止不復
> 監。〔註11〕

是元封元年（公元前 110 年）御史罷監郡之前，已有「刺史」存在，此時「刺史」即丞相史。而刺史制度在元封五年（公元前 96 年）才正式設置。又應劭《漢官儀》：「孝武元封四年始〔註12〕，御史、丞相之遷（按：當作「遣」）部刺史十三人，乘驛奏事。」〔註13〕此處事關御史，並非因爲刺史屬於御史，而是因爲御史爲封傳，這樣刺史才可以乘傳。假如刺史爲御史大夫屬官，則與丞相無關，此處不當更言「丞相遣」，此可反證刺史隸屬丞相。

又，前文所引從其「所察六條」來看，這已經是正式置刺史後之制了。《通典・職官十四》：「武帝元封元年，御史止不復監。至五年，乃置部刺史，掌奉詔六條察州，凡十二州焉。」又「刺史舉民有茂材，移名丞相，丞相考召」，而不是移名御史中丞或御史大夫，可證此時刺史還沿用丞相史出刺督察的制度，其與丞相之親密要遠勝過御史大夫或中丞。乃至刺史屬吏的設置，後來都是丞相經手設置。應劭《漢官儀》記載：「元帝時，丞相于定國條州大小，爲設吏員，治中、別駕、諸部從事，秩皆百石，同諸郡從事。」〔註14〕

我們尚可從選舉制度進行考察。《通典》引後漢光武建武十二年（36）詔：

> 三公舉茂才各一人，廉吏各一人；左右將軍歲察廉吏各二人；
> 光祿歲舉郎、茂才、四行各一人，察廉吏三人；中二千石歲察廉吏
> 各一人；廷尉、大司農二人；將兵將軍歲察廉吏各二人；監御史、
> 司隸、州牧歲舉茂才各一人。〔註15〕

很少有人注意到舉主不同所帶來的變化。刺史爲監察官，舉茂才；郡國爲行政官，舉孝廉，乃東漢慣例。左、右將軍、中二千石、廷尉、大司農等都是京師行政官員，所以他們只可以舉廉吏。監御史、司隸、州牧屬於監察官，他們可以舉茂才。問題來了，何以三公作爲京師行政長官，可以舉茂才？正因爲西漢時「刺史舉民有茂材，移名丞相，丞相考召」，丞相可以接觸到茂才；

〔註11〕 （清）孫星衍等輯、周天遊點校《漢官六種》，中華書局，1990 年，第 72 頁。

〔註12〕 按，「元封四年」與《漢書・百官公卿表》所記元封五年置刺史十三人相差一年，未定孰是。

〔註13〕 （清）孫星衍等輯、周天遊點校《漢官六種》，中華書局，1990 年，第 150 頁。

〔註14〕 （清）孫星衍等輯、周天遊點校《漢官六種》，中華書局，1990 年，第 150 頁。

〔註15〕 （唐）杜佑《通典・選舉一》，中華書局，1988 年，第 314～315 頁。

而光祿勳之所以得以舉茂才，是因爲舉茂才爲郎官，光祿勳可以從中選舉。這可說明，三公在東漢初，尚延續西漢丞相與刺史的關係。

我們再來看一條材料，《漢舊儀》：

　　武帝時，御史中丞督司隸，司隸督司直，司直督刺史二千石以下至墨綬。〔註16〕

我們知道，武帝元狩五年（前118）初置司直，秩比二千石，掌佐丞相舉不法。而刺史是在元封五年（前106）置，置司直在刺史前，則很有可能，刺史初置即在司直之下。這是對丞相史出刺的直接回應。尤其值得注意的是，此處也如御史中丞一樣，用「督」字。

以上所舉材料已經夠多。那麼，何以《百官公卿表》會言御史中丞「外督部刺史」？我們想這是二府「參職」的表現，即漢朝很多事務都由二府——丞相府、御史大夫府聯合辦理，這與胡廣所說的「官聯」通職現象有類似之處〔註17〕。正如我們前面所講，刺史上屬皇帝，丞相與御史都對其具有督察權。

應劭《漢官儀》：「侍御史出督州郡賦稅，運漕軍糧。侍御史至後漢，復有護漕都尉官，建武七年省。」〔註18〕《通典》則引《漢官儀》作「侍御史出督州郡盜賊，運漕軍糧，言督軍糧侍御史。至後漢，復有護漕都尉官，建武七年省。」〔註19〕這顯示，御史中丞不僅督州之部刺史，而且還可以督郡之「賦稅」，那是不是郡也內隸於御史中丞呢？當然不是。且主要從「賦稅」的角度監督，其他方面的監督應該置於丞相名下。就《漢書·百官公卿表》與《後漢書·百官志》來看，對刺史的介紹都不列於御史中丞之下，可見御史中丞與刺史並無直接隸屬關係。正如後漢尚書錄計簿，督課郡國一樣，這只是一種監督而非部屬。總之，有些學者認爲「部刺史轉歸御史中丞所隸」是極不正確的。

到了東漢初，這一制度依然實行過一段時間，《通典》：「光武以武帝故事置司徒司直，居司徒府，助司徒督錄州郡所舉上奏，司直考察能否，以徵虛實。建武十一年省。」〔註20〕則東漢初，州刺史依然在丞相監督之下。

〔註16〕（清）孫星衍等輯、周天遊點校《漢官六種》，中華書局，1990年，第73頁。
〔註17〕胡廣《漢官解詁》：「武帝以中大夫爲光祿大夫，與博士俱以儒雅之選，異官通職，《周官》所謂『官聯』者也。」《漢官六種》，第13頁。
〔註18〕（清）孫星衍等輯、周天遊點校《漢官六種》，中華書局，1990年，第145頁。
〔註19〕（唐）杜佑《通典·職官六》，中華書局，1988年，第668頁。
〔註20〕（唐）杜佑《通典·職官三》，中華書局，1988年，第542頁。

　　東漢置三公，刺史在東漢初依舊歸三公督察。刺史從職權上脫離三公，也是在光武帝時。《後漢書·朱浮傳》：「舊制，州牧奏二千石長吏不任位者，事皆先下三公，三公遣掾史案驗，然後黜退。帝時用明察，不復委任三府，而權歸刺舉之吏。」我們相信，御史中丞對刺史的督察權，大約也在同時取消。因此《後漢書·百官三》所記載的「御史中丞」，已經沒有督察刺史的內容：

　　　　御史中丞一人，千石。治書侍御史二人，六百石。侍御史十五
　　　　人，六百石。本注曰：掌察舉非法，受公卿群吏奏事，有違失舉劾
　　　　之。凡郊廟之祠及大朝會、大封拜，則二人監威儀，有違失則劾奏。

　　總之，刺史在設置初期，由丞相（經由司直）、御史大夫（經御史中丞下之侍御史）施行共同監督，並非御史中丞或御史大夫之屬官。

第三節　御史大夫與丞相之關係

　　皇帝的權利往往掌握在與帝王密切的官吏手中，東漢的外戚與宦官自不待言，反映在官制上，侍中、常侍、侍郎等等，都是這樣的例子。

　　應劭《漢官儀》：

　　　　侍中，左蟬右貂，本秦丞相史，往來殿中，故謂之侍中。分掌
　　　　乘輿服物，下至褻器虎子之屬。武帝時，孔安國爲侍中，以其儒者，
　　　　特聽掌御唾壺，朝廷榮之。至東京時，屬少府，亦無員。駕出，則
　　　　一人負傳國璽，操斬蛇劍乘，與中官俱止禁中。

正因爲秦代的丞相史可以往來殿中，所以丞相所收集到的全國上下的奏章文書、以及對文書的處理，應該主要是通過侍中來完成的。這一舉措，導致丞相與皇帝之間沒有隔閡。但應劭的說法還是有些瑕疵，或者說與《百官表》牴牾之處。《百官表》說侍中是加官。從秦代的史料看，侍中者未必爲丞相史。如《史記·李斯列傳》：

　　　　初，趙高爲郎中令，所殺及報私怨眾多，恐大臣入朝奏事毀惡
　　　　之，乃說二世曰：「天子所以貴者，但以聞聲，群臣莫得見其面，故
　　　　號曰『朕』。且陛下富於春秋，未必盡通諸事，今坐朝廷，譴舉有不
　　　　當者，則見短於大臣，非所以示神明於天下也。且陛下深拱禁中，
　　　　與臣及侍中習法者待事，事來有以揆之。如此則大臣不敢奏疑事，

天下稱聖主矣。」二世用其計，乃不坐朝廷見大臣，居禁中。趙高
常侍中用事，事皆決於趙高。

則如何處理二者之間的矛盾呢？我們覺得應劭的說法可能是更早的情況，甚
至是戰國時的情況，秦代建立後，侍中逐漸從丞相史中獨立出來。但這不影
響我們的結論。只要丞相史有侍中的身份，那就不會影響上書的壅塞。

　　這一制度一直延續到漢初。侍中並不是一直維持作為丞相史的這種身
份。《漢舊儀》：

　　　　丞相初置，吏員十五人，皆六百石，分為東、西曹。東曹九人，
　　出督州為刺史。西曹六人，其五人往來白事東廂為侍中，一人留府
　　曰西曹，領百官奏事。長安給騎亭長七十人，六月一更倉頭盧兒。
　　出入大車駟馬，前後大車、駢車，中二千石屬官以次送從。〔註21〕

這裡提到了長安，很明顯是漢代的事兒。這說明，到漢初還是這種情況。「中
二千石」一語，據閻步克先生考證，出現在景武之間。

　　制度的建立具有歷史的相似性。帝王在宮中處理政務，必然要有附近的
官吏與之商議討論。許多緊急的公務，如果需要臨時傳召官吏進宮商討，則
顯得有些倉促。所以從歷史上來看，皇帝所委任的不外有幾種情況，一種是
近侍，如宦官、常侍、侍中等職；一種是當值人員，如明清以來午門外的朝
房、午門內的內閣，清代的軍機處、上書房等。清代的內閣就在午門內，清
聖祖一般都在太和殿處理政務，所以就近傳召非常方便。但雍正以後，皇帝
一般都在乾清宮御門聽政，所以就近建立了軍機處，挑選內閣大臣入值行走。
這兩種現象都有一種相似點，即與皇帝的距離。

　　御史大夫和丞相也存在這種關係。御史大夫的辦公地點在宮中，尤其其
下屬御史中丞、侍御史，更是在殿中當值，相對於宮外的丞相更容易獲得皇
帝的倚重。《漢舊儀》：

　　　　御史大夫寺在司馬門內，門無塾，門無匾題。署用梓板，不起
　　郭邑，題曰御史大夫寺。〔註22〕

司馬門即未央宮門。這則材料祝總斌、陳啟雲諸先生都用過。但祝先生認為
「御史大夫為副丞相，地位也低」〔註23〕，陳啟雲先生也以漢初高祖用趙堯

〔註21〕　（清）孫星衍等輯、周天遊點校《漢官六種》，中華書局，1990年，第68頁。
〔註22〕　（清）孫星衍等輯、周天遊點校《漢官六種》，中華書局，1990年，第73頁。
〔註23〕　祝總斌《兩漢魏晉南北朝宰相制度研究》，中國社會科學出版社，1990年，第
　　　　34頁。

為御史大夫，「趙堯果以年少刀筆吏，一語見信，遂超擢御史大夫之位，而高祖猶云無以易之，其位望之輕也可知。漢初先後任御史大夫者，如周榮、周昌、趙堯、任敖輩，其位望較諸蕭、曹、王、陳、周諸丞相，實不足道。中國歷代樞機官之位望均遜於行政長官，如兩漢尚書之於公卿，魏晉唐初中書之於尚書，唐末樞密之於中書，此與漢初御史大夫之於丞相，正可對觀。」〔註24〕陳啓雲先生云歷代樞機官均遜於行政長官有些言過，如清代內閣大臣皆兼部六部尚書銜，位望皆具。誠然，漢初有幾任御史大夫如趙堯等聲望確然不高，但也不能就此證明御史大夫一職「地位也低」。反倒是漢初御史大夫任人上的這種特點，為我們提供一些啓示。即，這恰好說明了漢初制度建設上的良好。只有良好的制度建設，才能避免行政不受主要官吏的影響。

　　無論是御史大夫也好，還是丞相也好，他們對於郡國的監督，很大一部份都屬於文書制度上的監督。在漢初，丞相史（刺史）制度還沒有形成，則這種監督顯得比重更大。但我們看西漢的各種資料，包括文獻、簡牘等，會發現文書制度的重要一環與御史大夫關係更密切。甚至在懸泉漢簡中，丞相史的外出辦事都要經過御史大夫的封印。這是我們以前我們所未知的。如懸泉漢簡：

> 神爵四年十一月癸未，丞相史李尊送護神爵六年戍卒河東、南陽、潁川、上黨、東郡、濟陰、魏郡、淮陽國詣敦煌軍、酒泉郡。因迎罷卒送致河東、南陽、潁川、東郡、魏郡、淮陽國，並督死卒傳櫬，為駕一封軺傳。御史大夫望之謂高陵以次為駕，當舍傳，舍如律令。〔註25〕

再如《漢舊儀》：

> 丞相刺史常以秋分行部，御史為駕四封乘傳。〔註26〕

陳啓雲先生說：

> 文帝、景帝以還，御史大夫由於親近見用之故，權位日重，張蒼、申屠嘉、陶青、劉舍、衛綰等均由此入相，而晁錯、張湯諸人，其權咸甚且超越丞相之上（各見本傳）。自是御史大夫之行政權力日

〔註24〕陳啓雲《略論兩漢樞機職事與三臺制度之發展》，《陳啓雲文集二·儒學與漢代歷史文化》，廣西師範大學出版社，2007 年，第 217 頁。

〔註25〕胡平生、張德芳編撰《敦煌懸泉漢簡釋粹》，上海古籍出版社，2001 年，第45 頁。

〔註26〕（清）孫星衍等輯、周天遊點校《漢官六種》，中華書局，1990 年，第 38 頁。

大，正式成爲副丞相。其主要徵象見諸史證者有三：詔書不再言御
史大夫下丞相，而只言制詔丞相御史大夫，二者並稱（如封丙吉孫、
左邊母將隆、哀帝改元諸事），一也。其事有關丞相者，則制詔御史
（見劉屈氂、王商傳等）；有關御史大夫者，則制詔丞相（如丙吉傳
封御史大夫事），二也。有政事則下丞相御史大夫並議（如王尊上書
言便宜事，梁平王子立嗣事，太傅奏立事；又《張放傳》：丞相宣、
御史大夫方進同奏放》，二官或相駁議（如于定國與貢禹），然多聯
名奏事（如朱博爲相，已受傅石之諷，然仍須與趙玄議共奏立，玄
初不肯，後卒許聯名奏事），有災異亦同免（如于定國與薛廣德），
地方有事則共受訪詔按問（如丙吉時虜入邊郡事），而且遣御史與丞
相同往處理（見《薛寅、翟方進傳》），三也。此時御史大夫府，當
已不在宮中，故宣帝欲與御史大夫魏相議密事，須加相給事中乃可
入內（見本傳）。〔註27〕

他認爲御史大夫府不在宮中的推論是錯誤的，御史府一直在未央宮內，其導
致錯誤原因，乃在於不明白給事中的「中」並非宮中之「中」，而是省中、禁
中之中。據考古發掘和文獻記載，衛尉寺和少府寺都在宮中，長安城考古發
掘還另外發掘出一大片中央官署遺址，這證明是否在宮中與權威也並沒有直
接關係。但陳先生認爲，在文景開始，逐漸權位日重，「自是御史大夫之行政
權力日大，正式成爲副丞相」，這個結論大體還是可靠的。但是依然存在許多
修正的必要。

　　至於陳先生所言，詔書不再言御史大夫下丞相，這一事實並不成立。《居
延漢簡》：「大夫廣明下丞相，承書從事下當用者，如詔書，書到言。」〔註28〕
「大夫」之前爲斷簡，陳直先生考訂爲御史大夫田廣明下丞相魏相書，甚確
〔註29〕。考《漢書・田光明傳》，「宣帝初立，代蔡義爲御史大夫，以前爲馮
翊與議定策，封昌水侯。」《百官公卿表》：元平元年九月，田廣明爲御史大
夫。陳先生云，簡爲元平元年至宣帝宣帝本始二年間物。事及昭帝元平元年
者，昭帝四月薨，宣帝此年七月即位，未改元也。是廣明爲御史大夫在宣帝

〔註27〕　陳啓雲《略論兩漢樞機職事與三臺制度之發展》，《陳啓雲文集二・儒學與漢
　　　　代歷史文化》，廣西師範大學出版社，2007年，第217頁。
〔註28〕　謝桂華等《居延漢簡釋文合校》，文物出版社，1987年，第113頁。
〔註29〕　陳直《居延漢簡研究》，中華書局，2009年。

初。則此簡為宣帝時物無疑。蓋詔書之下，本無定制，亦參帝王喜好。又懸泉漢簡中出土之成帝時詔書皆可以為證。

> 建平四年五月壬子，御史中丞臣憲承制詔侍御史曰：敦煌玉門
> 都尉忠之官，為駕一乘傳，載從者。御史大夫延下長安，承書以次
> 為駕，當舍傳舍，如律令。六月丙戌，西。〔註30〕

> 甘露二年十一月丙戌，富平侯臣延壽、光祿勳臣顯承制詔侍御
> 史：聞治渠郡猥侯丞承萬年漢光王充詣校屬作所，為駕二封軺傳，
> 載從者各一人，軺傳二乘。傳八百四四。御史大夫定國下扶風廄，
> 承書以次為駕，當舍傳舍，如律令。〔註31〕

以上二簡，透露出許多信息。第一，驛站的發傳權掌在御史大夫手中，即便丞相及其屬官外出執行皇帝的命令乘傳，必須經由御史大夫之手。第二，御史中丞臣憲、富平侯臣延壽、光祿勳臣顯等，都不是詔書的起草者，他們當都屬於侍中一類，詔書的起草者當為侍御史。即他們只負責傳達了皇帝的口諭而已。此御史蓋為治書侍御史〔註32〕。《漢舊儀》：

> 御史員四十五人，皆六百石。其十五人衣絳，給事殿中，為侍
> 御史，宿廬在石渠門外。二人尚璽，持書給事，二人侍前，中丞一
> 人領。餘三十人留寺，理百官事也，皆冠法冠。〔註33〕

持書侍御史，「持」當作「治」，《後漢書·百官三》有「治書侍御史二人，六百石」，可見掌管文書事。又侍御史掌管璽印，詔書必須璽印封，則亦是詔書下達的關鍵一步。

在武帝罷黜監郡御史之前，御史大夫與丞相開始並列。《漢書·武帝紀》：元狩六年，「郡國有所以為便者，上丞相、御史以聞」。上丞相是因為丞相直接掌管郡國事，上御史是因為郡國有監察御史存在。

此後，御史大夫的行政權力擴大，還必然要隨著其屬官隊伍的拓展。缺乏這一必要條件，其所掌終究有限，行政需要人員，監察也需要人員。這一

〔註30〕 胡平生、張德芳編撰《敦煌懸泉漢簡釋粹》，上海古籍出版社，2001 年，第 38 頁。

〔註31〕 胡平生、張德芳編撰《敦煌懸泉漢簡釋粹》，上海古籍出版社，2001 年，第 40 頁。

〔註32〕 帝王詔書的擬定，亦有他途。如《漢書·霍光傳》廢黜昌邑王時，「皇太后乃車駕幸未央承明殿」，班固《西都賦》：「又有承明金馬，著作之庭。」則廢昌邑王詔書之擬定當在此處。

〔註33〕 （清）孫星衍等輯、周天遊點校《漢官六種》，中華書局，1990 年，第 63 頁。

點，從史料來看，正是始於武帝元封元年（前 110）以後，而非文景之時。《漢官舊儀》：

> 乃命刺史出刺並察監御史。元封元年，御史止不復監。後御史職與丞相參增吏員，凡三百四十一人，分爲吏（當作「史」）、少史、屬，亦從同秩補，率取文法吏。

《漢書‧朱博傳》，成帝時，大司空朱博上書也提到這次改變：「高皇帝以聖德受命，建立鴻業，置御史大夫，位次丞相，典正法度，以職相參，總領百官，上下相監臨。」錯誤地是，他將功勞繫於漢高祖劉邦名下。西漢御史大夫「三百四十一人」這一數字，與丞相府員已經相差無幾。較以前所引「武帝元狩六年，丞相吏員三百八十二人」，則相差僅四十一人而已。所謂的「參增」，也就是說相對於丞相下屬的具體部門，都有相應配套的御史府官員，我想，也正是從此意義上，才眞正實現丞相與御史並稱二府。

二府並重，體現在二府人員的遷轉上。《漢舊儀》記載，丞相令史，「遷補御史令史」。御史少史亡故，可以「以功次徵丞相史守禦史少史」。丞相史亡故，「調御史少史守丞相史。若御史少史監祠寢園廟，調御史少史屬守。不足，丞相少史屬爲倅，事已罷」。

二府並重，還體現在史料中二府聯職上，這在史書中屢見。如：

> 罷中牟苑賦貧民。詔曰：「乃者民被水災，頗匱於食，朕虛倉廩，使使者振困乏。其止四年毋漕。三年以前所振貸，非丞相御史所請，邊郡受牛者勿收責。」（《漢書‧昭帝紀》）

> 其令郡國歲上繫囚以掠笞若瘐死者所坐名、縣、爵、里，丞相、御史課殿最以聞。（《漢書‧宣帝紀》）

> 以前使使者問民所疾苦，復遣丞相、御史掾二十四人循行天下，舉冤獄，察擅爲苛禁深刻不改者。（《漢書‧宣帝紀》）

> 丞相、御史舉天下明陰陽災異者各三人。（《漢書‧元帝紀》）

> 詔丞相、御史舉質樸、敦厚、遜讓、有行者，光祿歲以此科第郎、從官。（《漢書‧元帝紀》）

> 潁川鐵官徒申屠聖等百八十人殺長吏，盜庫兵，自稱將軍，經歷九郡。遣丞相長史、御史中丞逐捕，以軍興從事，皆伏辜。（《漢書‧成帝紀》）

會北地浩商為義渠長所捕，亡，長取其母，與緞豬連繫都亭下。
商兄弟會賓客，自稱司隸掾、長安縣尉，殺義渠長妻子六人，亡。
丞相、御史請遣掾史與司隸校尉、部刺史並力逐捕，察無狀者，奏
可。（《漢書‧翟方進傳》）

以上是對御史、丞相地位關係的一些討論。

第四節　御史中丞研究

御史中丞作為御史大夫的主要屬官之一，又加其親近天子的地位，在兩
漢監察機構中顯得尤為重要。兩漢的監察機構，其主要領導曾經有御史大夫、
丞相司直、司隸校尉、御史中丞。相反，御史大夫另一個丞——御史丞，正
如安作璋先生所言，「作用遠不如中丞」〔註34〕，顯得默默無聞，史料中所見
極少，以至於我們無法對其展開詳細研究。所以，我們在此主要就御史中丞
展開討論。

御史中丞的設置時間，《漢書‧百官公卿表》、《晉書‧職官表》、《宋書‧
百官志》記載一致，都認為是在秦代。南玉泉先生認為杜佑不同意該觀點，
他引《通典‧職官六》：「御史中丞，舊持書侍御史也。初，漢宣帝元鳳中，
感路溫舒尚德緩刑之言，季秋後請讞。時帝幸宣室齋居而決事，令侍御史二
人持書，持書御史起於此也。」以證杜佑之說。實則南先生誤解了杜佑的本
意。杜佑在此只不過用隋唐之御史中丞來追溯起源而已。故下文言：「隋又為
持書侍御史，臺中簿領，悉以主之。大唐永徽初，高宗即位，以國諱故，改
持書侍御史為御史中丞。」

史料中最早明確提及御史中丞的在漢景帝中元三年（前147年），南先生
提出新解，認為御史丞及御史中丞為呂后二年之後至漢景帝中元三年之間建
立。其說本於《張家山漢簡‧秩律》：「御史丞相相國長史秩各千石」。這一句，
南先生理解斷句為：「御史、丞相、相國長史，秩各千石」。此說最早為閻步
克先生所倡。但彭浩、陳偉、工藤元男等眾先生認為，「丞」字後當脫一重文
符號，本當作「御史丞、丞相、相國長史」。筆者認為三先生的意見是正確的。
正如南先生自己所言，「中央官或設長史，或設丞，未見二職同設的記載」，
秦代的里耶秦簡之中，確實有「御史丞」的記載：「卅二年二月丁未朔□亥御

史丞去疾丞相令曰舉事可爲恒程者□上幫直」。這個「去疾」或許就是《史記‧秦始皇本紀》中右丞相去疾之以前的任職。既然長史與丞不並設，則從側面證實了「御史長史」說法的不確。御史丞確實是自秦代就有的。南先生關於御史中丞設置時間的新說顯然不能成立。〔註35〕

　　西漢末季，御史中丞經歷過幾次改變。《漢書‧百官公卿表》：「成帝綏和元年更名大司空，金印紫綬，祿比丞相，置長史如中丞，官職如故。哀帝建平二年復爲御史大夫，元壽二年復爲大司空，御史中丞更名御史長史。」起初，三公是丞相、大司空、大司馬，最後轉變成後世大司徒、大司馬、大司空的形式。這一時期，主要集中在官稱上的改變，實際上職掌方面的變化當不大。但有個問題歷來無人注意。我們知道，大司空置長史，本仿傚丞相和大司馬，因後二者在官制上都有長史，爲實現三公之平等。毋庸置疑，這樣的改變是必要的。因爲從漢代的官制系統來看，九卿、郡國守相、縣令、長其下都有丞，御史大夫位居三公，官制上理應有所區別。丞相、大司馬同樣是三公，但卻都有長史，而沒有丞。然而問題在於，丞相與大司馬都沒有丞，丞從身份上相當於長史，那麼，這樣一來，豈不是大司空之下既有長史，又有丞了麼？在消除一項不同之時，又保留了一處不同，委實令人難以理解。究竟原因如何，值得探討。

　　王莽時期，設置三公官，定其職掌，分部九卿。大司空下已經沒有御史。從其職能來看，「典致物圖，考度以繩，主司地里，平治水土，掌名山川，眾殖鳥獸，蕃茂草木」，與御史大夫的職能迥異。這時期，王莽改「御史爲執法」（《漢書‧王莽傳中》），是否「執法」之上尚有如御史丞或中丞之類的長官尚不得而知。

　　伴隨三公制的確立，御史大夫轉爲大司空，東漢時御史中丞則獨立出來，成爲「御史臺率」，取代了西漢御史大夫的功能。這一格局爲後世所延續。此階段關於御史中丞「出外」、「留中」的問題，學術界一直有一些爭論。《通典‧職官六》：「及御史大夫轉爲大司空，而中丞出外爲御史臺率，即今之御史大夫任也。」而《後漢書‧百官三》卻說：「舊別監御史在殿中，密舉非法。及御史大夫轉爲司空，因別留中，爲御史臺率，後又屬少府」。究竟「除外」對還是「留中」對呢？《歷代職官表》取「出外」之說，祝總斌

〔註35〕以上所引南玉泉觀點均見氏著《兩漢御史中丞的設立及其與司直、司隸校尉的關係》一文，《中國政法大學學報》，2011年第5期，第79～80頁。

先生認爲「此說實可疑」，他認爲此處有個「外臺」向「內臺」的轉變〔註36〕，贊成「留中」說。

筆者認爲，祝先生其實混淆了「中」、「外」的概念。西漢御史大夫寺在宮中殿外，《漢舊儀》載：「御史大夫寺在司馬門內，門無塾，門署用梓板，不起郭邑，題曰『御史大夫寺』。」〔註37〕司馬門即公車司馬門，未央宮的宮門。又載「御史、衛尉寺在宮中」〔註38〕。則其事昭昭。而《漢書·百官公卿表》御史中丞在「殿中蘭臺」，在殿中，祝先生亦認爲「蘭臺近在帝側」，蘭臺又稱「內臺」，此亦可知。

東漢時御史臺亦在外。《漢官儀》云：「故尚書爲中臺，謁者爲外臺，御史爲憲臺，謂之三臺。」其所記即爲東漢之制，此可由西漢謁者無臺，御史府稱寺不稱臺看出。尚書臺在端門附近，故《後漢書·左雄傳》記載，東漢左雄奏請孝廉考試制度，復試在尚書臺時說，「今孝廉年不滿四十，不得察舉，皆先詣公府，諸生試家法，文吏課箋奏，副之端門，練其虛實」。端門即殿南門也，則謁者臺與御史臺當均在殿外。

《通典》的「因別留中」，其實是對大司空而言的。東漢三公府在宮闕外。《太平御覽》卷二百七引東漢應劭《漢官儀》：

> 河間相張衡說：明帝以爲司徒、司空府已榮，欲更治太尉府。府公，南陽趙喜也。西曹掾安眾、鄭均素好名節，以爲朝廷新造北宮，整飭宮寺。今府本館陶公主第舍，員職鮮少，自足相授。喜表陳之，即見聽許。其冬，帝幸辟雍，歷二府，光觀壯麗，而太尉府獨卑陋。顯宗東顧歎息曰：「屠牛縱酒，勿令乞兒爲宰。」

又引：

> 《漢儀》曰：「司徒府與蒼龍闕對，厭於尊者，不敢號府」。應劭曰：「此不然。丞相舊位在長安時，有四出門，隨時聽事。明帝東京本欲依之，迫於太尉、司空，但爲東西門耳。每國有大議，天子車駕親幸其殿。」

第一例，明帝出宮方才能見三公府，已可說明三府在宮外。第二例愈發明確，蒼龍闕即宮之東門闕，既言「迫於太尉、司空」，則三府南北比次而居，故難

〔註36〕 祝總斌《關於漢代御史中丞的「出外」、「留中」問題》，見氏著《材不材齋史學叢稿》，中華書局，2009年，第95～99頁。

〔註37〕 （清）孫星衍等輯、周天遊點校《漢官六種》，中華書局，1990年，第73頁。

〔註38〕 （清）孫星衍等輯、周天遊點校《漢官六種》，中華書局，1990年，第71頁。

以開闔南北門。此都可證司空府在宮外。回到主題，御史中丞既然取代御史大夫，御史大夫又轉爲大司空，由此邏輯出發，其府第也應該如大司空一樣，居宮外。但御史中丞統帥的是侍御史，若居宮外自然諸多不便，故要「別留中」，這個「中」正是指對宮外而言的宮中。

因此，御史大夫與御史中丞所居之處有內外之別已甚了然。御史大夫轉爲大司空之後，御史中丞擔當起御史大夫之任，所以出居原先的御史大夫府，這便是「出外」的意思。而正如我們所言，所謂的「外」亦屬於「宮中」，所以「留中」也沒有錯誤。

關於御史中丞的職能，記載比較明確，並非錢穆先生所說「管皇室的一切事情」〔註39〕。前人已經研究的足夠透徹，但依然存在許多亟待理清的問題。現一併闡述如下。

1、御史中丞與蘭臺

《漢書‧百官公卿表》：「（御史）中丞，在殿中蘭臺，掌圖籍秘書，外督部刺史，內領侍御史員十五人，受公卿奏事，舉劾按章。」正確理解蘭臺位置對於我們研究御史地位的變化很重要。從引文看，蘭臺應該在皇帝所處的前殿之中。馬端臨也考證說：「御史中丞居殿中，掌蘭臺秘書，及麒麟、天祿二閣藏之〔註40〕於內禁」。但根據今天的考古發掘，前殿建築群臺基之上並未發現有其他臺基痕跡。《太平御覽》卷二百二十五引《漢舊儀》說之甚確：「《漢官儀》曰：御史中丞二人，本御史大夫之丞。其一別在殿中，兼典蘭臺秘書，外督部刺史，內領侍御史，受公卿章奏，糾察百僚。」亦不言蘭臺在殿中，特御史中丞在殿中而已。疑《漢書‧百官公卿表》此處有脫文。蘭臺當是殿外某座臺榭建築。《漢舊儀》稱侍御史宿廬在「石渠門外」〔註41〕，我們推測西漢的蘭臺當在附近。東漢蘭臺也是在殿外，《後漢書‧五行二》：「案雲臺之災自上起，榱題數百，同時並然，若就縣華鐙，其日燒盡，延及白虎、威興門、尚書、符節、蘭臺。」白虎或白虎殿，東漢偏殿之一〔註42〕。東漢尚書臺在殿外，故《後漢書‧李杜列傳》云：「今與陛下共理天下者，外則公卿、

〔註39〕 錢穆《中國歷代政治得失》，三聯書店，2001年，第6頁。

〔註40〕 按：「藏之」當作「之藏」，乙文。

〔註41〕 《漢舊儀》：「御史，員四十五人，皆六百石。其十五人衣絳，給事殿中，爲侍御史，宿廬在石渠門外。」

〔註42〕 按：北大歷史系陳蘇鎮先生認爲，此處白虎當爲白虎門。在此感謝陳先生提出意見，故此處容待思考。

－137－

尚書，內則常侍黃門」。從此次火災延燒次序來看，蘭臺當在尚書臺與符節臺之外。換言之，東漢蘭臺亦在殿外。

2、御史中丞與侍御史之關係

這一問題較少有人注意。漢代御史中丞與侍御史的關係，與後世如清代都御史與手下御史的關係有所不同。《漢書・百官公卿表》云：「在殿中蘭臺，掌圖籍秘書，外督部刺史，內領侍御史員十五人，受公卿奏事，舉劾按章。」《後漢書・百官志》：「舊別監御史在殿中，密舉非法。及御史大夫轉爲司空，因別留中，爲御史臺率」。一個「監御史」，一個「御史臺率」，都暗示出御史中丞與侍御史本質上不屬於上下屬關係。這從歷史上比較好理解。御史中丞本來就是御史大夫的輔官而已。即便在御史大夫升格爲大司空、完全脫離監察隊伍之後，御史中丞也只是作爲「臺率」，相當於一個領臺官。舉個不太恰當的例子。漢代御史與御史中丞之間，並不算是嚴格的上下級關係。不存在越級上奏的制度。即不管是御史中丞，還是御史，他們所直接面對的都是君主。在未設置御史大夫之前，御史工作就已經運作的很好，不待御史大夫而後成。御史的地位是在歷史上形成的。尤其是秦國這樣一個法制國家，一切且有制度可循，從歷史來看，這點比較清楚。正因爲在歷史上，御史是直接對皇帝負責，而不是對御史大夫或御史中丞負責，所以皇帝的詔書在下達時都是「制詔御史」，而不是「制詔御史大夫」，《漢書》統計有十八條涉及「制詔御史」，卻沒有一則是「制詔御史大夫」，這是傳統的遺留。這一點與同樣作爲二府之一的丞相就很不一樣。對丞相所下達的詔令從來都是「制詔丞相」的。從漢初張家山漢簡來看，也都是丞相或相國與御史並列。如果我們簡單的將其作爲「御史大夫」的替代，恐怕會掩蓋很多歷史眞相。

在皇帝下達詔書的時候，也存在這類現象。史料中經常見到的是就是下丞相，下御史，下尚書，但不言下御史大夫或下尚書令。官制中的這種設計，恐怕是存在深意的。丞相作爲皇帝之下、百官總己的角色，是大權獨攬的，可以說是政事的決策者。而御史大夫或尚書令則不同。許多事情上，他們不具備與丞相一樣的決策權，一件事情，雖然表面上看是下御史，實際上御史大夫要麼與丞相等官討論，要麼與屬官御史進行商討。如《史記・三王世家》霍去病請求漢武帝冊封皇子事，制曰：「下御史。」而緊接著丞相臣青翟、御史大夫臣湯、太常臣充、大行令臣息、太子少傅臣安行宗正事對此事的討論。

再如《後漢書·左周黃列傳》：「事下御史中丞王暢、侍御史刁韙。」這是御史中丞與侍御史合作的例子。

《續漢志》引蔡質《漢儀》侍御史見御史中丞時「見中丞，執板揖」。東漢禮儀上的這一細節，也給我們提供了有力證據。

東漢的官場禮儀中，反映官職間相互關係的禮儀中比較明顯的便是「拜」與「不拜」，「有敬」與「無敬」。禮節有三種，一種為拜禮，是最隆重的禮節，一般為長官與屬官之間或有君臣名分的禮節；一種為揖禮，是一種敬禮，一般為持板揖，代表一種尊敬。但多不在臣屬關係間。最後為無敬。第一種的例子有許多，如「謁者僕射見尚書令，對揖無敬。謁者見，執板拜之。」謁者僕射與尚書令級別相同，都是各自的臺率，謁者僕射為謁者臺率，尚書令為尚書臺率，所以相見對揖而已，互相致禮，無尊卑之分，故曰無敬。而謁者僕射作為謁者臺的長官，謁者見面時則要進行拜禮。從這點來看，謁者僕射與御史中丞同樣都是作為「臺率」，但是其與下屬的關係迥然有別。謁者要拜謁者僕射，而侍御史卻不拜御史中丞，只是「執板揖」，致敬而已。再如，「三署郎見光祿勳，執板拜；見五官、左、右將，執板不拜。於三公、諸卿無敬。」

餘　論

漢代丞相、御史大夫都號稱三公，到東漢司空、司徒、太尉並為三公。三公到底為何，以下是筆者的一點探討。

一、三公起源與演變

秦漢的三公有許多方面需要釐清。首先，三公的確立是由朝會位置來決定的。換句話說，與其官職沒有必然聯繫，也未必即是三人。三公在發展過程中，其初期是三人是沒什麼問題的。但發展到後期，便稱為一種僵化朝會模式。《秦漢官制史稿》認為漢沿秦制，把最高官吏稱為三公。這種看法乍看似乎有道理，但是略一思索便覺不妥，因為就御史大夫而言，其是掌副丞相的，不能算最高長官。像漢初，一段時間內，最高官吏為左右丞相與太尉。如果依最高官吏的評價標準，則御史大夫此時便不算三公。

其次，為何御史大夫位次上卿卻又稱為三公。《百官公卿表》：「御史大夫，秦官，位上卿」，而史料中多見記載御史大夫居公位，這種矛盾歷來無人能解。

筆者認爲，這是不同朝會下的站位所致。《百官表》的描述，只是其中一種情
形。這種情形，在《史記・叔孫通列傳》有所展現：

> 漢七年，長樂宮成，諸侯群臣皆朝十月。儀：先平明，謁者治
> 禮，引以次入殿門，廷中陳車騎戍卒衛官，設兵，張旗志。傳言「趨」。
> 殿下郎中俠陛，陛數百人。功臣列侯諸將軍軍吏以次陳西方，東鄉；
> 文官丞相以下陳東方，西鄉。大行設九賓，臚句傳。於是皇帝輦出
> 房，百官執戟傳警，引諸侯王以下至吏六百石以次奉賀。

由文中可見，文官丞相以下陳東方西鄉，由於這種班次，導致東列爲丞
相、御史大夫、九卿等次序，《百官公卿表》言御史大夫「位上卿」正是由此
而來。除此之外，歷史上還有另一種班位，與之有別，這種班位我們認爲是
三公位次之源頭。

《逸周書・明堂解》：

> 周公攝政君天下，弭亂六年而天下大治。乃會方國諸侯於宗周，
> 大朝諸侯。明堂之位：天子之位，負斧扆，南面立。率（群）公卿
> 士侍於左右。三公之位，中階之前，北面東上。諸侯之位，阼階之
> 東，西面北上。諸伯之位，西階之西，東面北上。

《周禮》相關官職：

> 朝士：掌建邦外朝之法，左九棘，孤、卿、大夫位焉，群士在
> 其後；右九棘，公侯、伯、子、男位焉，群吏在其後。面三槐，三
> 公位焉，州長眾庶在其後。

> 小司寇：掌外朝之政……其位：王南鄉，三公及州長、百姓北面，
> 群臣西面，群吏東面。小司寇擯以敘進而問焉，以眾輔志而弊謀。

> 射人：掌國之三公、孤、卿、大夫之位，三公北面，孤東面，
> 卿大夫西面。其摯，三公執璧，孤執皮帛，卿執羔，大夫執鴈。諸
> 侯在朝，則皆北面，詔相其法。

> 司士：正朝儀之位，辨其貴賤之等。王南鄉，三公北面東上，
> 孤東面北上，卿、大夫西面北上，王族故士、虎士在路門之右，南
> 面東上，大僕、大右、大僕從者，在路門之左，南面西上。

以上材料所列之班位模式大抵類似。從時代講，《逸周書》時代要更早，可以
認爲至少是周初而來的儀式。在這種班位模式下，三公不與卿大夫同列西面，
而是獨立出來北面，對答天子。故賈公彦疏云：「三公北面者，案《郊特牲》：

君之南鄉，答陽之義也。臣之北面，答君也。三公，臣中之尊，北面屈之，答君之義。」這種班位設計之巧妙就是天子與三公的互動。史料中常說的三公「坐而論道」，必然是與天子對面呈賓主方可，不同者在朝堂之上由禮制中的賓主東西面，改作了南北面。而第一種模式則是很典型的君臣關係，很難真正意義上實現「坐而論道」。

《周禮》朝士一職，將三公與三槐聯繫起來，並非向壁虛造。孫詒讓《周禮正義》於此有詳細闡釋，茲詳引至下：

> 此三槐九棘，皆謂朝位……注云「樹棘以爲位者，取其赤心而外刺，象以赤心三刺也」者，《説文·束部》云：「棘，小棗叢生者。」《毛詩·魏風》：「園有桃。」傳云：「棘，棗也。」又《小雅·大東》傳云：「棘，赤心也。」《初學記·政理部》引《春秋元命包》云：「樹棘槐，聽訟於其下，棘，赤心有刺，言治人者，原其心不失赤實，示所以刺人其情，令各歸實。」《左》昭四年傳：「桃弧棘矢。」孔疏引服虔云：「棘矢者，棘赤有箴，取其名也。」案：毛詩傳以「棗」訓「棘」，《呂氏春秋·分職篇》云：「棗，棘之有。」此九棘亦即棗之通名，非小棗叢生之木也。《淮南子·時則訓》高注云：「棗取其赤心也。」《方言》云：「凡草木刺人，自關而西謂之刺，江湘之閒謂之棘。」是棘與刺義同。小司寇及司刺以三刺聽獄訟，即在三詢之外朝，故《王制》云：「正以獄成告於大司寇，大司寇聽之棘木之下」，明外朝樹棘即取義於是也。云「槐之言懷也」者，《説文·木部》云：「槐，木也。」「槐」、「懷」聲類相近。《大戴禮記·勸學篇》云：「懷氏之芭」，《荀子·勸學篇》「懷」作「槐」。《淮南子·時則訓》高注云：「槐，懷也，可以懷來遠人也。」《初學記·政理部》引《元命包》云「槐之言歸也，情見歸實。」與鄭高義異。《國語·晉語》云：「鉏麑觸庭之槐而死。」韋注云：「庭，外朝之廷也。《周禮》王之外朝，三槐，三公位焉，則諸侯之朝三槐，三卿位焉」。又范獻子執董叔紡於庭之槐。是諸侯、卿大夫外朝之庭皆樹槐也。

第三點要說的是，三公九卿班位的模式化。這一點從《周禮》中就可看出某些迹象。朝士「右九棘」之列，有公侯、伯、子、男之位，五等之爵位與九棘不對。聯繫到九卿方面，有九卿之位而已，未必卿數正好爲九位。從漢代的記載來看，卿的位數實際都大於九，《釋名》言漢置十二卿：

漢置十二卿：一曰太常，二曰太僕，三曰衛尉，四曰光祿，五曰宗正，六曰執金吾，七曰大司農，八曰少府，九曰大鴻臚，十曰廷尉，十一曰大長秋，十二曰將作大匠。

韋昭《辨釋名》說漢有正卿九人：

辨云：漢正卿九：一曰太常，二曰光祿勳，三曰衛尉，四曰太僕，五曰廷尉，六曰鴻臚，七曰宗正，八曰司農，九曰少府，是爲九卿。

其實二者的說法都不確切。九卿既然從秦而來，則不得無內史。內史分化出的三輔，都具有卿的地位。《釋名》是統兩漢的情況，但也不全。韋昭是專指東漢的情況。西漢史籍中明確稱爲九卿的至少有十二個〔註43〕：

大農（大司農）：而孔僅之使天下鑄作器，三年中拜爲大農，列於九卿。（《史記·平準書》）

主爵都尉：買臣以會稽守爲主爵都尉，列於九卿。……楊僕……稍遷至主爵都尉，列九卿。（《史記·酷吏列傳》）上聞，召以爲主爵都尉，列於九卿。（《史記·汲鄭列傳》）

（左）內史：景帝即位，以錯爲內史。錯常數請閒言事，輒聽，寵幸傾九卿，法令多所更定。（《史記·袁盎晁錯列傳》）

右內史：鄭當時……武帝立，莊稍遷爲魯中尉、濟南太守、江都相，至九卿爲右內史。（《史記·汲鄭列傳》）

大行（大鴻臚）：騫還到，拜爲大行，列於九卿。歲餘，卒。（《史記·大宛列傳》）；「馮野王……京師稱其威信，遷爲大鴻臚。……成帝立，有司奏野王王舅，不宜備九卿。」（《漢書·馮奉世傳》）

宗正：劉向嘗爲宗正……「臣前幸得以骨肉備九卿」（《漢書·楚元王傳》）

廷尉：已而禹至少府，湯爲廷尉，兩人交驩，兄事禹。禹志在奉公孤立，而湯舞知以御人。始爲小吏，乾沒，與長安富賈田甲、魚翁叔之屬交私。及列九卿，收接天下名士大夫，已心內雖不合，然陽浮道與之。（《漢書·張湯傳》）

〔註43〕卜憲群《秦漢官僚制度》一書統計時遺漏了左、右內史，增加了三輔中的左馮翊、右扶風，不妥。見卜書第125頁，社會科學文獻出版社，2002年。

京兆尹：又方進爲京兆尹時，陳咸爲少府，在九卿高弟，陛下所自知也。(《漢書・杜周傳》)「於是鳳薦尊，徵爲諫大夫，守京輔都尉，行京兆尹事。旬月間盜賊清。遷光祿大夫，守京兆尹，後爲眞，凡三歲。……御史大夫中奏尊暴虐不改，外爲大言，倨嫚姍上，威信日廢，不宜備位九卿。尊坐免，吏民多稱惜之。」(《漢書・王尊傳》)

少府：又方進爲京兆尹時，陳咸爲少府，在九卿高弟，陛下所自知也。(《漢書・杜周傳》)禹成就弟子尤著者，淮陽彭宣至大司空，沛郡戴崇至少府九卿。(《漢書・張禹傳》)歐陽生……元帝即位，地餘侍中，貴幸，至少府。戒其子曰：「我死，官屬即送汝財物，愼毋受。汝九卿儒者子孫，以廉絜著，可以自成。」(《漢書・儒林傳》)

光祿勳 (郎中令)：楊惲爲光祿勳，上書「惲幸得列九卿諸吏」。(《漢書・楊惲傳》)

太僕：上官桀在武帝時爲太僕，「自先帝時，桀已爲九卿，位在光右。」(《漢書・霍光傳》)

執金吾 (衛尉)：毋將隆……哀帝即位，以高第入爲京兆尹，遷執金吾。……上於是制詔丞相、御史大夫：「交讓之禮興，則虞、芮之訟息。隆位九卿……(《漢書・毋將隆傳》)

綜上，我們認爲，三公九卿本應該爲三公九棘的班位。九棘的設計本不爲對應九卿。後世將九卿賦予九棘之上，定義爲九人，恐怕屬於對文獻流傳中的另一種解讀。其最初，大概是秦代設計的制度。漢代的卿至少有十四人，依照漢代文武分班的慣例，東西兩班都當有卿的位置，如衛尉、執金吾等，都是顯著之武官。故《漢官儀》：「立春之日，遣使者賜文官司徒、司空帛三十匹，九卿十五匹；武官太尉、大將軍各六十匹，執金吾、諸校尉各三十匹。武官倍於文官。」也是區分文武官，且明確執金吾爲武官。《漢官典職儀式》還記載了這樣一件事：「正月旦，百官朝賀，光祿勳劉嘉、廷尉趙世各辭不能朝，高賜舉奏：『皆以被病篤困，空文武之位，闕上卿之贊，既無忠信斷金之用，而有敗禮傷化之尤，不謹不敬！請廷尉治嘉罪，河南尹治世罪。』議以世掌廷尉，故轉屬他官。」又《後漢書・馬防傳》：「詔徵防還，拜車騎將軍，城門校尉如故。防貴寵最盛，與九卿絕席。」前所引高帝七年朝會也分文官、武官。這與《周禮》所記左右九棘的模式是吻合的。

　　對於兩漢的文武朝班，我們雖然不是很明確，但是可以確認的至少有兩種班位。蔡質《漢官典職儀式選用》：

　　　　司隸詣臺廷議，處九卿上，朝賀處公卿下。陪位，卿上。初除，謁大將軍、三公，通謁，持板揖。公議、朝賀無敬。臺召入宮對見尚書，持板，朝賀揖。〔註44〕

就此段介紹來看，至少有廷議與朝賀班位的不同。

　　第四，三公九棘向三公九卿的轉變，與戰國以來三公、九卿、二十七大夫、八十一元士這種以「三」相參的模式有關。這其實是一種理想化的官制模式，當時未必施行過。秦代施行尊君卑臣的政策方針，三公已經不可能與君王對位了。因此來說，秦代之三公已經是一種新式三公。

　　就漢代資料來看，除了王莽時期，託古變動官制，偶而出現過這種情況外，〔註45〕從來沒有二十七大夫的記載。《百官公卿表》云：「大夫掌論議，有太中大夫、中大夫、諫大夫，皆無員，多至數十人。」這是西漢時的情況，漢官中不存在二十七大夫的說法。這說明三公九卿是主體，有其歷史淵源，而所謂的二十七大夫、八十一元士，只不過是出於後人的想像或託古。漢人只說三公九卿，大夫、士以下皆不舉其數。如《史記·日者列傳》：「賈誼曰：『吾聞古之聖人，不居朝廷，必在卜醫之中。今吾已見三公九卿朝士大夫，皆可知矣。』」再如《漢書·宣帝紀》地節二年庚午詔書：「大司馬大將軍博陸侯宿衛孝武皇帝三十餘年，輔孝昭皇帝十有餘年，遭大難，躬秉義，率三公、諸侯、九卿、大夫定萬世策，以安宗廟。」只提「朝士大夫」、「大夫」，而不提「二十七大夫」，是漢人並不認可二十七大夫的說法。

　　九卿從先秦的朝位，到西漢時期，尚未定於九人。王莽改制，第一次將其定爲九人，但當時這九人，實際是孤卿與六卿的雜糅，還不算東漢意義上的九卿。但確定九卿爲九人的這一做法，最後爲東漢所承襲。東漢以來，九卿定爲九人。上書所稱引韋昭《辨釋名》中的正卿九人，反映的便是東漢的制度。東漢以來，朝廷多採經書制定禮儀，故《後漢書》有《禮儀志》，多言

<hr>

〔註44〕　（清）孫星衍等輯、周天遊點校《漢官六種》，中華書局，1990 年，第 208頁。

〔註45〕　《漢書·王莽傳中》：「置大司馬司允，大司徒司直，大司空司若，位皆孤卿。更名大司農曰羲和，後更爲納言，大理曰作士，太常曰秩宗，大鴻臚曰典樂，少府曰共工，水衡都尉曰予虞，與三公司卿凡九卿，分屬三公。每一卿置大夫三人，一大夫置元士三人，凡二十七大夫，八十一元士，分主中都官諸職。」

九卿。晉承漢魏之後，其皇帝中朝大駕鹵簿中之九卿為九人，分別為前導六卿：廷尉、太僕、宗正、太常、光祿、衛尉；後從三卿：大鴻臚、大司農、少府。同於漢末韋昭所言，這不能說是巧合，當是對漢制的繼承。漢代自西漢時就有大駕鹵簿，《漢舊儀》：「車駕則衛官填街，騎士塞路。出殿則傳蹕，止人清道，建五旗，丞相、九卿執兵奉引。」但是西漢的九卿未定於九人。如皇帝出行，有些卿有時會留守。則如《漢書・景武昭宣元成功臣表》有邘侯李壽，「坐為衛尉居守，擅出長安界，送海西侯至高橋，又使史謀殺方士，不道，誅。」如此則衛尉不會出現在鹵簿之中已明。

二、西漢三公制的轉變

三公經歷了從備官到官稱調整的過程。三公的改制源於成帝綏和元年何武之上奏。《漢書・朱博傳》：

> 及成帝時，何武為九卿，建言：「古者民樸事約，國之輔佐必得賢聖，然猶則天三光，備三公官，各有分職。今末俗之弊，政事煩多，宰相之材不能及古，而丞相獨兼三公之事，所以久廢而不治也。
> 宜建三公官，定卿大夫之任，分職授政，以考功效。」

對於這次改革，學者多持權利分割論的觀點。如安作璋先生指出，「成帝時，置三公官，丞相之權一分為三」〔註46〕，又援引《通典》的觀點，「成帝改御史大夫為司空，與大司馬、丞相是為三公，皆宰相也」，認為「丞相職權一分為三，一人單獨的責任制，改為三人共同的責任制」〔註47〕。我們認為這種觀點值得商榷。再如熊偉先生也提出：「丞相的權利被一分為三，由三公各取其一。……大司馬喪失內廷輔政、中朝官元首的地位，稱為外朝的三公，對皇權的威脅大大降低。」〔註48〕後一點最易辯駁，三公的設置並不影響元成哀平時政局，此時外戚王氏連續出了五個大司馬，王莽就是憑藉大司馬的地位一步步走上篡漢的道路。所以說，這種觀點並不通達。

我們覺得，成帝時的這次改制，只是官名上的短暫變動而已，三公實際職能尚未實現劃分。正因如此，傳中又說「獨改三公，職事難分明，無益於治亂」。誠然，這次官制調整的緣起，何武曾言「宜建三公官，定卿大夫之

〔註46〕安作璋、熊鐵基《秦漢官制史稿》，齊魯書社，2007年，第46頁。
〔註47〕安作璋、熊鐵基《秦漢官制史稿》，齊魯書社，2007年，第8頁。
〔註48〕熊偉《秦漢監察制度史研究》，天津人民出版社，2011年，第83頁。

任，分職授政，以考功效」，但實際上很可能沒有做到。首先，《漢書·哀帝紀》已明言「正三公分職」，這表明，此前成帝時的三公改革是不徹底的，其分職尚未明晰。其次，《漢書·百官公卿表》敘述御史大夫的此次改變云：「成帝綏和元年更名大司空，金印紫綬，祿比丞相，置長史如中丞，官職如故。」〔註49〕既是「官職如故」，則實際職掌並沒有發生改變甚明。第三，《通典》在此句之下，亦言「後漢以太尉、司徒、司空爲宰相」，但安先生同時又認爲東漢「三公並沒有實權」，爲何同爲宰相，卻一個有實權，一個沒有實權呢，這就有些自相矛盾。因此，《通典》的觀點，自有其特殊的立場與出發點，不能一概而論，執以爲據，對《通典》觀點的採用還是應該慎重的。

懸泉漢簡中有成帝時一封官方文書云：

> 制曰「下大司徒、大司空」。臣謹案：令曰：未央廄、騎馬、大廄馬日食粟斗一升、菽一升。置傳馬粟斗一升。長安、新豐、鄭、華陰、渭城、扶風廄傳馬加食，匹日粟斗一升。車騎馬匹日用粟、菽各一升。建始元年，丞相衡、御史大夫譚。〔註50〕

這是一封丞相、御史大夫聯名的上章。雖不完善，但就末尾以丞相、御史大夫與大司徒、大司空對照來看，大司徒、大司空還是當丞相和御史大夫用，僅僅是改名而已。故《百官表》說：「御史大夫……成帝綏和元年更名大司空，金印紫綬，祿比丞相，置長史如中丞，官職如故。」既然「官職如故」，可見官制格局沒有大的變動。至於由太尉轉變後的大司馬，恐怕也只是擺個樣子。像哀帝時曾一度去大司馬官署，是徒有公名，而無治事之實。《百官表》：「太尉……成帝綏和元年初賜大司馬金印紫綬，置官屬，祿比丞相，去將軍。哀帝建平二年復去大司馬印綬、官屬，冠將軍如故。元壽二年復賜大司馬印綬，置官屬，去將軍，位在司徒上。有長史，秩千石。」

三公在西漢只是實現定名與屬官上的初步統一——改御史丞爲長史。三公制施行之前，丞相、御史大夫屬官在體制上有許多不同。丞相的長吏爲長史，御史大夫的長吏爲兩丞：御史丞、御史中丞。祝總斌先生認爲，「丞」與「長史」的區別在於，「從輔佐長官的角度言，叫『丞』，從眾屬官之長官，叫『長史』，身份其實一樣，可能因爲丞相地位高，御史大夫地位略低，所以主要輔佐分別叫『長史』、『丞』」。

〔註49〕 （漢）班固《漢書·百官公卿表》，中華書局，1962年，第725頁。
〔註50〕 胡平生、張德芳編撰《敦煌懸泉漢簡釋粹》，上海古籍出版社，2001年，第5頁。

　　總之，三公的最終定名，其實反映了三公概念的統一化。成帝時，沿用舊有的觀念，戰國以來，三公只是三人而已，並沒有具體的名稱。在諸子百家著述之中，大概各有各的三公，尚未實現觀念之統一。至哀帝二年，王莽主政，始用經義改易官名。但王莽改制所用之經義，實爲今古文經學雜用、又屬雜讖緯等不經之論，我們將在後面討論。

三、東漢三公制的幾個問題

1、東漢真正實現了西漢丞相職權的分割。

　　史料中可見者，如西漢丞相軍事管理權劃歸太尉，如《漢書・丙吉傳》：

> 於官屬掾史，務掩過揚善。吉馭吏耆酒，數逋蕩，嘗從吉出，醉歐丞相車上。西曹主吏白欲斥之，吉曰：「以醉飽之失去士，使此人將復何所容？西曹地忍之，此不過汙丞相車茵耳。」遂不去也。此馭吏邊郡人，習知邊塞發犇命警備事，嘗出，適見驛騎持赤白囊，邊郡發犇命書馳來至。馭吏因隨驛騎至公車刺取，知虜入雲中、代郡，遽歸府見吉白狀，因曰：「恐虜所入邊郡，二千石長吏有老病不任兵馬者，宜可豫視。」吉善其言，召東曹案邊長吏，瑣科條其人。未已，詔召丞相、御史，問以虜所入郡吏，吉具對。御史大夫卒遽不能詳知，以得譴讓。

這說明西漢的丞相具有對邊郡二千石長吏的管理權。而這份權利，在東漢已經轉歸太尉名下。《後漢書・百官一》，太尉掾屬中有「東曹，主二千石長吏遷除及軍吏」，這本是西漢丞相之權責之一。

　　再有，司徒府有百官朝會之殿，有召集百官之權。《周禮・地官・槁人》鄭注：「今司徒府中有百官朝會之殿」。《漢官儀》應劭云：「丞相舊位在長安時，有四出門，隨時聽事。明帝東京本欲依之，迫於太尉、司空，但爲東西門耳。每國有大議，天子車駕親幸其殿。」引文中之「殿」，當係鄭注「百官朝會之殿」。

2、三公實現真正之平等。

　　這表現在以下幾個方面：

　　第一，御史中丞這一機構從御史大夫中剝離出來，成爲獨立機構。

第二，西漢則御史大夫寺在宮內。而東漢三公府則皆出在宮外。《太平御覽》卷二百七引東漢應劭《漢官儀》：

> 河間相張衡說，明帝以爲司徒、司空府已榮，欲更治太尉府。府公，南陽趙憙也。西曹掾安眾、鄭均素好名節，以爲朝廷新造北宮，整飭宮寺。今府本館陶公主第舍，員職鮮少，自足相授。憙表陳之，即見聽許。其冬，帝幸辟雍。歷二府，光觀壯麗，而太尉府獨卑陋。顯宗東顧歎息曰：「屠牛縱酒，勿令乞兒爲宰。」

又引：

> 漢儀曰：「司徒府與蒼龍闕對，厭於尊者，不敢號府」。應劭曰：「此不然。丞相舊位在長安時，有四出門，隨時聽事。明帝東京本欲依之，迫於太尉、司空，但爲東西門耳。每國有大議，天子車駕親幸其殿。」

第一例，明帝出宮方才能見三公府，已可說明三府在宮外。第二例愈發明確，蒼龍闕即宮之東門闕，既言「迫於太尉、司空」，則三府南北比次而居，故難以開闕南北門。此都可證三公府在宮外。

第三，三公屬官相同。《後漢書·百官一》司馬彪注只詳細敘述了太尉的屬官情況。對於司徒和司空，則未言，這表明三府結構當一致，司馬彪在此特省略。如：

> （太尉）長史一人，千石。本注曰：署諸曹事。掾史屬二十四人。本注曰：《漢舊注》東西曹掾比四百石，餘掾比三百石，屬比二百石，故曰公府掾，比古元士三命者也。或曰，漢初掾史辟，皆上言之，故有秩比命士，其所不言，則爲百石屬。其後皆自辟除，故通爲百石云。西曹主府史署用。東曹主二千石長史遷除及軍吏。戶曹主民戶、祠祀、農桑。奏曹主奏議事。辭曹主辭訟事。法曹主郵驛科程事。尉曹主卒徒轉運事。賊曹主盜賊事。決曹主罪法事。兵曹主兵事。金曹主貨幣、鹽、鐵事。倉曹主倉穀事。黃閣主簿錄省從事。
>
> （司徒）長史一人，千石。掾屬三十一人。令史及御屬三十六人。
>
> （司空）屬長史一人，千石。掾屬二十九人。令史及御屬四十二人。

第四，三公聯名奏課制。《後漢書》所記載三公各有分主，這是其分別
職掌的內容。但也有聯名奏課的情況，《後漢書》只是記載太尉「掌四方兵
事功課，歲盡即奏其殿最而行賞罰」。司徒「凡四方民事功課，歲盡則奏其
殿最而行賞罰」。司空「凡四方水土功課，歲盡則奏其殿最而行賞罰」。其實，
這一塊是聯名的。如《後漢書・李忠傳》，光武帝時李忠「三公奏課為天下
第一。」

3、東漢三公是否依次遷轉

三公既然平等，則學界又有司空遷司徒，司徒遷太尉這種依次遷轉的說
法，然事實又當如何呢？我們承認，三公是有些不同，但並無遷轉上的這種
次序。根據筆者的統計（見下表），東漢的太尉較多的遷轉途徑有太常（13 次）、
司徒（12 次）、大司農（10 次）、太僕（9 次），粗略統計東漢有 74 名太尉（偶
有重複），大體算來，只占 16 ％。再看司徒，東漢約略有司徒 62 名，其中前
任為司空者為 14 名，約占 22 ％（前任為光祿勳有 11 名，占 18 ％）。綜合起
來看，歷經司空、司徒、太尉而上者，僅有三人（徐防、趙戒、袁湯），人數
少的可憐。司空轉司徒，司徒轉太尉，並不存在明顯的陞轉次序。

考其所以出現司空、司徒、太尉依次遷徙的觀念，實由受到西漢官制的
影響。司空由御史大夫轉來，而在西漢，御史大夫直接升丞相。《漢書・朱博
傳》，御史大夫為大司空後，朱博為大司空，奏言：「帝王之道不必相襲，各
綠時務。高皇帝以聖德受命，建立鴻業，置御史大夫，位次丞相，典正法度，
以職相參，總領百官，上下相監臨，歷載二百年，天下安寧。今更為大司空，
與丞相同位，未獲嘉祐。故事，選郡國守相高第為中二千石，選中二千石為
御史大夫，任職者為丞相，位次有序，所以尊聖德，重國相也。今中二千石
未更御史大夫而為丞相，權輕，非所以重國政也。臣愚以為大司空官可罷，
復置御史大夫，遵奉舊制。臣願盡力，以御史大夫為百僚率。」哀帝從之。
但東漢以來，司空的職掌與御史大夫相差甚遠。御史中丞也獨立出去，且在
朝位上三公同位，俸祿上，「三公共食萬石」，雖然還保留歷史的影響，但差
別已經甚渺。

東漢司徒簡表

紀 元		姓 名	轉前任職	備 註
光武	建武四年	侯霸	尚書令	
	建武二十七年	馮勤	大司農	
	中元元年	李䜣	司隸校尉	
明帝	永平三年	郭丹	左馮翊	
	永平四年	范遷	河南尹	
	永平八年	虞延	太尉	
	永平十四年	邢穆	鉅鹿太守	
	永平十六年	王敏	大司農	
	永平十七年	鮑昱	濟南太守	
章帝	建初四年	桓虞	南陽太守	
	章和元年	袁安	司空	
和帝	永元四年	丁鴻	太常	
	永元六年	劉方	司空	
	永元九年	呂蓋	光祿勳	
	永元十四年	魯恭	光祿勳	
	永元十六年	張酺	光祿勳	
	永元十六年	徐防	司空	
殤帝	延平元年	梁鮪	光祿勳	
安帝	永初元年	魯恭	長樂衛尉	
	永初三年	夏勤	大鴻臚	
	元初二年	劉愷	司空	
	永寧二年	楊震	太常	
	延光二年	劉熹	光祿勳	
	延光四年	李郃	前司空	
順帝	永建元年	朱倀	長樂少府	
	永建二年	許敬	光祿勳	
	永建四年	劉崎	宗正	
	陽嘉元年	黃尚	大司農	
	永和四年	劉壽	光祿勳	
	漢安元年	胡廣	大司農	

質帝	本初元年	趙戒	司空	
桓帝	建和元年	袁湯	司空	
	建和三年	張歆	大司農	
	元嘉元年	吳雄	光祿勳	
	永興元年	黃瓊	太僕	
	永興二年	尹頌	光祿勳	
	永壽三年	韓演	司空	
	延熹二年	祝恬	光祿大夫	
	延熹三年	盛允	司空	
	延熹四年	種暠	大司農	
	延熹六年	許栩	衛尉	
	延熹九年	胡廣	太常	
靈帝	建寧元年	劉宏	司空	
	建寧二年	許訓	太常	
	建寧四年	橋玄	司空	
	建寧四年	許栩	前司空	
	熹平元年	袁隗	大鴻臚	
	熹平五年	楊賜	光祿大夫	
	光和元年	袁滂	光祿勳	
	光和四年	陳耽	太常	
	光和五年	袁隗	太常	
	中平元年	崔烈	廷尉	
	中平四年	許相	司空	
	中平五年	丁宮	司空	
獻帝	中平五年	黃琬	豫州牧	
	中平五年	楊彪	司空	
	初平元年	王允	太僕	
	初平三年	趙謙	前將軍	
	初平三年	淳于嘉	司空	
	興平元年	趙溫	衛尉	

東漢太尉簡表

時代		轉前任職	太　尉	去職原因	備　註
帝系	年（附西曆）				
光武	建武元年	大將軍	太尉吳漢	薨	時爲大司馬
	建武十四年	左中郎將	太尉劉隆	罷	驃騎將軍行大司馬事
	建武二十七年（51年）	太僕	太尉趙憙	免	
明帝	永平三年（60年）	南陽太守	太尉虞延	轉司徒	
	永平八年	衛尉	太尉趙憙	轉太傅	行太尉事
章帝	永平十八年（75年）	司空	太尉牟融	薨	其以憙爲太傅，融爲太尉，並錄尙書事。
	建初四年（79年）	司徒	太尉鮑昱	薨	
	建初六年（81年）	大司農	太尉鄧彪	罷	
	元和元年	大司農	太尉鄭弘	免	
	元和四年	大司農	太尉宋由	自殺	
和帝	永元四年	大司農	太尉尹睦	薨	錄尙書事
	永元五年	太僕	太尉張酺	免	
	永元十二年	大司農	太尉張禹	轉太傅	
殤帝	延平元年	司徒	太尉徐防	免	太尉張禹爲太傅。司徒徐防爲太尉，參錄尙書事，百官總己以聽。
安帝	永初元年	太傅	太尉張禹	免	
	永初五年	光祿勳	太尉李修	罷	
	元初元年	大司農	太尉司馬苞	薨	
	元初二年	太僕	太尉馬英	薨	
	建光二年	前司徒	太尉劉愷	罷	
	延光二年	司徒	太尉楊震	免	
	延光三年	光祿勳	太尉馮石	轉太傅	
	延光四年	司徒	太尉劉憙	免	太尉馮石爲太傅，司徒劉憙爲太尉，參錄尙書事

順帝	永建元年	大鴻臚	太尉朱寵	罷	太常桓焉爲太傅，大鴻臚朱寵爲太尉，參錄尙書事；
	永建二年	太常	太尉劉光	免	錄尙書事
	永建四年	大鴻臚	太尉龐參	免	錄尙書事
	陽嘉二年	大鴻臚	太尉施延	免	
	陽嘉四年	前太尉	太尉龐參	罷	
	永和元年	前司空	太尉王龔	罷	
	永和五年	太常	太尉桓焉	免	
	漢安元年	司隸校尉	太尉趙峻	轉太傅	
	建康元年	大司農	太尉李固	免	以太尉趙峻爲太傅；大司農李固爲太尉，參錄尙書事。
質帝	本初元年	司徒	太尉胡廣	罷	司徒胡廣爲太尉，司空趙戒爲司徒，與梁冀參錄尙書事。
桓帝	建和元年	大司農	太尉杜喬	免	
	建和元年	司徒	太尉趙戒	免	
	建和三年	司徒	太尉袁湯	免	
	永興元年	太常	太尉胡廣	免	
	永興二年	司徒	太尉黃瓊	免	
	延熹元年	太常	太尉胡廣	免	
	延熹二年	大司農	太尉黃瓊	免	
	延熹四年	太常	太尉劉矩	免	
	延熹五年	太常	太尉楊秉	薨	
	延熹八年	太中大夫	太尉陳蕃	免	
	延熹九年	光祿勳	太尉周景	免	
靈帝	建寧元年	太中大夫	太尉劉矩	免	
	建寧元年	太僕	太尉聞人襲	罷	
	建寧二年	司徒	太尉劉寵	免	
	建寧二年	太僕	太尉郭禧	罷	
	建寧三年	太中大夫	太尉聞人襲	免	
	建寧四年	太僕	太尉李咸	免	
	熹平二年	司隸校尉	太尉段熲	罷	

	熹平三年	太常	太尉陳耽	罷	
	熹平五年	司空	太尉許訓	罷	
	熹平五年	光祿勳	太尉劉寬	免	
	熹平六年	太常	太尉孟有或	罷	
	光和元年	太常	太尉張顥	罷	
	光和元年	太常	太尉陳球	免	
	光和元年	光祿大夫	太尉橋玄	罷	
	光和二年	太中大夫	太尉段熲	下獄死	
	光和二年	衛尉	太尉劉寬	免	
	光和四年	衛尉	太尉許有或	罷	
	光和五年	太常	太尉楊賜	免	
	中平元年	太僕	太尉鄧盛	罷	
	中平二年	太僕	太尉張延	罷	
	中平三年	車騎將軍	太尉張溫	免	
	中平四年	司徒	太尉崔烈	罷	
	中平四年	大司農	太尉曹嵩	罷	
	中平五年	永樂少府	太尉樊陵	罷	
	中平五年	射聲校尉	太尉馬日磾	免	
	中平六年	幽州牧	太尉劉虞	轉大司馬	
獻帝	中平六年	破虜將軍	太尉董卓	轉相國	自爲太尉
	中平六年	司徒	太尉黃琬	免	
	初元元年	光祿勳	太尉趙謙	罷	
	初元二年	太常	太尉馬日磾	轉太傅	
	初平三年	車騎將軍	太尉皇甫嵩	免	
	初平三年	光祿大夫	太尉周忠	免	參錄尚書事
	初平四年	太僕	太尉朱俊	免	錄尚書事
	興平元年	太僕	太尉楊彪	罷	錄尚書事

第五章　尚書研究

　　關於兩漢尚書的研究已經有不少，安作璋、熊鐵基兩位先生《秦漢官制史稿》一書也做了詳盡的論述。從資料搜集方面來看，可以說是窮盡了。現在的研究，大約都是基於重新解釋基礎上的研究。如祝總斌先生在《兩漢魏晉南北朝宰相制度研究》一書中，就闡發了許多新意，尤其是祝先生對於尚書與三公關係的討論，廓清了前人的許多錯誤。本章之研究亦不能脫前人窠臼，其旨以闡發為主，提出許多新的觀點。

第一節　兩漢尚書機構的演變

一、西漢前期的尚書機構

　　對於秦代尚書，我們最多的瞭解便是《通典・職官四》：「秦時，少府遣吏四人在殿中，主發書，謂之尚書。尚猶主也。漢承秦置。」文獻中最早有關尚書的記載在《史記・三王世家》，有尚書令、尚書令丞的記載。

　　近檢閱張家山漢簡，於《史律》之中，亦發現一則尚書資料。

　　　　試史學童以十五篇，能風（諷）書五千字以上，乃得為史。有（又）以八體（體）試之，郡移其八體（體）課大史，大史誦課，取冣（最）一人以為其縣令史，殿者勿以為史。三歲壹並課，取冣（最）一人以為尚書卒史。〔註1〕

〔註 1〕《張家山漢墓竹簡（釋文修訂本）》，文物出版社，2006 年，第 80～81 頁。

乍看似乎漢初有「尚書卒史」一職。但其記載與傳世文獻有些出入。《漢書·藝文志》曰:「漢興,蕭何草律,亦著其法,曰:『太史試學童,能諷書九千字以上,乃得爲史。又以六體試之,課最者以爲尚書、御史史書令史。吏民上書,字或不正,輒舉劾。』」《藝文志》的說法明顯有誤。蕭何在惠帝二年卒,而《張家山漢律》時間已經到了高后二年。但其所引漢律恐怕無誤。《藝文志》記載的這一制度,應該是此後之制。《太平御覽》職官部十一引《漢官儀》:「能通《蒼頡》、《史篇》補蘭臺令史,滿歲補尚書令史,滿歲爲尚書郎。」許慎《說文解字》後敘引《尉律》:「學僮十七已上始試,諷籀書九千字,乃得爲吏。又以八體試之,郡移太史,並課最者以爲尚書史。書或不正,輒舉劾之。今雖有尉律不課,小學不修,莫達其說久矣」。許慎爲東漢人,熟知尚書機構,其所謂「尚書史」當《漢官儀》所引即「尚書令史」,結合這幾則文獻記載,我們認定,《史律》中的「尚書卒史」當爲「尚書令史」之誤。

成帝之前的尚書結構,大概有尚書令、丞、尚書、尚書令史。但此時的「尚書」還沒有正式設置。成帝時,尚書機構發生變化。《漢書·百官公卿表》:「成帝建始四年……初置尚書,員五人,有四丞。」。而在此之前,只有尚書令、尚書僕射。衛宏《漢舊儀》提到西漢有尚書郎四人:

> 尚書郎四人:匈奴單于營部二郎主羌夷吏民,民曹一郎主天下
>
> 戶口墾田功作,謁者曹一郎主天下見錢貢獻委輸。〔註2〕

這段文字有錯訛。《晉書·職官志》作:「漢置尚書郎四人:一人主匈奴單于營部,一人主羌夷吏民,一人主戶口墾田,一人主財帛委輸。」當與之出處相同,可證前者有舛誤。祝總斌先生認爲這段記載爲東漢光武帝時制度,其理由主要有二〔註3〕:

第一,《史記》、《漢書》中所見尚書郎極少(筆者按:僅《王莽傳》一見,又在漢末)。西漢尚書地位較低,權力很小,有了令、僕射、丞、尚書,一般不會再設置更低一級的尚書郎。如果要設,也應該在尚書機構發生變化的漢成帝時期,但《漢書·成帝紀》及《百官公卿表》卻無任何記載。又引沈約《宋書·百官志》之說「漢成帝之置四尚書也,無置郎之文。」此外,先生還認爲,尚書分曹,自然應該尚書主之,又怎會將分曹主事的尚書郎給漏掉呢?

〔註2〕 (清)孫星衍等輯、周天遊點校《漢官六種》,中華書局,1990年,第33頁。
〔註3〕 祝總斌《兩漢魏晉南北朝宰相制度研究》,中國社會科學出版社,1990年。

　　第二，尚書郎的職掌與漢成帝時的形式不合。沈約說，「匈奴單于，宣帝之世，保塞內附；成帝世，單于還北庭矣。一郎主匈奴單于營部，則置郎疑是光武時，所主匈奴，是南單于也。」此外，祝先生還認為「主羌夷吏民」，漢成帝之時未曾徙居內地，懷疑是東漢光武時，馬援破羌，「徙置天水、隴西、扶風三郡」。

　　關於第一點，我們認為，光武帝既然「世祖承遵」西漢尚書建制，則「主」事者應當為尚書，而不會為尚書郎，正如先生所言，「一般不會再設置更低一級的尚書郎」，這是祝先生第一點難以解釋之處，因此，這與成帝建立尚書之後至光武時皆不合。

　　第二點，誠如沈約所言，匈奴「宣帝之世，保塞內附」，而我們也沒有逕認定此事就在成帝時，宣元之世也存在可能。早在漢武帝時期，西南夷就已經內附，《漢書》中多見，茲不贅述。

　　第三點，從記載來看，東漢尚書或言五曹，或言六曹，最起碼每曹下至少也要有一尚書郎承事，《後漢書‧百官三》記載尚書郎「一曹有六人，主作文書起草。」不太可能只有五曹或六曹卻僅有尚書郎四人。

　　第四點，此處民曹所掌與東漢之民曹也不同，東漢衛尉蔡質《漢官典職儀式選用》說：「民曹典繕治、功作，監池、苑、囿、盜賊事」。這只大體相當於前者的「功作」一項。而「戶口、墾田」是屬於郡國二千石的內容，如所出土尹灣漢簡東海郡之集簿中，就有關於一年來錢穀、人口、土地等的詳細記錄〔註4〕。若以成帝時諸曹劃分，當歸二千石曹、常侍曹管轄。可見，此時之民曹與東漢之民曹尚尚不屬一碼事，其管轄的範圍要更廣。

　　第五點，《漢舊儀》在敘述尚書四曹時，有「主客曹」，後來整理者多將其改成「客曹」，《漢書‧金安上傳》：

> 　　四子，常、敞、岑、明。岑、明皆為諸曹、中郎將，常光祿大夫。元帝為太子時，敞為中庶子，幸有寵，帝即位，為騎都尉光祿大夫，中郎將侍中。元帝崩，故事，近臣皆隨陵為園郎，敞以世名忠孝，太后詔留侍成帝，為奉車水衡都尉，至衛尉。敞為人正直，敢犯顏色，左右憚之，唯上亦難焉。病甚，上使使者問所欲，以弟岑為託。上召岑，拜為使主客。〔註5〕

〔註4〕張顯成、周群麗撰《尹灣漢墓簡牘校釋》，天津古籍出版社，2011年，第3～5頁。
〔註5〕（漢）班固《漢書‧金安上傳》，中華書局，1962年，第2963頁。

顏師古引「服虔曰：官名，屬鴻臚，主胡客也。」宋祁曰：「『拜爲』下當添『郎』字。」顏師古所引服虔注是錯誤的，這一官名本爲「使主客」，服虔將其理解成「主客」，又將其與大鴻臚下之典客混淆。懸泉漢簡中有兩枚簡，都提到了「使主客」一職：

> 一五五　永光五年六月癸酉朔，癸酉，使主客部大夫謂侍郎，當
> 移敦煌太守，書到驗問言狀。事當奏聞，毋留，如律令。〔註6〕

> 二一五　五鳳四年六月丙寅，使主客、散騎、光祿大夫田扶韋制
> 詔御史曰：「使雲中太守安國、故□」未夫倉龍□衛司馬蘇□武彊，
> 使送車師王、烏孫諸國客，與軍候周充國載先俱，爲駕二封軺傳，
> 二人共載。御史大夫延年□□□□承書以此爲駕，當舍傳舍如律令。

〔註7〕

第一條爲漢元帝永光五年（公元前 39 年）簡，第二條漢宣帝五鳳四年簡（公元前 52 年），整理人員援《漢書》注，皆將其解釋爲「官名，屬鴻臚，主四夷來客」，第二條之注又謂「使主客」爲光祿大夫的臨時加官。而我們知道，加官只是虛銜，沒有具體職掌，這就與使主客與大鴻臚屬官相矛盾。可以肯定，使主客應該是一個官職，而非加官。

　　前引《漢書》，金岑爲「諸曹」，則「使主客」當爲諸曹之一，當係「使主客曹」之省稱，而《漢書·百官公卿表》「諸曹受尚書事」，從這兩則簡來看，的確也都關係到詔書之下達，則使主客曹極可能直接對應尚書之主客曹。

　　最後，關鍵地一點，此處有「謁者曹」，爲祝先生所避而未談，而西漢自漢成帝設置尚書之時，就未曾見有謁者曹一曹，則此曹不可能出自成帝之後已甚明。東漢張衡在其賦作《西京賦》中，描述未央宮前殿中天子近臣，曾提到兩大類皇帝侍臣：「內有常侍、謁者，奉命當御」，二者都作爲曹名，我們覺得並非偶然。

　　那麼，該如何解釋這一現象呢？我們可以用給事制度來解釋。給事制度，是兩漢很普遍的一項制度，最普遍的爲郎官給事。如給事太常者，東漢太史令下有「望郎三十人」，亦有太史治歷郎，給事太常所領諸陵園廟寢者，有園郎、寢郎；給事太僕者，如西漢太僕邊郡六牧師苑三十六所，以郎監其事。

〔註6〕胡平生、張德芳編撰《敦煌懸泉漢簡釋粹》，上海古籍出版社，2001 年，第118 頁。
〔註7〕胡平生、張德芳編撰《敦煌懸泉漢簡釋粹》，上海古籍出版社，2001 年，第151 頁。

東漢漢陽有流馬苑，以羽林郎監領，此外還有「給事黃門」（《百官公卿表》），「給事謁者」（《後漢書・百官二》），等等。其例甚多，茲不備舉。詳參嚴耕望《秦漢郎吏制度考》一文〔註8〕。

我們認為，此處的尚書郎為給事尚書之郎官。即其本身為郎，卻擔當尚書一職，《漢書》中稱之為「給事尚書」。如《漢書・張安世傳》：

> 安世字子孺，少以父任為郎。用善書給事尚書，精力於職，休沐未嘗出。上行幸河東，嘗亡書三篋，詔問莫能知，唯安世識之，具作其事。後購求得書，以相校無所遺失。上奇其材，擢為尚書令，遷光祿大夫。〔註9〕

雖然東漢的尚書之下又令史，為抄錄文書之低等吏員，張安世「善書」，似乎可以給事為此職。但其為張湯之子，又為郎，即便郎官之中最低等的郎中也「比三百石」（《漢書・百官公卿表》），與百石令史完全不在一個檔次，不得等量齊觀，故此處給事當為尚書。西漢的尚書令為少府屬官，秩六百石，尚書當下此，張安世以比三百石之郎為尚書令下屬尚書，也很合適。又因為尚書之上尚有尚書丞，所以稱「擢為尚書令」，以示越次提拔。

又《後漢書・馮勤傳》：

> 薦於光武。初未被用，後乃除為郎中，給事尚書。以圖議軍糧，在事精勤，遂見親識。每引進，帝輒顧謂左右曰：「佳乎吏也！」由是使典諸侯封事。勤差量功次輕重，國土遠近，地執豐薄，不相踰越，莫不厭服焉。自是封爵之制，非勤不定。帝益以為能，尚書眾事，皆令總錄之。〔註10〕

馮勤先是以郎中給事為尚書，「圖議軍糧」，「典諸侯封事」等事，絕非區區尚書令史所能參辦，故其為尚書無疑，最後「尚書眾事，皆令總錄之」，則是相當於擔任尚書令一職了。馮勤的這種身份，祝總斌先生也認同，他在著作中曾引用馮勤的例子，說「早在漢光武時已開此風，如馮勤便以『郎中』身份『給事尚書』」〔註11〕。故《通典・職官四》說：「尚書郎，漢置四人，分掌尚書事，一人主匈奴單于營部，一人主羌夷吏民，一人主戶口墾田，一人主

〔註8〕 嚴耕望《嚴耕望史學論文集上》，上海古籍出版社，2009年，第39～47頁。

〔註9〕 （漢）班固《漢書・張安世傳》，中華書局，1962年，第2647頁。

〔註10〕 （南朝宋）范曄《後漢書・馮勤傳》，中華書局，1965年，第909～910頁。

〔註11〕 祝總斌《兩漢魏晉南北朝宰相制度研究》，中國社會科學出版社，1990年，第104頁。

財帛委輸。後漢尙書侍郎三十六人。」明西漢之尙書郎即尙書之任也。《漢書·宣帝紀》：「侍中、尙書功勞當遷及有異善，厚加賞賜」，時尙未設置尙書，亦是由郎官充任。此處，需要明確一點，從郎官演變來看，西漢大都爲給事某職，而東漢則有了專職的郎官，即嚴耕望先生所謂「由署郎給事形成定職，以尙書郎、黃門郎最爲顯著。」〔註12〕所以，從這點來看，兩漢雖然同爲尙書郎，其本質是不同的。

　　這就使得兩漢尙書機構的結構層次不同。正如我們所言，在未設置尙書之前，西漢實際上是尙書令下統給事尙書之郎官（亦稱尙書郎，與後漢同名），由郎官擔任尙書一職，再下一級有令史之類。簡單來說，可以稱爲三級結構。設置尙書以後，亦是三級，不同的是尙書令之下統尙書。迨至東漢，尙書事劇，又在尙書之下設置尙書郎，從而形成四層結構，即尙書令、尙書、尙書郎、尙書令史。這一點是以前研究中多未注意。

　　由是我們明晰，在西漢成帝進行尙書變革之前，其尙書四人由郎官來給事擔任，所以又稱爲尙書郎。從《漢舊儀》引文來看，四人之中似乎不盡分曹，只有謁者曹、民曹下有曹名，其下當有令史之類佐吏等。成帝建始四年（公元前 27 年），正式設置尙書五人，「初置尙書員五人」，一人爲僕射，其餘分爲四曹：常侍曹、二千石曹、民曹、客曹，皆稱曹，較之先前更加整齊，同時設置丞四人〔註13〕，可見其初衷或當以每丞對應一曹。《後漢書·百官三》注云：「成帝初署尙書四人，分爲四曹：常侍曹尙書主公卿事，二千石曹尙書主郡國二千石事，民曹尙書主凡吏上書事，客曹尙書主外國夷狄事。」後來又置三公曹，成爲五曹。其劃分關係，可列表如下：

成帝之前	成帝建始四年	成帝後期
民曹（主天下戶口、墾田、功作）	常侍曹尙書（主公卿事）	
	二千石曹尙書（主郡國二千石事）	
尙書（主匈奴單于營部）	客曹尙書（主外國夷狄事）	
尙書（主羌、夷吏民）		

〔註12〕　嚴耕望《嚴耕望史學論文集上》，上海古籍出版社，2009 年，第 41 頁。
〔註13〕　（漢）班固《漢書·百官公卿表》：「成帝建始四年……初置尙書，員五人，有四丞。」。

謁者曹尚書（主天下見錢、貢獻、委輸）		
	民曹尚書（主凡吏上書事）	
		三公曹尚書

二、東漢三公曹設置時間辨析

三公曹的設置時間，諸家有不同看法。衛宏《漢舊儀》：「成帝初置尚書員五人，有三公曹，主斷獄。」謂初置即有三公曹。《通典・職官四》：「至成帝建始四年，罷中書宦者，又置尚書五人，一人爲僕射，四人分爲四曹，通掌圖書、秘記、章奏之事及封奏，宣示內外而已，其任猶輕。」同卷「尚書僕射」下亦云：「成帝建始元年，初置尚書五人，以一人爲僕射，主封門，掌授廩假錢穀。」皆謂成帝初置未有三公曹。哀帝時，鄭崇爲尚書僕射，每見，曳革履，哀帝輒笑曰：「我識鄭尚書履聲。」則尚書僕射亦得稱「尚書」。《晉書・百官志》與《通典》同。《北堂書鈔》「設官部」引《續漢書・百官志》：

> 《續漢書・百官志》云：成帝建始四年罷中書宦官，置尚書官五人，一人僕射，餘分爲四曹，通掌眾事。秘記、章奏，各有曹任。常侍曹主丞相御史公卿事，二千石曹主刺史、郡國事，民曹主吏上書事，客曹主外國夷狄事。又置三公曹，主斷獄，是爲五曹也。

與今本《後漢書・百官志》所載不同。今本作：

> 成帝初置尚書四人，分爲四曹：常侍曹尚書主公卿事；二千石曹尚書主郡國二千石事；民曹尚書主凡吏上書事；客曹尚書主外國夷狄事。世祖承遵，後分二千石曹，又分客曹爲南主客曹、北主客曹，凡六曹。〔註14〕

其中也是提到成帝初置尚書四人，但未提及有三公曹，二者當非一書。東漢之時，確有三公曹見於篇籍。《後漢書・陳忠傳》：「於是擢拜尚書，使居三公曹」。祝總斌先生懷疑今本《後漢書》所附《百官志》「疑有脫字」〔註15〕。總之，《通典》認爲成帝時三公曹後置當有所本。從歷史上看，成帝初建始四年，漢朝並沒有三公官，故《漢書・何武傳》載御史大夫何武上書云：「丞相

〔註14〕　（南朝宋）范曄《後漢書・百官三》，中華書局，1965年，第3597頁。
〔註15〕　祝總斌《魏晉南北朝宰相制度研究》，中國社會科學出版社，1990年，第134～135頁。

獨兼三公之事，所以久廢而不治也。宜建三公官，定卿大夫之任，分職授政，以考功效。」成帝末年有設置三公官的活動。《漢書・何武傳》謂「成帝欲修辟雍，建三公官，即改御史大夫爲大司空。(何)武更爲大司空。」《百官公卿表》敘其事在綏和元年(公元前8年)，則三公曹或於彼時設置。從成帝前期諸曹得名來看，都是曹名對應所掌官職。如從職掌來看，假設成帝一開始就設置三公曹，則當如後漢掌「三公文書」事，如此方名副其實。然而這就與常侍曹「主公卿事」存在內在矛盾。故我們認爲，成帝末期三公改名後的這次設置三公曹，只是臨時給予一個「掌斷獄」的職掌，其真正職掌還是應該回歸到三公文書一塊，即常侍曹所掌。《漢官典職儀式選用》記載「常侍曹主常侍、黃門、御史事，世祖改曰吏曹。」這應當就是後來常侍曹放棄「主丞相御史公卿事」後的職掌，從而轉移到三公曹所掌。這一過程應當在西漢末完成。這裡還需要說明一下，何以三公曹是掌公卿事，因爲自成帝以後，逐漸形成了三公分部九卿的制度，東漢亦然，這與「三公文書」沒有本質區別。

有人認爲三公曹設置時間要早於三公設置，繼而認爲常侍曹改爲「主常侍、黃門、御史事」乃在光武帝時，恐或不然〔註16〕，因爲據記載光武時只有一次改革常侍曹，是將其改爲吏曹，同時職能改爲掌選舉、祠祀。

《初學記》引《續漢書》謂光武帝增三公曹爲二曹，一主歲盡課州郡事，加上吏、民、客、二千石曹，共爲六曹。《北堂書鈔》所引大體一致，詞句略有小別，蓋皆有一定錯訛脫漏。其文略云：

> 《續漢書》曰：光武帝分增三公曹爲二曹，其一曹主歲盡課諸
> 州郡事。改常侍曹爲吏曹，主選舉祠祀；民曹主繕功作、鹽池、苑
> 囿；客曹主護駕、羌胡朝賀；二千石曹主辭訟、中都官主水火盜賊，
> 與三公爲六曹，並令、僕二人謂之八座。(《初學記》卷11職官部上)

從「中都官」一句來看，似乎有「中都官曹」。祝先生認爲當無此曹。我們認爲可取，其餘諸曹皆處理天下大事，而中都官只不過是「謂京師諸官府也」，與之不類。但祝先生認爲當讀作：「二千石曹主辭訟、中都官水火、盜賊」，淺者無知，妄增一「主」字。我們覺得這樣一來，似乎二千石曹就要掌天下之辭訟，似也不妥。《通典・職官五》引作：「二千石曹掌中都官水火、盜賊、

〔註16〕 張雨《兩漢尚書分曹再探——以尚書三公曹爲中心》，《南都學刊(人文社科科學學報)》，2013年3月，第7頁。

詞訟、罪法，亦謂之賊曹，重於諸曹。」《唐六典》卷六引作「二千石曹主中
都官水火、盜賊、辭訟、罪法事。」二者相同，當有所本，可從。而且，《唐
六典》從官制演變角度，將其繫於「刑部尚書」下，其前身即爲南北朝自宋
以後歷朝皆置的都官尚書，可見《通典》認爲都官尚書源自東漢的二千石曹
尚書。爲有理。祝總斌先生認爲，三公曹在西漢一直是主斷獄，而到了東漢，
分爲二曹，一繼續主斷獄，一主歲盡課州郡事。

張雨則認爲，增三公曹爲二曹，其中有一曹爲吏曹，其依據爲東漢蔡質
《漢儀》：「三公尚書二人，典三公文書。吏曹尚書典選舉齋祀，屬三公曹。」
我們不同意這種看法。

首先，三公曹之所以分爲二曹，有其一定的歷史背景，即三公職掌發
生變化。漢末以來，三公是分部九卿的，與二千石已逐漸疏遠。但《後漢
書·百官一》卻敘述三公都有考課的權責，這是後漢光武時賦予的新職能。
如：

> 太尉，掌四方兵事功課，歲盡即奏其殿最而行賞罰。
> 司徒，凡四方民事功課，歲盡則奏其殿最而行賞罰。
> 司空，凡四方水土功課，歲盡則奏其殿最而行賞罰。

需要說明一下，三公考課爲集課，即每公掌管一部份對二千石的考課，最後
匯總。故往往三公要聯名奏課。既然有新職能，則三公曹自然要有對應的官
吏以處理三公這方面的文書，故上文引「一曹主歲盡課諸州郡事」。《後漢書·
李忠傳》光武時，「遷丹陽太守。……十四年，三公奏課爲天下第一。」這都
說明，光武帝時三公確實職掌增加，從而導致三公曹增加一曹。

其次，即然前句已說三公曹尚書二人，所主是「三公文書」，這跟吏曹所
掌「選舉、齋祀」內容不同。故吏曹不可能在三公曹之中。「屬」三公曹未必
就在三公曹中、佔用三公曹吏員名額。這就好比少府有自己的府員，旗下又
有各種令，這些令都有單獨的官府。吏曹之與三公曹應該也是這種關係。吏
曹之所以屬三公曹，其潛臺詞便是三公掌選舉之事，但一般印象中，東漢是
尚書典選舉。其實，也存在變化。到順帝時，選舉便已歸任三公。《後漢書·
順帝紀》順帝陽嘉元年（公元 132 年）詔書：

> 閒者以來，吏政不勤，故災咎屢臻，盜賊多有。退省所由，皆
> 以選舉不實，官非其人，是以天心未得，人情多怨。《書》歌股肱，

《詩》刺三事。今刺史、二千石之選，歸任三司。其簡序先後，精

覈高下，歲月之次，文武之宜，務存厥衷。〔註17〕

「三司」即三公。其正因吏曹「吏政不勤」、「舉不實，官非其人」，故將選舉之事歸任三公，從而實現了吏曹附屬三公曹的改變。此轉變發生在東漢中後期轉變，我們認爲吏曹屬三公曹，應當也發生在這個時期。

兩漢尚書機構組織表

西漢尚書令結構〔註18〕	秩　級	東漢尚書臺結構	秩　級
尚書令	六百石	尚書令	千石
尚書僕射	六百石	尚書僕射	六百石
尚書四丞	四百石	左、右丞	四百石
尚書（由郎官給事）	比三百石	尚書	六百石
		尚書郎（侍郎）	四百石
尚書令史	百石	尚書令史	二百石

第二節　尚書臺的處位與定性——爲何尚書不屬於中朝官

這可以從以下角度考慮。

第一，東漢尚書臺在端門附近。

下引左雄上書，「副之端門」，即以尚書覆核。那麼，端門又是什麼門呢？端門概念出自星官太微垣。《史記・天官書》：「南宮朱鳥，權、衡。衡，太微，三光之廷。匡衛十二星，藩臣：西，將；東，相；南四星，執法；中，端門；門左右，掖門。」古人將星空許多星宿中想像成三個院落——三垣：紫微垣、太微垣、天市垣，各有左右垣，其中有許多星官。太微垣南藩二星，東曰左執法，西曰右執法，左、右執法之間叫「端門」，爲太微垣的南門。《後漢書・李固傳》：「加近者月食既於端門之側。」李賢注：「端門，太微宮南門也。」《晉書・天文志上》：「太微，天子庭也……南蕃中二星間曰端門。」有學者

〔註17〕　（南朝宋）范曄《後漢書》，中華書局，1965年，第261頁。
〔註18〕　按：西漢尚書不稱臺。

認爲端門爲宮門〔註 19〕，其所據材料爲《後漢書·左雄傳》：「請自今孝廉年不滿四十不得察舉，皆先詣公府，諸生試家法，文吏課箋奏，副之端門。」王先謙集解引胡三省曰：「宮之正南門曰端門。尚書於此受天下奏章，令舉者詣公府課試，以副本納之端門，尚書審核之。」這其實與後世的某些情況混淆了。漢代的端門爲殿門，不爲宮門。

先來看西漢的情況。《史記·呂太后本記》：「乃奉天子法駕，迎代王於邸。報曰：『宮謹除。』代王即夕入未央宮。有謁者十人持戟衛端門，曰：『天子在也，足下何爲者而入？』代王乃謂太尉。太尉往諭，謁者十人皆掊兵而去。代王遂入而聽政。」西漢未央宮有四門，但只有東門與北門二門立闕，爲正式通行之門。東門通長樂宮。北門即北闕上書之處。而未央宮之南門正對著城牆，非主要通道。所以當日文帝以正式車駕法駕入門，不可能走南門，表明謁者所守衛此門非宮之南門，這是其一。第二，從官制上看，衛尉「掌宮門衛屯兵」，宮門由衛尉來掌管，非謁者。謁者屬於郎中令，而郎中令正是「掌宮殿掖門戶」，這證明端門爲殿門。第三，《漢書·五行志下》謂「昭帝元鳳元年九月，燕有黃鼠銜其尾舞王宮端門中」，似乎端門爲宮門，但《漢書·武五子傳》卻記載「鼠舞殿端門中」，則所謂王宮端門即殿門。

再來看東漢情況。上引《左雄傳》之材料，胡三省爲穿鑿妄解，此乃考試之法，非章奏上書情況，而是由尚書考核孝廉郎，此時尚書若在宮南門，則已出殿，則與郎官身份不符。郎官自是在殿內的。所以此處之端門，亦不可能是宮南門。《後漢書·禮儀中》：「先臘一日，大儺，謂之逐疫。其儀：……因作方相與十二獸儺。嚾呼，周徧前後省三過，持炬火，送疫出端門；門外騶騎傳炬出宮，司馬闕門門外五營騎士傳火棄雒水中。」出端門之後，方出宮門，可見端門非宮門。同卷，「先氣至五刻，太史令與八能之士即坐於端門左塾。……三刻，中黃門持兵，引太史令、八能之士入自端門，就位。二刻，侍中、尚書、御史、謁者皆陛。一刻，乘輿親御臨軒，安體靜居以聽之。」若端門爲宮門，則不可能不入殿就能見到皇帝，此亦端門非宮門之證。又《後漢書·禮儀下》，皇帝登遐，「五官、左右虎賁、羽林五將，各將所部，執虎賁戟、屯殿端門陛左右廂，中黃門持兵陛殿上。」皆謂端門爲殿門。

〔註 19〕 如閻步克先生持此論，見氏著《察舉制度變遷史稿》，中國人民大學出版社，2009 年，第 58～60 頁。

明確端門爲殿門，那麼尚書臺在殿內還是殿外呢，答曰：殿外。《後漢書李杜列傳》：「今與陛下共理天下者，外則公卿尚書，內則常侍黃門」，則可知公卿與尚書皆處外，尚書臺在殿外。

第二，東漢尚書臺在省外、更在禁外。

禁與省是爭議較多的兩個宮廷概念。對漢代宮省制度的研究由來已久〔註20〕，但「省」究竟爲何物，但遺憾的是，都沒有解決好。其主要原因，在於材料繁多，兩漢期間涉及到「禁」、「省」的材料無慮有上百條，而又存在牴牾。到底怎樣看待宮省與禁中，值得探討。

先看諸家之牴牾之處。

1、禁中即省中、省中為後宮說

楊鴻年說省中在宮中，並列舉大量材料予以證明，是不錯的。他引用東漢蔡邕的說法，認爲禁中即省中。《漢書·昭帝紀》所引蔡邕《獨斷》的材料：

> 伏儼曰：「蔡邕云本爲禁中，門閤有禁，非侍御之臣不得妄入。
>
> 行道豹尾中亦爲禁中。孝元皇后父名禁，避之，故曰省中。」師古
>
> 曰：「省，察也。言入此中皆當察視，不可妄也。」〔註21〕

進而楊先生還推出，「掖庭即後宮，亦即所謂省中」〔註22〕，從而其認爲「省是君主平居燕處經常居住的地區」〔註23〕，換言之，也是在將帝王居住在後宮。

廖伯源先生亦持禁中即省中，也認爲禁中即後宮，「禁中後宮，則由少府之屬官及其他中官宿衛之」〔註24〕，認爲皇帝居住在後宮，「皇帝及皇后嬪妃

〔註20〕 今所見除楊鴻年先生《漢魏制度叢考》中有專章討論，尚見其他論文：曲柄睿《漢代宮省宿衛的四重體系研究》，《古代文明》，2012 年第 3 期；譚慧存《宮省職官與兩漢政治》，重慶科技學院學報（社會科學版），2010 年第 7 期；于海平《漢代省官制度述略》，廣西社會科學，2004 年第 1 期；安妹《從宮省制度看古代的官制》，雁北師範學院學報，2001 年第 5 期；孫福喜《宮省制度與秦漢政治》，西北大學學報（哲學社會科學版），1997 年第 3 期。等等。

〔註21〕 （漢）班固《漢書》，中華書局，1962 年，第 218 頁。

〔註22〕 楊鴻年《漢魏制度叢考》（第二版），武漢大學出版社，2005 年，第 7 頁。

〔註23〕 楊鴻年《漢魏制度叢考》（第二版），武漢大學出版社，2005 年，第 9 頁。

〔註24〕 廖伯源《歷史與制度——漢代政治制度試釋》，香港教育圖書公司，1997 年，第 10 頁。

皇子等居住之宮館，稱爲禁中，或稱省中。另一部份爲皇帝坐朝群臣之宮殿及部份宮官之官署，此部份不屬禁中」〔註25〕。

我們覺得，皇帝所居之處爲禁中沒有任何問題，至嬪妃所居之處，則不當爲禁中。通常情況下，後宮妃嬪都是往皇帝之宮侍寢，如《漢舊儀》：

> 掖庭令晝漏未盡八刻，廬監以茵次上婕妤以下至後庭，訪白錄所錄，所推當御見。刻盡，去簪珥，蒙被入禁中，五刻罷，即留。女御長入，扶以出。御幸賜銀鐶，令書得鐶數，計月日無子，罷廢不得復御。〔註26〕

這大概是元帝之前的制度。元帝時婕妤之上增昭儀之號。此段文字描述皇后之下的後宮侍御的情況。后妃等進入禁中，這表明她們所處即掖庭不爲禁中。再來看皇后的情況。漢代皇后有自己的寢殿椒房殿，又稱中宮（《漢舊儀》），長安城考古已經發現其位置，在未央宮前殿之北，貼近前殿。皇后地位與天子齊等，禮儀方面比於皇帝，則是否也採用這種前往的方式侍寢呢？《漢舊儀》：

> 皇后五日一上食，食賜上左右酒肉，留宿，明日平旦歸中宮。

可見，皇后也是前往皇帝所在之處侍寢，只不過名義上號稱是「上食」而已。因此我們可以斷言，二先生省中爲後宮之說不確。

2、禁中在省中之內說

曲柄睿博士認爲「前殿中也不應該有『省』的存在。所以很有可能的是，在所謂的「後宮」中有皇帝的寢殿。如果眞如推測的這樣，西漢「後宮」的院門，也就是所謂的黃門、宦者署門，應該稱作『省門』」。〔註27〕曲氏引《後漢書・禮儀中》逐疫的例子，前已有引，茲爲便於觀覽，復引如下：

> 先臘一日，大儺，謂之逐疫。其儀：選中黃門子弟年十歲以上，十二以下，百二十人爲侲子。皆赤幘皁製，執大鼗。方相氏黃金四目，蒙熊皮，玄衣朱裳，執戈揚盾。十二獸有衣毛角。中黃門行之，冗從僕射將之，以逐惡鬼於禁中。夜漏上水，朝臣會，侍中、尚書、御史、謁者、虎賁、羽林郎將執事，皆赤幘陛衛，乘輿御前殿。黃

〔註25〕　廖伯源《歷史與制度——漢代政治制度試釋》，香港教育圖書公司，1997 年，第 28 頁。
〔註26〕　（清）孫星衍等輯、周天遊點校《漢官六種》，中華書局，1990 年，第 77～78 頁。
〔註27〕　曲柄睿《漢代宮省宿衛的四重體系研究》，《古代文明》，2012 年第 3 期，第 52 頁。

門令奏曰：「侲子備，請逐疫。」於是中黃門倡，侲子和，曰……因
作方相與十二獸儛。讙呼，周徧前後省三過，持炬火，送疫出端門；
門外騶騎傳炬出宮，司馬闕門門外五營騎士傳火棄雒水中。〔註28〕
他說：「很明顯，禁中在省中之內。東漢分前後省，前省門為端門，再外為宮
門。在這裡，我們認為東漢的前省，即西漢所謂的「殿」。故而『省中』包含
『禁中』，『禁中』可以理解為省中獨立的空間概念，即為皇帝居住的宮室或
場所。或從宮內延伸到宮外，皇帝之坐臥起居之所，都可稱之為禁中。於是，
我們可就宮殿建築得出結論，漢代的宮省制度或宮省格局包含四個層次，即
『宮』『殿』『省』『禁』。」〔註29〕

曲氏這裡有幾個問題。第一，他所認為前省門為端門，其實就是殿門。
第二，他在文章中有個觀點，即皇帝住宿在後宮。這種觀點是不正確的。從
禮制上來講，古代都以皇帝崩於路寢即正殿為光榮，而路寢就西漢來講在未
央宮前殿。當然，也有皇帝在偏殿的地方，但其性質為天子之宮殿。

我們的觀點認為，省中在禁中。這一點，與曲氏恰恰相反。

先來看，蔡邕《獨斷》中的話：「蔡邕云：『本為禁中，門閣有禁，非侍
御之臣不得妄入。』」首先，如果蔡邕指的「門閣」是指殿四方之門的話，那
就不對。閣門不屬於殿門，殿門只有殿四面之正門與正門兩旁之掖門。因此
閣門為內部之門。其次，「非侍御之臣不得妄入」，則我們知道，殿中有郎署，
郎中等都在殿中守護，虎賁、羽林郎等執戟殿下。則他們肯定不是蔡邕所說
的「侍御之臣」，因此上，蔡邕所說的省中和禁中是不同步的

再從文獻來看，蔡邕說因王禁而改省中，或許一時之制。《史記·梁孝王
世家》：「諸侯王朝見天子，漢法凡當四見耳。始到，入小見……小見者，燕
見於禁門內，飲於省中，非士人所得入也。」既然在禁門之內，卻不說是禁
中，而說是省中，豈不可怪？這表明，省中與禁中並不完全相同。《漢書》中
省中、禁中混用，《後漢書》皆使用「省中」一語甚頻，皆不太可能還是避諱
王禁。今略舉數例：

肅宗即位，徵拜侍御史中丞，除子鱣為郎，令勸學省中。(《後
漢書·馬援列傳》)

〔註28〕　（南朝宋）范曄《後漢書》，中華書局，1965 年，第 3127～3128 頁。
〔註29〕　曲柄睿《漢代宮省宿衛的四重體系研究》，《古代文明》，2012 年第 3 期，第
　　　　56 頁。

> 五府調省中都官吏京師作者。(《後漢書・樊宏陰識列傳》)

> 逵等知言不用，懼迫，遂出矯詔收縛騰、賁於省中。(《後漢書・梁統列傳》)

> 帝因是御前殿，召諸尚書入，發其事，使尚書令尹勳持節勒丞郎以下皆操兵守省閣，斂諸符節送省中。(《後漢書・梁統列傳》)

> 明年，坐子與尚書郎張俊交通，漏洩省中語，策免。(《後漢書・袁張韓周列傳》)

東漢尚有許多用「禁中」的情況，茲不再羅列。省中與禁中並用，說明二者不同，不當逕直認為是後人回改未盡的結果。但就王禁之例來看，禁中又可以包括省中。如果禁中安全度更高，則不應該用禁中代替省中，則只能說明省中為安全度最高的稱謂。

再來看《後漢書・張霸傳》附張陵的例子：

> 陵字處沖，官至尚書。元嘉中，歲首朝賀，大將軍梁冀帶劍入省，陵呵叱令出，勅羽林、虎賁奪冀劍。冀跪謝，陵不應，即劾奏冀，請廷尉論罪，有詔以一歲俸贖，而百僚肅然。〔註30〕

而據《梁冀傳》，元嘉元年，其已經具有「劍履上殿」的特權。「元嘉元年，帝以冀有援立之功，欲崇殊典，乃大會公卿，共議其禮。於是有司奏冀入朝不趨，劍履上殿，謁贊不名，禮儀比蕭何。」梁冀入朝可以帶劍入殿中，卻不能入「帶劍入省」，這表明，朝殿之中非省中。省中在朝殿之後。

再如《唐六典》卷一：

> 漢制：尚書郎主作文書起草，更直於建禮門內。……奏事：建禮門內，得神仙門；神仙門內，得明光殿、神仙殿，因得省中。省中皆胡粉塗壁，畫古賢列女，以丹漆地，謂之丹墀。尚書郎握蘭，含雞舌香，奏事與黃門侍郎對揖，黃門侍郎稱「已聞」，乃出。

此處我們需要調整一下次序，本應作「神仙門內，得神仙殿、明光殿」，神仙門為神仙殿之正門，自然對應神仙殿，殿後進連著明光殿，明光殿才是省中，二殿為前後殿關係，只有一座出入的正門。《漢官儀》：

> 尚書郎奏事明光殿，省中皆胡粉塗壁，其邊以丹漆地，故曰丹墀。尚書郎含雞舌香，伏其下奏事。黃門侍郎對揖跪受。〔註31〕

〔註30〕　(南朝宋) 范曄《後漢書》，中華書局，1965 年，第 1243 頁。
〔註31〕　(清) 孫星衍等輯、周天遊點校《漢官六種》，中華書局，1990 年，第 143 頁。

所記載爲一事，亦但以明光殿爲省中，不包括神仙殿。《通典・職官四》引作「奏事明光殿，因得侍省中」，也以明光殿爲省中。《文選》注引「《十州記》曰：崇禮闥，即尚書上省門。崇禮東建禮門，即尚書下舍門。」與《通典》記載相合。

此外尚有，摯虞《三輔決錄注》：「馮豹爲尚書郎，每奏事未報，常伏省闥下，或自昏至明。天子默使人持被覆之。」《後漢書・馮衍列傳》附馮豹：「舉孝廉，拜尚書郎，忠勤不懈。每奏事未報，常俯伏省閤，或從昏至明。肅宗聞而嘉之，使黃門持被覆豹，敕令勿驚，由是數加賞賜。」

「閤」字在《說文解字》中爲「門旁戶」，段玉裁說：「釋宮曰。小閨謂之閤。按漢人所謂閤者，皆門旁戶也。皆於正門之外爲之。」「闥」也是指小門。《漢書・高后紀》「不出房闥」。注云：「闥，中小門」。《樊噲傳》：「噲乃排闥直入」。注：「宮中小門也。一曰門屏也。」這都不是宮殿外層之門。此時尚書郎馮豹還是在省外門下奏事。尚書郎奏事如上例在明光殿中即省內要到順帝時，《後漢書・順帝紀》：「初令三公、尚書入奏事。」「入奏事」就是指進入省中奏事。馮豹這一例子，也與文獻記載相同。蔡質《漢官典職儀式》：「省閣〔註32〕下大屏稱曰丹屏，尚書郎含雞舌香，伏其下奏事」，據沈文倬先生考證，屏在古代宮室建築中在一組院落之大門外〔註33〕，這可以表明屏確實是省中之外門，尚書郎此時不是在省中奏事。又《詩・齊風》「彼姝者子，在我闥兮」。傳云：「闥，門內也」。《經典釋文》引韓詩：「門屏之間曰闥」，亦與省闥相關，可參考。

總之，由此可以確認，省中爲皇帝所在建築群中第二重建築（若只有一重建築，則以或皇帝在第一重建築，亦可以認爲省中），第一重即上朝的朝殿。第二重爲皇帝平時休息之處。拿西漢前殿情況來看，前殿建築群有南中北三組殿堂，總體都是禁中，但是又有分別，可分爲兩部份，南殿（即前殿）爲皇帝上朝處理公務的地方，後面宣室殿、溫室等殿，屬皇帝退朝休息的地方，是爲省中。〔註34〕

〔註32〕按：字當作「閣」。段玉裁於「閣」字下曾談到後世這種「閣」、「閤」二字訛誤的情況，參《說文解字注》卷十二。
〔註33〕參沈文倬先生《周代宮室考述》一文，浙江大學學報（人文社會科學版），第40頁。
〔註34〕這三座宮殿的命名爲筆者所定，與當今學術界有異議，詳見本章附考。

尚書的這一層次關係，與《後漢書》記載一致。《後漢書‧五行二》：

> 中平二年二月己酉，南宮雲臺災。庚戌，樂成門災，延及北闕，
> 度道西燒嘉德、和歡殿。案雲臺之災自上起，榱題數百，同時並然，
> 若就縣華鐙，其日燒盡，延及白虎、威興門、尚書、符節、蘭臺。
> 〔註35〕

白虎殿是東漢皇帝常御的一座宮殿，殿外是威興門，然後才是尚書臺、符節臺、蘭臺（御史臺）。《後漢書‧百官三》：「符節令一人，六百石。本注曰：為符節臺率，主符節事。凡遣使掌授節。尚符璽郎中四人。本注曰：舊二人在中，主璽及虎符、竹符之半者。」尚符璽郎中「舊二人在中」是西漢故事，西漢尚符璽郎在殿中。《漢書‧霍光傳》：「殿中嘗有怪，一夜群臣相驚，光召尚符璽郎，郎不肯授光。」霍光恐皇帝璽印有失，想要自己保管。又《漢舊儀》記載西漢的情況：

> 省中有五尚，即尚食、尚冠、尚衣、尚帳、尚席。〔註36〕

省中「五尚」沒有尚書，這說明尚書的確不在省中。整理者案語不明此理，認為此處是敘述皇后宮制度，誤。

總之，尚書在西漢在殿中發書，在殿中，即禁中。東漢則在殿門端門外，則東漢之尚書在殿外，不居禁中。這對於我們理解尚書在西漢是不是中朝官，具有很大幫助。

在中外朝問題上，尚書到底屬不屬於內朝官（中朝官），學界一直以來存在爭議。其最早觀點為《漢書‧劉輔傳》孟康注：「中朝，內朝也。大司馬、左右前後將軍、侍中、常侍、散騎、諸吏為中朝，丞相以下至六百石為外朝也。」勞幹先生則認為尚書當為中朝官。安作璋、熊鐵基先生將尚書臺作為第二節放在中朝官一章之下，則認可其為中朝官。但其在著作中敘述時，卻又說「中朝官大體上有兩類……，另一類是文武官中的心腹之臣，如武官大司馬、前後左右將軍，文官太中大夫、光祿大夫以及後來日益重要的尚書等，他們也是加上侍中或給事中的頭銜，成為中朝之官」〔註37〕，如此看來，二先生又認為尚書成為中外朝也是有條件的，即必須是加官，則其本身並不為

〔註35〕　（南朝宋）范曄《後漢書‧五行二》，中華書局，1965年，第3297頁。

〔註36〕　（清）孫星衍等輯、周天遊點校《漢官六種》，中華書局，1990年，第92頁。

〔註37〕　安作璋、熊鐵基《秦漢官制史稿》，齊魯書社，2007年，第232～233頁。

中朝官。張晉藩、王朝《中國政治制度史》也提出「內朝尚書」，其他如韓養民先生〔註38〕等亦持此觀點。

筆者認爲，中朝臣就是文獻中提到的「中臣」。《漢官儀》：「中臣在省中皆白請，其宦者不白請。」又說：「侍中，無員。或列侯、將軍、衛尉、光祿、（將）大夫、郎爲之，得舉非法，白請及出省戶休沐，往來過直事。」中臣在省中要「白請」，侍中也必須「白請」，因此可以確定，侍中屬於中臣。中朝臣的「中」都是指的「省」中。而如我們前述，尚書在西漢居禁中，不在省中，故尚書不爲中朝官甚明。

第三節　東漢制度對尚書權力之限制

尚書在東漢之權勢大增，當時人仲長統說：「光武皇帝慍數世之失權，忿強臣之竊命，矯枉過直，政不任下，雖置三公，事歸臺閣。自此以來，三公之職，備員而已。」注謂臺閣即尚書。從東漢尚書分曹所掌管的事務來看，方方面面重大事務都包括在內。因此，祝總斌先生在《魏晉南北朝宰相制度研究》一書中，將其列爲宰相看待。我們認爲，東漢尚書從事務方面，可能與西漢丞相類似，但其地位卻遠不能與之相比。如《後漢書・申屠剛傳》，光武時，「時內外群官，多帝自選舉，加以法理嚴察，職事過苦，尚書近臣，至至捶撲牽曳於前，群臣莫敢正言。」《三輔決錄》卷一所引「故事，尚書郎以令史久缺補之。世祖始改用孝廉爲郎，以孝廉丁邯補焉，邯稱疾不就。詔問實病？羞爲郎乎？對曰：『臣實不病，恥以孝廉爲令史職耳』」。這說明光武時尚書地位較低。又章帝時，韋彪上書：「天下樞要，在於尚書，尚書之選，豈可不重？而閒者多從郎官超升此位，雖曉習文法，長於應對，然察察小慧，類無大能。」（《後漢書・韋彪傳》）

無論歷史記載，還是前人研究，多認爲尚書的設置使得三公備位，這都誇大了這種地位。祝總斌先生剖析了這種制度，指出三公在東漢社會的重要作用。本篇則從另外一些層面，來論證東漢尚書所受到的限制，從另一個側面來揭示尚書眞實政治面貌。

〔註38〕韓養民《漢武帝時期的中外朝》，《西北大學學報（哲學社會科學版）》，1978年第 2 期。

《通典》云:「至成帝建始四年,罷中書宦者,又置尚書五人,一人爲僕射,四人分爲四曹,通掌圖書、祕記、章奏之事及封奏,宣示內外而已,其任猶輕。至後漢則爲優重,出納王命,敷奏萬機,蓋政令之所由宣,選舉之所由定,罪賞之所由正。斯乃文昌天府,眾務淵藪,內外所折衷,遠近所稟仰。」〔註39〕學界對於尚書在東漢權勢變大、「優重」,基本持肯定意見。如在禮節上,蔡質《漢官典職儀式選用》曰:「凡三公、列卿、將、大夫、五營校尉行復道中,遇尚書令、僕射、左右丞郎、御史中丞、侍御史,皆避車先相迴避。衛士傳不得迕臺官,〔臺官〕過後乃得去。」。但是尚書的作用究竟如何,是否眞的如祝總斌等先生,將其作爲宰相來看視。則值得思索。

尚書在東漢沒有實現大權獨攬,可以從以下幾個環節來考慮:

第一,尚書不是唯一的文書傳遞途徑。漢代文書傳遞有多條途徑,有通過公車司馬令所遞入,如《後漢書·和帝紀》注引《漢官儀》曰:公車令,秩六百石,掌殿門,諸上書詣闕下者皆集奏之。又,「中壘校尉主北軍壘門內,尉一人主上書者獄。上章於公車,有不如法者,以付北軍尉,北軍尉以法治之。」懸泉漢簡中也有這方面的例子,如:

> 146 出綠緯書一封,西域都護上,詣行在所公車司馬以聞。

> 245 入東綠緯書一封,敦煌長上詣公車。

有通過丞相、御史遞入,有通過謁者遞入,而尚書作爲一個設置在宮內的機構,自然不可能是第一層奏書的接觸者。而不管是公車司馬,還是丞相御史等,都需要經過尚書傳遞文書。

第二,從上奏文書看,尚書也不是處在最後一個層次,即不是與皇帝進行直接公務接觸。即整個後漢王朝的前半段,尚書奏事都不是奏事的終結者。這一點與侍中等官不同。侍中等官,作爲侍帷幄的近臣,是可以直達「幄內」,如「史丹爲侍中。元帝寢疾,丹以親密近臣得侍疾,候上閒獨寢時,丹直入臥內,頓首伏青蒲上」。應劭《漢官儀》記載了一則有趣的小故事:

> 桓帝時,侍中迺存(一作刁存)年老口臭,上出雞舌香與含之。
> 雞舌香頗小,辛螫,不敢咀咽。自嫌有過,得賜毒藥,歸舍辭決,
> 欲就便宜。家人哀泣,不知其故。賴察友……求視其藥,出在口香,
> 咸嗤笑之,更爲吞食,其意遂解。存鄙儒,蔽於此耳。〔註40〕

〔註39〕 (唐)杜佑《通典·職官四》,中華書局,1988年,第587〜588頁。

〔註40〕 (清)孫星衍等輯、周天遊點校《漢官六種》,中華書局,1990年,第137〜138頁。

乃存可以與皇帝對面近距離交流，所以皇帝能夠聞到他的口臭，故而有賜雞舌香之舉。但東漢的尚書則不同。尚書上書是需要經過皇帝侍從官轉遞的。如《太平御覽‧職官部》所引《漢官》：「尚書郎奏事明光殿，省中皆胡粉塗壁，其邊以丹漆地，故曰丹墀。尚書郎含雞舌香，伏其下奏事。黃門侍郎對揖跪受。」〔註41〕《通典》云：「自順帝永建元年，初令三公、尚書入奏事。」則順帝永健元年之前（126年），至少在東漢時，尚書是不能入奏事。不能入奏事，就必須有人替其轉奏。《唐六典》注中又引後漢制度，敘述了黃門侍郎為尚書郎轉奏的過程。

> 漢制：尚書郎主作文書起草，更直於建禮門內。臺給青縑白綾被，或以錦被，帷帳，氊蓐，畫通中枕。太官供食物，湯官供餅餌、五熟果食，五日壹美食，下天子一等。給尚書郎指使二人、女侍史二人，皆選端正，執香爐、香囊，從入臺，護衣服。奏事建禮門內，得神僊門；神僊門內，得明光殿、神僊殿，因得省中。省中皆胡粉塗壁，畫古賢列女，以丹漆地，謂之丹墀。尚書郎握蘭，含雞舌香，奏事與黃門侍郎對揖，黃門侍郎稱「已聞」，乃出。〔註42〕

值得注意的是「乃出」二字，這證明尚書是在殿內奏事，奏事完畢則出殿門，這與前所引「入奏事」正相吻合。則在此之前，至少在東漢時期，尚書都是奏事殿外。如果將其與西漢做一個不太精確的對比，則東漢的黃門侍郎的作用，相當於西漢之尚書。尚書在成為一個龐大的機構之後，正日益遠離君主，也就是我們所說的公職化的過程。

第三，從詔書下達看，尚書未必是第一級。武威磨嘴子漢墓出土《王杖詔令書》中有一條詔令：

> 孤獨盲珠孺，不屬律人，吏毋得擅徵召，獄訟毋得繫。布告天下，使明知朕意。夫妻俱毋子男為獨寡，田毋租，市毋賦，與歸義同。沽酒列肆。尚書令臣咸再拜受詔。建始元年九月甲辰下。

既言「受詔」，則已經詔書已成。雖然說《後漢書‧百官三》載東漢尚書侍郎有「主作文書起草」的職能，但顯然並非是所有文書都交給尚書侍郎來完成。再如《後漢書‧鍾離意傳》，鍾離意為尚書僕射，「惟意獨敢諫爭，數封還詔書，臣下過失輒救解之。」文中詔書就不是由尚書負責撰寫。

〔註41〕 按此時所引甚多，今取其便，引起適用者。《通典》謂為宋時制度，然考之他文所引，皆明言漢制。則《通典》誤。

〔註42〕 （唐）李林甫《唐六典》，中華書局，1992年，第8～9頁。

此外，還可以從尚書令的職掌觀察。尚書令「主贊奏封下書」，尚書的所謂「贊奏」即是佐助上奏之意。「贊」作佐助解，亦經典常見。《書·大禹謨》「益贊於禹曰」，《傳》云：「贊，佐也。」《儀禮·士冠禮》：「少退贊命。」《孔子家語》：「游夏不能贊一辭。」皆訓「佐」。這是一方面。另一方面，有贊奏，還有贊封。詔書從帝王下達，需要封印，但第一道封印是來自與皇帝的璽印，這一層由符璽郎或侍御史來完成。故《漢官六種》曰：「制書者，帝者制度之命，其文曰制詔三公，皆璽封，尚書令印重封，露布州郡也。」尚書令的「重封」是說明尚書機構是第二層封。

對於這點，漢代尚書的「通章奏」之任，祝總斌先生也有過解釋，他說：「所謂通章奏，大概便是指各類奏請、言事文書送入宮內後，先由御史中丞接受，檢查是否有違法之處，然後再經尚書送交皇帝審批，並於審批後下達有關部門主要是丞相府、御史大夫寺執行（在下達文書中，有的需先交御史大夫寺起草詔令，再經尚書送皇帝審定。用璽後，尚書予以登記，再下達御史大夫寺發往全國）。」根據祝先生的論述，尚書在這段公務過程中的位置是比較清楚的，但也有不妥之處。即此段文字中，文書不是由御史中丞接受，而是由御史大夫。《漢舊儀》：

> 詔書以朱鉤施行。詔書下，有違法令，施行之不便，曹史白封
> 還尚書，對不便狀。〔註43〕

這段文字，沒有點名行動主體。但《漢舊儀》編次者將其繫於御史大夫之下，恐怕是有道理的。首先文中有「曹史」二字，可以肯定不是尚書，因為尚書後來雖然也分曹，其曹之長官為尚書，其下為尚書郎與尚書令史。關於御史中丞，其下屬只有侍御史十五人，所有史料中都未言其分曹治事。則此處的曹史，我們只能理解成御史府之曹史。西漢之御史府在宮內殿外，而御史中丞所處之蘭臺在殿內，由尚書下達給御史府，由內及外，層次感很強。另外，我們需要交代一下，這只是涉及到尚書的文書傳遞流程。

第四，八座奏事及八座關係的限制。

所謂八座，即尚書令、僕射及六曹尚書，《通典·職官四》：「大事八座連名，而有不合，得建異議。」「大事連名」必須八人一起簽署方能通過，如《後漢書·朱暉傳》所載朱暉就「不肯復署議」：

〔註43〕　（清）孫星衍等輯、周天遊點校《漢官六種》，中華書局，1990 年，第 71 頁。

是時穀貴，縣官經用不足，朝廷憂之。尚書張林上言：「穀所以貴，由錢賤故也。可盡封錢，一取布帛為租，以通天下之用。又鹽，食之急者，雖貴，人不得不須，官可自鬻。又宜因交阯、益州上計吏往來，市珍寶，收采其利，武帝時所謂均輸者也。」於是詔諸尚書通議。暉奏據林言不可施行，事遂寢。後陳事者復重述林前議，以為於國誠便，帝然之，有詔施行。暉復獨奏曰⋯⋯，帝卒以林等言為然，得暉重議，因發怒，切責諸尚書。暉等皆自繫獄。三日，詔敕出之。曰：「國家樂聞駁議，黃髮無愆，詔書過耳，何故自繫？」暉因稱病篤，不肯復署議。尚書令以下惶怖，謂暉曰：「今臨得譴讓，奈何稱病，其禍不細！」暉曰：「行年八十，蒙恩得在機密，當以死報。若心知不可而順旨雷同，負臣子之義。今耳目無所聞見，伏待死命。」遂閉口不復言。諸尚書不知所為，乃共劾奏暉。帝意解，寢其事。〔註44〕

尚書令、丞、僕射、諸曹郎，他們之間地位雖有上下統屬之別，但名義上的意義大於實際意義，各自具有相對獨立性，可以獨自奏事。這一制度導致，尚書這一機構雖然作為權力中樞，但是內部的分權使得權力不會集中於一人。這一機構，與明代罷黜宰相，獨設六部尚書其實質是一樣的。

韓非曾總結秦國政治之失，對影響政權者進行了派別劃分。他認為，有兩類人權利是最大的。《韓非子・人主》：

人主之所以身危國亡者，大臣太貴，左右太威也。所謂貴者，無法而擅行，操國柄而便私者也；所謂威者，擅權勢而輕重者也。此二者，不可不察也。〔註45〕

聯繫到漢代之外為丞相，在內為左右，即侍衛之臣或侍從官。這兩類人，不獨在秦漢，歷代皆然。然就兩漢來觀，西漢後期霍光等以中朝臣錄尚書事，其實際地位可列為左右近臣，包括後來的元后一族王鳳等外戚，都是因為近臣而得勢。東漢亦然，外戚和宦官為近臣。而有時錄尚書事的太傅、三公等，權利反倒衰弱。而東漢之尚書，既非左右（在殿外），又非大臣。其欲得勢，豈非難乎？

〔註44〕　（南朝宋）范曄《後漢書・朱暉傳》，中華書局，1965年，第1460～1461頁。
〔註45〕　（清）王先慎《韓非子集解》，中華書局，2003年，第469～470頁。

第五，直宿休沐的方式使得尚書不容易滋生腐敗。尚書作爲宮官，五日一休沐，每隔五天才能出一次宮，這就使得朝廷大事不易被洩露出去。

第六，尚書具有選舉權，向來爲研究者所樂道。但若仔細研究東漢選舉權歸屬分佈，即會發現，尚書其實只掌握一部份人事權力，這樣也不會導致選舉上的權力集中。這其中包括兩類。一類是官吏選舉方面，一類爲人事調動方面。選舉方面，國家有常例，即郡國舉孝廉、舉秀才，然後爲郎官，最後成爲正式之官吏。這一部份東漢初期都不是尚書所能涉足的。直到順帝時，經左雄建議，郡國孝廉經選拔之後，還要到尚書臺進行覆核〔註46〕，不合格的遣歸。與之相應，東漢的三公府有辟舉的權利，許多人都是先經過三公府吏，然後正式做官。《後漢書》中的例子不勝枚舉，較之西漢，至有氾濫之勢。所以，整得來看，尚書所擁有的主要是人事調動即調除官員的權利。衛宏《漢舊儀》說：

> 舊制：令六百石以上，尚書調；拜遷四百石長相至二百石，丞
> 相調；除中都官百石，大鴻臚調；郡國百石，二千石調。〔註47〕

衛宏所描述的這個情況，應該是西漢後期宣元之後的制度。東漢初，繼承西漢的制度，則尚書調六百石以上的制度當依舊存在。六百石以上，據《通典》職官十八所列後漢官秩差次來看，有六百石、比千石、千石、比二千石、二千石、中二千石共六級。其中中二千石爲卿一級，二千石爲郡國守、相一級的封疆大吏，都應該是由皇帝直接過問，當不屬於尚書調動的範圍。《漢舊儀》在此如此記述，只不過以尚書爲天子喉舌，作爲天子代表罷了。此時丞相轉爲三公，則「四百石長相至二百石」當爲三公調。尚書調除六百石以上官員的權力，直到順帝時發生改變。《後漢書‧孝順孝沖孝質帝紀》，陽嘉元年辛卯詔書：

> 閒者以來，吏政不勤，故災咎屢臻，盜賊多有。退省所由，皆
> 以選舉不實，官非其人，是以天心未得，人情多怨。《書》歌股肱，

〔註46〕　（南朝宋）范曄《後漢書‧左雄傳》：「雄又上言：『郡國孝廉，古之貢士，出則宰民，宣協風教。若其面牆，則無所施用。孔子曰『四十不惑』，《禮》稱『強仕』。請自今孝廉年不滿四十，不得察舉，皆先詣公府，諸生試家法，文吏課牋奏，副之端門，練其虛實，以觀異能，以美風俗。有不承科令者，正其罪法。若有茂才異行，自可不拘年齒。』帝從之，於是班下郡國。」中華書局，1965年，第2020頁。

〔註47〕　（清）孫星衍等輯、周天遊點校《漢官六種》，中華書局，1990年，第82頁。

《詩》刺三事。今刺史、二千石之選，歸任三司。其簡序先後，精
覈高下，歲月之次，文武之宜，務存厥衷。〔註48〕

就此詔令來看，只是刺史與二千石這兩級重要的職位，都由三公來調動。但
從實際來看，似乎二千石以下所有選舉工作，都已經交給三公。如《後漢書·
郎顗傳》順帝時郎顗對尚書：

今選舉皆歸三司，非有周、召之才，而當則哲之重，每有選用，
輒參之掾屬，公府門巷，賓客填集，送去迎來，財貨無已。其當邊
者，競相薦謁，各遣子弟，充塞道路，開長姦門，興致浮偽，非所
謂率由舊章也。尚書職在機衡，宮禁嚴密，私曲之意，羌不得通，
偏黨之恩，或無所用。選舉之任，不如還在機密。〔註49〕

其中「選舉皆歸三司」已甚明。又言「每有選用，輒參之掾屬」，即三公之掾
屬，這部份人不可能初次上任即為刺史、二千石，這與後漢的實際情況不符。
需要說明一下，這一詔令並非一時之制，而是具有延續性。就史料來看，其
例甚多。總之，學界所津津樂道的尚書的選舉權，到此時已經被剝奪了。這
與魏晉時期中書令一職異軍突起、尚書機構權利漸趨衰落的趨勢是一致，可
見其始肇端自東漢後期。不當如《通典》所論從三國時起。

第七，尚書尚有許多權力不在其掌握之中。《通典·職官六》御史中丞，
舊持書侍御史也。初，漢宣帝元鳳中，感路溫舒尚德緩刑之言，季秋後請
讞。時帝幸宣室齋居而決事，令侍御史二人持書，持書御史起於此也。後
因別置，冠法冠，有印綬，與符節郎共平廷尉奏事，罪當輕重。後漢亦二
人，銅印青綬，選明法律者為之。凡天下諸讞疑事，掌以法律當其是非。
自桓帝之後，無所平理，苟充其位而已。則東漢末期桓靈之前，斷獄之事
由御史掌管。

第八，錄尚書事制度與女主稱制的影響。錄尚書事，則尚書所有事情皆
交由加錄尚書事官銜的太傅或三公、大將軍來處理，在許多政務上，尚書或
許可以有建議權，但沒有決定權。女主專政之後，更多時間處於後宮，任用
宦官。

〔註48〕 （南朝宋）范曄《後漢書》，中華書局，1965 年，第 261 頁。
〔註49〕 （南朝宋）范曄《後漢書》，中華書局，1965 年，第 1067 頁。

第四節　兩漢領、錄尚書事之不同

西漢有領尚書事，東漢有錄尚書事，向來皆視爲無別。如《晉書・職官志》：

> 錄尚書，案漢武時，左右曹諸吏分平尚書奏事，知樞要者始領尚書事。張安世以車騎將軍，霍光以大將軍，王鳳以大司馬，師丹以左將軍並領尚書事。後漢章帝以太傅趙憙、太尉牟融並錄尚書事。尚書有錄名，蓋自憙、融始，亦西京領尚書之任，猶唐虞大麓之職也。和帝時，太尉鄧彪爲太傅，錄尚書事，位上公，在三公上，漢制遂以爲常，每少帝立則置太傅錄尚書事，猶古冢宰總己之義，薨輒罷之。自魏晉以後，亦公卿權重者爲之。

再如宋人王楙：

> 漢置錄尚書，蓋取舜納大麓之義。此漢儒釋經之蔽。按《書》本意，麓即林麓，非他意也。太史公曰：堯使舜入山林川澤，暴風雷雨，舜行不迷。此說正得經意。釋者乃謂舜大錄萬機之政，陰陽和，風雨時，其鑿甚矣。是習聞當時之說爾。領尚書事，自武帝時置，歷世不改，如張安世、霍光、王鳳、師丹所除是也。至章帝時乃改爲錄尚書事，以趙憙等爲之。章帝蓋專其一時之權，以一字易之，不知權重無以復加，貽患於後世。其權在三公上，每少帝立則置之，猶古者宰總己之義。魏晉之世，權臣移鼎之釁往往由此。吁，可歎也。今州官有錄事，縣吏有押錄，恐承此名。（《野客叢書》卷二十六）

與之相同觀點的還有宋人王應麟，王應麟《玉海》卷一二三：「亦西京領尚書之任。」近世學者如安作璋、熊鐵基二先生皆持此觀點。〔註50〕其餘遵從者眾多，恕不一一列舉。

西漢領尚書事之制，始於武帝後元元年的霍光以大司馬大將軍而領尚書事。其後以大司馬將軍領者有張安世、韓增、許延壽、史高、王接、許嘉、王鳳、王音、王根、丁明、傅晏、韋賞、董賢等。僅以大司馬領者有王莽、師丹、傅喜等。僅以將軍領者有金日磾、上官桀、蕭望之、師丹等。東漢以太傅而錄者有鄧彪、張禹、馮石、馮魴、桓焉、趙憙、陳蕃、胡廣等。以太

〔註50〕 安作璋、熊鐵基《秦漢官制史稿》，齊魯書社，2007年，第278頁。

尉錄者有尹睦、徐防、趙熹、朱寵、劉光、龐參、李固、胡廣、周忠、楊彪等。以司徒而錄者有趙戒、胡廣、王允、淳于嘉、趙溫等。以司空而錄者有楊彪等。以大將軍而錄者有梁冀、竇武、何進等。

我們認爲，西漢稱爲領尙書事，東漢稱爲錄尙書事。一「領」一「錄」，決非古人在玩弄文字遊戲，領尙書事與錄尙書事應當具有很大不同。較早關注到這種不同爲李宜春先生，他在《兩漢領、錄尙書事制度比較研究》〔註51〕一文中，對兩者進行了一番比較，有發人省醒之處，但不足之處亦不少。今一併討論之。

仔細觀察，兩漢領、錄尙書事之不同還是很明顯。

第一，從身份上來看，領、錄尙書事者身份不同。誠如安作璋先生所言，在西漢，領尙書事者都「多是中朝官」。而東漢錄尙書事者，無論是太傅或者三公等都是外朝官〔註52〕。李宜春先生從西漢領尙書事者「人選重外戚和寵幸」，東漢「人選則不重外戚和寵幸」〔註53〕，也是一種分析的角度。

第二，從人數上來看，西漢領尙書事皆一人，體現了權力的統一性。而東漢錄尙書事可以有多人，號稱「參錄」，見於《後漢書》諸帝紀者有：

> 延平元年春正月辛卯，太尉張禹爲太傅。司徒徐防爲太尉，參錄尙書事，百官總己以聽。（《後漢書‧孝和孝殤帝紀》）

> 夏四月丁酉，太尉馮石爲太傅，司徒劉熹爲太尉，參錄尙書事。（《後漢書‧孝安帝紀》）

> 太常桓焉爲太傅；大鴻臚朱寵爲太尉，參錄尙書事。（《後漢書‧孝順孝沖孝質帝紀》）

> 以前太尉陳蕃爲太傅，與竇武及司徒胡廣參錄尙書事。（《後漢書‧孝靈帝紀》）

> 後將軍袁隗爲太傅，與大將軍何進參錄尙書事。（《後漢書‧孝靈帝紀》）

〔註51〕 李宜春《兩漢領、錄尙書事制度比較研究》，《晉陽學刊》，1999年第5期。

〔註52〕 一般認爲，東漢沒有中外朝之分，但《後漢書‧左周黃列傳》中尚有一次記載：「桓帝欲褒崇大將軍梁冀，使中朝二千石以上會議其禮。」則此制度似乎曾一度恢復。

〔註53〕 李宜春《兩漢領、錄尙書事制度比較研究》，《晉陽學刊》，第84頁。

　　司空淳于嘉爲司徒，光祿大夫楊彪爲司空，並錄尚書事。冬十
二月，太尉皇甫嵩免。光祿大夫周忠爲太尉，參錄尚書事。（《後漢
書・孝獻帝紀》）

以上是較爲表面的觀點，而領、錄的實質在於兩者權限不同。領尚書事者，
最早者爲西漢霍光，因此，霍光最具有典型性。武帝臨終託孤，以霍光爲領
尚書事，《漢書・霍光傳》：「政事一決於光。」此時，昭帝之母鉤弋夫人，已
因漢武帝「恐女主顓恣亂國家」而處死，因此，不可能如後漢那樣，由太后
臨朝處理政務。「帝年八歲」，年幼不堪政務，則此時霍光的領尚書事，是替
皇帝全權處理所有政務，擁有決策權，若攝皇帝。故「光時休沐出，（上官）
桀輒入代光決事。」這與秦始皇時同。「聽事，群臣受決事，悉於咸陽宮。」
「丞相諸大臣皆受成事，倚辨於上。」但領尚書事在西漢也不是沒有變化。
皇帝聽政之後，所有領尚書事者權限都要下降。如《漢書・張湯傳》載宣帝
時，張安世領尚書事，「每定大政，已決，輒移病出；聞有詔令，乃驚，使吏
之丞相府問焉。自朝廷大臣莫知其與議也。」

　　東漢錄尚書事者與之不同，皆無專決權。因爲當時皇帝雖幼，往往太后
臨政。錄尚書省者還是要向太后彙報。順帝初，「初令三公、尚書入奏事。」
則在此之前，三公錄尚書事，同尚書一樣，皆不入殿中奏事。這與西漢領尚
書事者多中朝臣，可以在殿中者，自非同日而語。又錄尚書事者，常加之頭
銜爲「百官總己以聽」，如「其以彪爲太傅，賜爵關內侯，錄尚書事，百官總
己以聽」，「太尉張禹爲太傅。司徒徐防爲太尉，參錄尚書事，百官總己以聽」，
（《後漢書・孝和孝殤帝紀》）等等，這其實是西漢丞相之職。而非中朝官領
尚書事者之稱。

　　眞正理解領尚書事與錄尚書事之不同，必須對「領」、「錄」二字仔細推
敲方可明曉含義。漢代的「錄」尚書事來源於官府中的白錄製度。我們以丞
相府爲例。《漢舊儀》：

　　　丞相府官奴婢傳漏以起居，不擊鼓。官屬吏不朝，旦白錄而已。
　　　諸吏初除謁視事，問君侯應閤奴名。白事以方尺板叩閤，大呼奴名。
　　　君侯出入，諸吏不得見，見禮如師弟子狀。掾史有過，君侯取錄，
　　　推其錄，三日白病去。〔註54〕

〔註54〕　（清）孫星衍等輯、周天遊點校《漢官六種》，中華書局，1990 年，第 71 頁。

領尚書事者，就是全權管理，如東漢起初不設將作大匠，「將作大匠，世祖中興，以謁者領其官。」〔註55〕就相當於丞相，他不掌管具體的事務。具體的事務由其下屬掾史來處理，掾史所做作爲便爲「錄」事。錄就是慮，二字通假，省錄的意思，《後漢書》中經常有「錄囚」的說法。即由掾史過濾一部份事物，而非全部事物都要上報給丞相。漢初之丞相是比較清閑的，如《史記·陳丞相世家》：

> 居頃之，孝文皇帝既益明習國家事，朝而問右丞相勃曰：「天下一歲決獄幾何？」勃謝曰：「不知。」問：「天下一歲錢穀出入幾何？」勃又謝不知，汗出沾背，愧不能對。於是上亦問左丞相平。平曰：「有主者。」上曰：「主者謂誰？」平曰：「陛下即問決獄，責廷尉；問錢穀，責治粟內史。」上曰：「苟各有主者，而君所主者何事也？」平謝曰：「主臣！陛下不知其駑下，使待罪宰相。宰相者，上佐天子理陰陽，順四時，下育萬物之宜，外鎮撫四夷諸侯，內親附百姓，使卿大夫各得任其職焉。」孝文帝乃稱善。〔註56〕

正是因爲掾史處理了大部份事物，只上報一些丞相需要親自處理即可。這也體現了丞相對掾史的信任，如果不信任掾史，就要「推錄」，如同審計查帳的意思，「掾史有過，君侯取錄，推其錄」。「錄」就是掾史不經上報、自己處理的事項之登記在冊者。

掾史大概對政事做初步登記、初步處理好公務，沒有決定權，交由丞相審核並最終處理。丞相的這份職責就相當於領尚書事。而掾史的工作就相當於錄尚書事。掾史稟事一般是不能見到丞相的，「白事以方尺板叩閣，大呼奴名」，奏事要經過奴轉奏。這與東漢錄尚書事者一樣。錄尚書事者之三公等，本身爲外朝官，不能入禁中奏事，故也需要轉奏。延平元年，張禹「遷爲太傅，錄尚書事。鄧太后以殤帝初育，欲令重臣居禁內，乃詔禹舍宮中，給帷賬床褥，太官朝夕進食，五日一歸府」。此在殤帝時，而章帝初即有錄尚書事趙憙等，則在此之前，錄尚書事者不能在禁中甚明。

換言之，東漢的錄尚書事者，相當於皇帝的曹掾之類，他們將尚書之事經過初步處理，較爲重要的，則要稟報上奏。而西漢領尚書事者，理想情況下，相當於皇帝之任。

〔註55〕（清）孫星衍等輯、周天遊點校《漢官六種》，中華書局，1990年，第147頁。
〔註56〕（漢）司馬遷《史記·陳丞相世家》，中華書局，1982年，第2061～2062頁。

餘　論

通過漢代宮殿建築認識官制中的「中」字

　　兩漢都城，一都長安，一都洛陽。長安城宮城未央宮等發掘都比較詳細，其中一個重要因素是因爲後代城市建設大多偏離了此區域。如隋唐長安城其實在漢長安城西南方向，我們今天尚能從谷歌衛星地圖上看到長安城未央宮的清楚面貌。這是一個不可忽略的因素。而洛陽的宮城南北宮因爲漢魏以來的繼續沿用，前後重疊部份較多。又加上現代城市的疊加，給發掘帶來不小困難，尚未進行全面發掘清理，於今最爲不楚。根據今天西漢未央宮的考古發掘，未央宮中之天子的主要殿堂——前殿坐落在龍首山之上，依地勢自北而南，建立有三座大型臺基遺址，第三座臺基後面還有一個東西窄長的高臺。據著名宮殿考古學者楊鴻勳先生研究，三組建築中，最南邊的殿爲「前殿」，爲大朝所用。中間一座殿即路寢，爲常朝之所，後面一座爲宣室殿，爲皇帝日常休息的地方。窄長高臺爲後閣。在殿堂的功能使用上，《中國考古學・秦漢卷》的作者與楊先生觀點類似，可以作爲考古界的一個主流觀點。

　　　　未央宮的核心建築是前殿，它是皇宮的大朝之地。前殿居未央宮諸宮殿南面，其他重要宮殿大多分佈在前殿以北或東西兩側，前殿由南向北分佈著「廣庭」、南殿、中殿、北殿、後閣及東西廂建築。如果前殿的「廣庭」、南殿和中殿作爲「朝」，前殿的北殿、後閣等則可視爲「寢」，那麼前殿這種布局配置就應爲「前朝後寢」。〔註57〕

筆者認爲楊先生的看法有問題。首先，前殿就是路寢。《三輔黃圖》自注云：「前殿曰路寢，見諸侯群臣處也。」〔註58〕又引《漢武故事》云：「神明殿在未央宮。王莽改未央宮曰壽成室，前殿曰王路堂，如路寢也。」亦稱前殿爲路寢。《漢書・王莽傳》記載改前殿爲王路堂，注引「服虔曰：如言路寢也」，與之同。這一推測與《漢書》記載一致。《漢書・谷永傳》：「谷永對曰：『章城門通路寢之路』」，從今天的考古發掘來看，章城門在前殿西南，而楊先生所認爲路寢中殿，則只有左右有路，如果通的話，也只能是前殿之路，不符。而南殿爲路寢則正合適。下引唐代大明宮三組宮殿中南殿含元殿在唐

〔註57〕　《中國考古學（秦漢卷）》，中國社會科學出版社，2010年，第226頁。
〔註58〕　（漢）佚名撰、何清谷校釋《三輔黃圖校釋》卷二，中華書局，2005年，第114頁。

代即爲路寢。《新唐書‧五行一》：「貞元四年正月庚戌朔，德宗御含元殿受朝賀，質明，殿階及欄檻三十餘間自壞，衛士死者十餘人。含元路寢，大朝會之所御也；正月朔，一歲之元。王者之事，天所以儆者重矣。」路寢是古禮中的稱呼，非當時官方的稱謂，因此《漢書》中所見「路寢」不多。

前殿又稱爲正殿，是作爲朝殿來使用。張衡《西京賦》：「正殿路寢，用朝群辟。」李善注：「周曰路寢，漢曰正殿。」又其下續云：「大夏耽耽，九戶開闢。嘉木樹庭，芳草如積。高門有閌，列坐金狄。」李善注：「金狄，金人也。《史記》曰：始皇收天下兵，銷以爲金人十二，各重千斤，致於宮中。」按《三輔舊事》云：「鑄金狄人，立阿旁殿前。」而阿旁殿正屬於前殿。《史記‧秦始皇本紀》：「先作前殿阿房，東西五百步，南北五十丈，上可以坐萬人，下可以建五丈旗。」亦可證。班固《西都賦》描寫建章宮「正殿崔嵬，層構厥高，臨乎未央。」李善注：「《漢書》曰：『建章宮，度爲千門萬戶，前殿度高未央』。然前殿則正殿也。」《漢書》之中前殿、正殿雜用。《漢書‧霍光金日磾傳》說元后「數臨正殿，延見群臣」，而別處記載，則都是臨前殿，如「太皇太后臨於前殿」。以上證楊鴻勳先生說路寢誤。

既然路寢爲前殿，那麼中間一座殿是什麼呢？曰：宣室殿。《三輔黃圖》說：「宣室殿，未央前殿正室也」。《東方朔傳》漢武帝爲竇太主置酒宣室，東方朔曰：「不可。夫宣室者，先帝之正處也，非法度之政不得入焉。」劉慶柱先生則觀點楊先生一樣，認爲第三座宮殿爲宣室殿。他說：「宣室在正殿北部，因居前殿最高處，其建築猶如臺閣，所以又稱『宣室閣』」。則恐怕不確。宣室閣屬於「殿閣」，附屬於「殿」。比如未央宮有宣室殿，也有宣室閣，有麒麟殿，也有麒麟閣。根據古人前朝後室的觀點，中殿當爲宣室殿。《漢書‧王莽傳》，未央宮起火，王莽一路南奔，「莽避火宣室、前殿，火輒隨之。」若宣室爲北殿，則王莽歷經宣室、前殿，不見中殿書之，豈不甚怪？又《漢書‧翼奉傳》：

> 竊聞漢德隆盛，在於孝文皇帝躬行節儉，外省繇役。其時未有甘泉、建章及上林中諸離宮館也。未央宮又無高門、武臺、麒麟、鳳皇、白虎、玉堂、金華之殿，獨有前殿、曲臺、漸臺、宣室、溫室、承明耳。〔註59〕

〔註59〕 （漢）班固《漢書‧翼奉傳》，中華書局，1962年，第3175頁。

則宣室殿在文帝時已有，《漢書・賈誼傳》亦云文帝「方受釐，坐宣室」。這與東方朔的話可相互印證。很可能在前殿建造之初，宣室殿就已經建立。

北殿我們認為是溫室殿。張衡《西京賦》敘述前殿的四面建築時說：「朝堂承東，溫調延北。西有玉臺，聯以昆德。」則前殿東面為朝堂，西面有玉臺、昆德。這與《三輔黃圖》的記載一致：「宣室、溫室、清涼皆在未央宮殿北，宣明、廣明皆在未央殿東，昆德、玉堂皆在未央殿西」，此處的「未央宮殿」、「未央殿」都指的是未央宮前殿。宣室、溫室、清涼皆在未央宮殿北不是漫說在北面，因為據考古發掘，這三組宮殿的北面幾百米處緊挨著的是皇后的椒房殿，這一規制也符合天象。紫微垣中帝星之後為勾陳六星，後宮之象。此處沒有提到椒房殿，正說明這些殿就前殿附近而言。從班固《西都賦》來看，皇帝建築與後宮建築分區是很明顯的，「後宮則有掖庭、椒房、后妃之室」。《西京賦》裏的「溫調延北」，中間的「調」字，我們認為是「清」字的訛誤。二字形似已不肖說，未央宮只有溫室殿與清涼殿，沒有溫調殿，更無以「調」字打頭的殿堂。溫室殿上引謂文帝時已有，《三輔黃圖》卻說是武帝時建：「溫室殿，武帝建，冬處之溫暖也。《西京雜記》曰：「溫室以椒塗壁，被之文繡，香桂為柱，設火齊屏風、鴻羽帳規地，以罽賓氍毹」。其說當有所本，從其殿內陳設來看，奢靡繁華，非文帝儉樸之制。

北殿臺基上的一座窄長的臺基應該就是清涼殿遺址，「清涼殿，夏居之則清涼也，亦曰延清室」。其地勢本身即在龍首山最高處，又加上本身建築樣式為閣，起勢更高，居高而爽，故云清涼殿。又因其在後為閣，故稱之為後閣。這幾組宮殿都是依次上建，溫室殿既然在武帝時建，則清涼殿只能在武帝時（極可能）或其後而建。這大概就是班固《西都賦》中所說的「仍增崖而衡閬，臨峻路而啓扉」。「崖」是指龍首山之山邊。「衡」字通「橫」，「閬」注引孔安國《論語注》曰「閬，門限也」。不確。今天未央宮前殿發掘中，中殿與南殿之間有一道將兩區分開的夯土基址，應該就是賦中所指的「衡閬」。

瞭解了前殿建築群的布局，可以使我們更清楚瞭解皇帝內廷官的層次。《西京賦》描繪未央宮前殿「內有常侍謁者，奉命當御。蘭臺金馬，遞宿迭居。」這表明謁者與常侍在前殿之中。上文文帝入未央宮前殿，有謁者守端門。與之正合。蘭臺為侍御史之臺，金馬為金馬門，宦者署之門，需要特別說明，宦者為宦皇帝者，非宦官，故史書中屢言徵召之人，待詔金馬門。這一段記載，說明殿門之內的布局。常侍、謁者、侍御史、待詔等都在其內。

其下又有「次有天祿石渠，校文之處。重以虎威章溝，嚴更之署。」「虎威章溝，嚴更之署」爲郎中署，則郎中亦在殿中。我們認爲這是內廷官的第一個層次。

但漢官中還有中常侍、中謁者，從名稱來看，自然要比常侍、謁者要親密。顏師古說，待「中」字之官大多由宦官充任，我們認爲未必。「中」字應該是就位置而言，即指皇帝的寢殿。漢初前殿只有兩座建築，即前殿與後殿宣室殿。宣室殿爲皇帝休息處，則所謂的以「中」字如中郎爲官名者，都可以進入到此處。如《漢書·汲黯傳》：

> 召黯拜爲淮陽太守。黯伏謝不受印綬，詔數強予，然後奉詔。
> 召上殿，黯泣曰：「臣自以爲塡溝壑，不復見陛下，不意陛下復收之。
> 臣常有狗馬之心，今病，力不能任郡事。臣願爲中郎，出入禁闥，
> 補過拾遺，臣之願也。」〔註60〕

〔註60〕　（漢）班固《漢書·汲黯傳》，中華書局，1962年，第2321頁。

第六章　郎官制度研究

　　對漢代郎官的研究，系統而詳細的主要有嚴耕望先生《秦漢郎吏制度考》，在此基礎上，王克奇先生《論秦漢郎官制度》一文，又做了一些研究。其餘散論者滋多，但範圍與深度大都不出二先生研究之範疇。

　　嚴耕望先生將郎官來源解釋爲「貴族之最低級『士』」，春秋戰國以來，封建制度崩潰，「乃擇大臣子弟入奉宿衛、侍左右，出充車騎、從征伐，以其近居『殿閣郎廡』，故蒙『郎』稱。」〔註1〕我們認爲，這只是戰國以來官僚制時的情況。若追溯到世卿世祿制時代，情況就完全不同。此時對國君的這種衛護，最初是同大小宗制度、嫡長子制度結合在一起的。國君作爲大宗，由小宗保護。作爲嫡長子，由庶子保護。所以我們認爲，「郎」的最初身份，應當是具有血緣或親緣關係的家族人員。我們可以從秦漢時期太子屬官來看。太子的屬官有「庶子」、「中庶子」，《後漢書·百官四》：「太子庶子，四百石。本注曰：無員，如三署中郎」，這些「庶子」與戰國末期的秦律中常見的形同奴隸的「庶子」明顯不同，其具有「郎」的身份。後者，我們可以看做是前者身份的一種繼續沉淪。隨著世卿世祿制的解體，官僚制度興起，這種血緣或親緣身份逐漸淡化，遂及嚴耕望先生所論之「士」階層（秦漢官制中，外戚擔任某些郎職，可以看做是一種保留）。

　　秦及西漢之初，延續了這一傳統，但郎官出身又有了蔭任與貲選的區別。前者繼承戰國成規，後者爲新型貴族（資產階級〔註2〕）之特權。

〔註1〕嚴耕望《秦漢郎官制度考》，載《嚴耕望史學論文集（上）》，上海古籍出版社，2007年，第21頁。
〔註2〕按：嚴耕望先生此處用資產階級一詞，只是強調其出身情況。

　　總體來看，兩漢的郎官組織，經歷了從漢初的簡單，到武帝時的膨脹，再到東漢時的簡化三個階段。其初期，大致只有郎中、中郎、外郎等三種。這一時期的郎官的選拔，主要依據蔭任與貲選，故嚴耕望先生認爲其「饒有貴族性」。

　　大約西漢中期之後，衍生出許多新的郎官。中郎的地位相對下降。先秦時期，郎中地位要與君王更加親密，大約可以如漢初中郎的地位。秦漢以來，設置中郎，二者始截然有別。漢初的中郎與侍中等類似，可以在禁中侍從左右。此後中郎地位逐漸下降，須有加官頭銜方可進入禁中。東漢以來，隨著侍中、黃門侍郎、常侍等成爲常職，對中郎的需求更小。東漢的中郎見於記載的很少，有些中郎甚至出外，轉變爲從事中郎的角色。有些學者認爲中郎在東漢不存在，恐怕也是錯誤的。

　　東漢郎官勢力擴大，請參第二章最後一節之介紹，在此不贅。

　　本章所涉及的一些內容，表面看都有點老調常談了，但正是因爲看似常見，實則暗含著許多問題和亟需更正的地方。這正是本章需要強調的地方。

第一節　秦漢郎官結構推論

　　我們今日能看到的郎官結構均基於漢代史料，漢代官制文獻講究「漢承秦制」，則秦代郎官情況，我們不得而知。《史記・高祖功臣侯者年表》與《漢書・高惠高后文功臣表》記載了一些功臣列侯的人生軌跡，其中有關郎官制度的部份，對於我們研究秦及漢初的郎官組織及其變化，具有一定參考價值。茲分析如下：

　　郎中騎千人：汾陽侯靳彊初封，功狀云：「以郎中騎千人前二年從起陽夏，擊項羽，以中尉破鍾離眛功侯」。「千人」爲一官職，《漢書・灌夫傳》孟康注曰：「官主千人，如候、司馬也。」《百官公卿表》中尉之下有千人：

> 中尉，秦官，掌徼循京師，有兩丞、候、司馬、千人。

　　屬國、都護之下，亦有千人：

> 典屬國，秦官，掌蠻夷降者。武帝元狩三年昆邪王降，復增屬國，置都尉、丞、候、千人。

> 西域都護，加官，宣帝地節二年初置，以騎都尉、諫大夫使護西域三十六國，有副校尉，秩比二千石，丞一人，司馬、候、千人各二人。

前之所引孟康注，本出《漢書・灌夫傳》：「吳、楚反時，潁陰侯灌嬰爲將軍，屬太尉，請孟爲校尉。（灌）夫以千人與父俱。」則將軍之下有千人。千人若以騎兵爲之，則爲騎千人，陳夢家先生云「騎千人則當爲騎兵」，甚是〔註3〕。漢簡中都尉府下有千人，即如淳所云「《漢儀注》邊郡置部都尉、千人、司馬、候也」，有「宰事尹、騎千人秉」、「卅井守候騎千人」〔註4〕，《後漢書・郡國五》有張掖屬國下有「左騎千人官」，是騎千人又可分左右。《封泥考略》有「中騎千人」印，或亦有前騎千人、後騎千人之名，皆爲軍事上之分部。漢簡中，千人之下一級爲五百。則騎千人下一級爲騎五百，二者皆屬於「將」之範圍。故《漢書・靳歙傳》中有「信武侯靳歙……斬騎千人將一人」，如淳曰「騎將率號爲千人。」《居延新簡一》有「城騎千人」〔註5〕，《漢印文字徵》有「騎五百將」印。然則，秦漢之際，所謂騎將者，皆此類與？千人、騎千人資料中記載甚少，但自秦至漢末，卻是都一支存在在軍事編制中。

郎中騎千人即郎中令之下郎中騎將之千人官。《漢書・樊噲傳》：「遷爲郎中騎將。」其爲騎士非郎官，這說明秦漢之交的郎中令，是採用軍事編制，並不是純粹由郎官構成。這與我們下文所研究的羽林和期門的性質吻合。羽林、期門初始皆是騎士，後來才升格爲郎。兩漢之郎中令或光祿勳屬官一直存在騎士，東漢時羽林左右監都是掌管騎士之官。這一制度，當爲承襲秦代。我們甚至可以推測，這種情況，可能早在先秦就產生。

我們還可以從出土材料中獲得證據。張家山漢簡《二年律令・津關令》：

　　□、相國上中大夫書，請中大夫謁者、郎中、執盾、執戟家在關外者，買私買馬關中。有縣官致上中大夫、郎中、中大夫、郎中爲書告津關，來，復傳，津關謹閱出入。馬當復入不入，以令論。相國、御史以聞。制曰：可。〔註6〕

〔註3〕陳夢家先生云：「稱騎千人則當爲騎兵」，見《漢簡綴述》，第43頁，中華書局，1980年版。

〔註4〕以上兩則材料均見陳夢家《漢簡綴述》，中華書局，1980年版，第43頁。

〔註5〕中國簡牘集成《居延新簡一》：「建武八年三月己丑朔，張掖居延都尉諶行丞事，城騎千人躬高勤農掾禹，謂縣官。」第165頁。

〔註6〕《張家山漢墓竹簡（釋文修訂版）》，文物出版社，2006年，第85頁。

漢初楚漢戰爭消耗大量馬匹，關中歷來為良馬產地，漢政府對關中馬匹的流通予以控制，藉以削弱諸侯國的兵力發展（騎兵）具有積極意義。閻步克先生認為〔註7〕：

> 對《津關令》原標點「相國上中大夫書，請中大夫謁者、郎中、執盾、執戟家在關外者……」陳偉先生對「郎中、執盾、執戟」一項也提出了新的意見。他認為應該刪掉「郎中」之後的頓號，作「郎中執盾、執戟」：「『中大夫』和『郎中』顯然是前述『中大夫謁者、郎中執盾、執戟』的上司……對照前後文，顯然『中大夫謁者』為中大夫令部屬，『執盾』、『執戟』為郎中令部屬。」按陳偉先生的理解，「中大夫、謁者、郎中、執盾、執戟」這五官，就成了謁者、執戟、執盾三官了，中大夫和郎中不見了。

閻先生認為這些馬匹是對這五類官購買權的情況。而實際上，正如我們下面將要談到，謁者、執盾、執戟這三類官職在漢初不具有郎的身份，而是「比郎」。而眾所周知，郎官都是自備鞍馬等，一般不需要再買馬匹〔註8〕。而針對郎官需要買馬的情況，《津關令》另有單獨的說明：

> 相國、御史請郎騎家在關外，騎馬節（即）死，得買馬關中人一匹以補。郎中為致告買所縣道，縣道官聽，為質〈致〉告居縣，受數而籍書馬職（識）物、齒、高，上郎中。節（即）歸休、縣使，郎中為傳出津關，馬死，死所縣道官診上。其詐貿易馬及偽診，皆以詐偽出馬令論。其不得口及馬老病不可用，自言郎中，郎中案視，為致告關中縣道官，賣更買。制曰：可。〔註9〕

可見政府對於郎與非郎在關中買馬政策上是不同的。閻先生之論不確。

楚漢戰爭期間，郎中等郎官並不是微不足道的官。如樊噲在封侯之後方為郎中，「漢王賜噲爵為列侯，號臨武侯。遷為郎中，從入漢中。」都說明郎中一職，地位顯赫。由於時值戰爭期間，究竟是沿用秦制，還是此時的特殊情況，現在還無法說明。但郎中一職，自春秋戰國以來，地位在逐漸降低是其趨勢，戰國時郎中為左右近臣，但到了漢代，左右近臣的職能為從郎中分

〔註7〕閻步克《論張家山漢簡〈二年律令〉中的「宦皇帝」》，《中國史研究》，2003年，第3期。

〔註8〕安作璋、熊鐵基《秦漢官制史稿》，齊魯書社，2007年，第353頁。

〔註9〕《張家山漢墓竹簡（釋文修訂版)》，文物出版社，2006年，第86頁。

化出中郎所擔當。而到了東漢，郎中徑直成了官吏的儲備庫。但這段時間中所見的郎中騎，一般都不是郎中，而屬於郎中令手下的騎兵。換言之，秦以來郎中令之下，即統帥眾郎，又統帥軍隊，郎與軍隊，二者之關係尚待研究。但認清郎中令這一結構，對於我們理解秦漢郎官具有重要意義。

第二節　西漢郎官系統新論

關於西漢郎官系統之研究尚有許多忽略或失誤之處，本節在前人研究基礎上，對這些問題重新研究，以期得出新觀點。

1、郎中令

郎中令為郎官之長官，「言領諸郎而為之長」，戰國時期諸國大都設置，唯楚國設郎尹，與之相似，嚴耕望先生認為郎中令之名或來源與三晉之制，不知何據。據晉人常璩《華陽國志》所載：「秦誅其臣郎中令嬰等二十七人。」則秦昭襄王時已有郎中令之官。《漢書·百官公卿表》言郎中令「掌宮殿掖門戶」，故王克奇先生以為郎中令「統管宮中諸官」〔註10〕，然實是一種誤解。郎中令主要掌管的是殿的守衛工作〔註11〕。所謂的宮的部份，由衛尉來掌管（《百官表》：「衛尉，秦官，掌宮門衛屯兵」）。但漢初郎中令職權或較之以後要擴大，如「左丞相不治事，令監宮中，如郎中令。」（《史記·呂太后本紀》）則郎中令具有監宮中之權利，這一點尚未見後世文獻記載。

郎中令主要任務之一是分配郎官的直宿事務。廖伯源先生認為，根據漢代制度，郎官屬於「中官」或「宮官」，遵循「五日一洗沐」原則，如《史記·佞倖列傳》，文帝時鄧通為郎，「不好外交，雖賜洗沐，不欲出。」再如《後漢書·宋均傳》：「均以父任為郎，時年十五，好經書，每休沐日，輒受業博士」。若然，則諸郎輪值亦當施行五日一輪值制度〔註12〕。漢代的郎官「多至千人」，則考慮輪值因素，大約每日正常在宮的只有幾百人，保衛力量稍顯薄弱。漢武帝後來又增添期門、羽林等防衛力量，或與之有關。

〔註10〕　漢代官署分宮外與宮內兩類。
〔註11〕　按：學術界討論漢代官制，一般都聯繫到未央宮這樣的建築，以此為參照點。但其他宮殿，比如明光宮、桂宮、北宮等，究竟由衛尉還是由郎中令保護，迄今尚未見有討論者。故筆者在此謹慎起見，缺省以未央宮為例。
〔註12〕　廖伯源《漢官休假雜考》，《秦漢史論叢》，中華書局，2008 年，第 256～265 頁。

目前學界所確知御史大夫、衛尉之官署在未央宮中〔註13〕，少府（或其所轄官署）建築遺址也已在未央宮發現〔註14〕，而實際上，郎中令之府亦當在未央宮中。漢初呂后崩，呂產欲作亂，《漢書・高后紀》：「（呂）產不知祿已去北軍，入未央宮欲為亂。殿門弗內，徘徊往來。平陽侯馳語太尉勃，勃尚恐不勝，未敢誦言誅之，乃謂朱虛侯章曰：『急入宮衛帝。』章從勃請卒千人，入未央宮掖門，見產廷中。日餔時，遂擊產，產走。天大風，從官亂，莫敢鬥者。逐產，殺之郎中府吏舍廁中。」呂產既已入未央宮，而又無由進入殿門，最後在郎中府吏舍廁中被殺，則說明郎中令之官府確在未央宮中。故如淳亦曰：「《百官表》郎中令掌宮殿門戶，故其府在宮中，後轉為光祿勳。」這點對於我們今天的未央宮考古具有一定參政意義（未央宮的考古發掘，發現大量官署遺址，但只提到少府等官署，尚未認識到郎中令官府亦當在其中）。

《百官表》郎中令下尚有「大夫、謁者」等屬官，但在漢初尚看不出他們的歸屬情況。大夫最初大概屬於散職，無所歸屬，漢初中大夫最初由衛尉掌管，《百官公卿表》衛尉「景帝初更名中大夫令」，實則文帝時已見中大夫之名〔註15〕。若求名實相副，則當掌管中大夫（或一併掌管所有大夫）。謁者在漢初地位要低於中郎與郎中，甚至低於外郎，如《漢書・惠帝紀》：「謁者、執楯、執戟、武士、騶比外郎」，說明謁者不具有郎的地位，但在待遇上可以參照外郎。謁者（非全部謁者，少府名下亦有部份謁者）後來將其歸入郎中令（光祿勳）之下，除了其職能「報章奏事」〔註16〕與郎中令（光祿勳）所負責空間區域有交叉外，當也與兩漢以來，以郎官給事謁者的制度有關〔註17〕。

最後簡要談一下郎中令的職責。

（1）宿衛警備。為郎中令的基本職能，說者已多，無需多言。

（2）管理郎官。朱紹侯先生認為，郎中令對郎官、謁者的領導是通過三署進行的，三署是郎中令的下屬機構，直接管理郎官、謁者〔註18〕。我們認

〔註13〕　《漢舊儀》：「御史、衛尉寺在宮中。」未央宮考古亦發現「衛尉」瓦當。
〔註14〕　《中國考古學・秦漢卷》，中國社會科學出版社，2010年，第190～191頁。
〔註15〕　（漢）班固《漢書・文帝紀》後元六年，「以中大夫令免為車騎將軍」。
〔註16〕　應劭《漢官儀》：「謁者三十人，秩四百石，掌報章奏事及喪弔祭享。」。
〔註17〕　應劭《漢官儀》：「謁者三十五人，以郎中秩滿歲稱給事，未滿歲稱灌謁者。」。
〔註18〕　朱紹侯《略論秦漢中央三級保衛制》，《南都學壇》，1989第4期，第2頁。

爲，朱先生認爲郎中令不是作爲郎官的管理直接者，從實際來看，當無爭議。郎官的管理者當爲郎將〔註19〕。如《漢書・楊惲傳》：

> 惲爲中郎將，罷山郎，移長度大司農，以給財用。其疾病休謁洗沐，皆以法令從事。郎、謁者有罪過，輒奏免，薦舉其高弟有行能者，至郡守九卿。郎官化之，莫不自厲，絕請謁貨賂之端，令行禁止，宮殿之內翕然同聲。〔註20〕

但三署制在西漢尚未成型，五官中郎將、左右中郎將有沒有署，這點資料中未明。即便有署，從其所主人員看，似乎也不便做如此判斷。《漢舊儀》：「左中郎將……主謁者。右中郎將……主常侍、侍郎。五官中郎將……主五官郎。」郎中並不在其中。而郎中一般認爲是郎官的主體。其次，朱先生所引之資料亦存問題：《初學記》卷十二「光祿勳」條注引《漢官》：

> 郎中令，屬官有五官中郎將，左、右中郎將，曰三署。署中各有中郎、議郎、侍郎、郎中，皆無員。（外）多至千人，主執戟衛宮陛，及諸虎賁、羽林郎皆屬焉。謂之郎中令者，言領諸郎而爲之長。

按：這是條很糟糕的材料。其所敘說的是東漢制度，卻又以「郎中令」領文，東漢無郎中令，此處「郎中令」都應該換成「光祿勳」。

2、中郎與中郎將

中郎之「中」需要我們特別關注。目前研究者，多將其認爲即禁中。顏師古引蘇林注謂「省中郎」。蔡邕《獨斷》：「本爲禁中，門閣有禁，非侍御之臣不得妄入。行道豹尾中亦爲禁中。孝元皇后父名禁，避之，故曰省中。」實際上，這是以皇帝爲中心的一個觀點。省中是不固定的，皇帝所居之處即爲省中。但漢代皇帝所居處有常，西漢一般在未央宮前殿。從《晉書》中的大駕鹵簿來看，豹尾之前的部份，其實大致等同於百官朝會的布局，況之漢代，則相當於未央宮前殿（三座建築最南面一座）。「省」是皇帝辦公的地方，取「省視」之意，猶「視事」。「朝省」並稱，《漢書》多見，可知「省」與朝會有關，如「遠絕宗室之任，不令得給事朝省」（《漢書楚・元王傳》），「終不及朝省政事」（《漢書・孔光傳》），「不宜復列封侯在朝省」（《漢書・薛宣傳》）。

〔註19〕 楊鴻年先生在其論文《漢魏郎官》中認爲郎將和中郎將是郎署中的兩級領導，郎將統屬於中郎將。這種觀點可供參考。載《中國古代史論叢》第七輯，福建人民出版社，1983年，第207頁。

〔註20〕 （漢）班固《漢書》，中華書局，1962年，第2890頁。

這個意義上，後世的三省都來源於此。如唐代的中書省、門下省都是太極殿的殿廷之中。但如皇帝到別的宮殿中處理政務，如《漢書・孔光傳》：「沐日歸休，兄弟妻子燕語，終不及朝省政事。或問光：『溫室省中樹皆何木也？』光嘿不應，更答以它語，其不泄如是。」溫室殿不屬於皇帝的正處，不在前殿之中，屬於偏殿之類。皇帝在溫室殿中辦公，則溫室殿升格爲「省」。後漢以來，皇帝御正殿較少，大多數時間在偏殿辦公。

學界一般認爲，秦及漢初郎官分爲三類，一類爲中郎、一類爲郎中、一類爲外郎。《史記・秦始皇本紀》「乃行誅大臣及諸公子，以罪過連逮少近官三郎，無得立者」。《史記會注考證》引沈家本注，以《漢書・惠帝紀》之三郎（中郎、郎中、外郎）解之〔註21〕。外郎，現在學界通常認爲「給事宮外者爲外郎」〔註22〕，而《通典・職官十一》則曰：「其散郎謂之外郎」。中郎有的學者則認爲即「中郎中」。我們覺得，這種解釋都有不少問題。我們在此僅對中郎展開一點探討。

我們認爲中郎爲一類郎官，而不是「中郎中」那樣簡單視爲郎中在中者。郎中的分化過程，一般認爲，至漢才開始。秦時已經有「議郎」等具體郎官，就可以說明問題。中郎爲一類郎官，從以下材料中可以窺見：

> 李將軍廣者，……以良家子從軍擊胡，用善騎射，殺首虜多，爲漢中郎。廣從弟李蔡亦爲郎，皆爲武騎常侍，秩八百石。（《史記・李將軍列傳》）

李廣既爲「中郎」，又云「常侍」，則中郎不是一個定稱。又，西漢的中郎將有三種。即《漢書・百官公卿表》所言「中郎有五官、左、右三將，秩皆比二千石。」《漢舊儀》記載：

> 五官中郎將，秩比二千石，主五官郎中。〔註23〕

> 左、右中郎將，秩比二千石，主謁者、常侍、侍郎，以貲進。（本注曰：左主謁者，右主常侍、侍郎。）〔註24〕

> 五官屬光祿勳，不得上朝謁。兼左、右曹諸吏，得上朝謁。〔註25〕

〔註21〕 （漢）班固《漢書・惠帝紀》：「中郎、郎中滿六歲爵三級，四歲二級。外郎滿六歲二級。中郎不滿一歲一級。外郎不滿二歲賜錢萬。宦官尚食比郎中，謁者、執楯、執戟、武士、騶比外郎。」。中華書局，1962年，第85頁。

〔註22〕 安作璋、熊鐵基《秦漢官制史稿》，齊魯書社，2007年，第347頁。

〔註23〕 （清）孫星衍等輯、周天遊點校《漢官六種》，中華書局，1990年，第65頁。

〔註24〕 （清）孫星衍等輯、周天遊點校《漢官六種》，中華書局，1990年，第65頁。

〔註25〕 （清）孫星衍等輯、周天遊點校《漢官六種》，中華書局，1990年，第65頁。

從記載來看，這三個中郎將所主沒有一個中郎。其中右中郎將所主之常侍、侍郎，與李廣爲武騎常侍號中郎一致。這都可以表明，中郎不是一個單純的郎官分類，而是一類郎官。在這裡，或許謁者也屬於左中郎將有些奇怪。但我們覺得，這些謁者可能爲郎官給事謁者。

五官中郎將主「五官郎中」稍顯奇怪，「中」字或爲衍文。東漢五官中郎將主五官郎，其下分五官郎中、五官中郎、五官侍郎等（《後漢書·百官二》）。「五官」二字，究竟何指，迄今未明。宋一夫先生認爲功曹與五官掾「同職異名」〔註 26〕恐非，已有論文辨其非〔註 27〕。我們只知道，東漢五官郎的年齡界限是五十以上，《漢官儀》：「郡國舉孝廉以補三署郎，年五十以上屬五官」。與秦漢以來任子爲郎的傳統直接違背，很難想像，子弟五十方爲郎，則所任者年齡當多麼大，這很難作爲當官者的一種政治福利。不知西漢時期是否也如此。從東漢郡縣官中有五官掾，其中，郡之五官掾，《後漢書·百官五》「署功曹及諸曹事。」縣之五官掾「五官爲廷掾，監鄉五部」。

從表面看，五官中郎將「不得上朝謁」，似乎地位要比左、右中郎將低。但在天子拜官禮儀中，五官中郎將的地位卻在左、右中郎將之上。如：

> 拜御史大夫爲丞相，左、右、前、後將軍贊，五官中郎將授印綬；拜左、右、前、後將軍爲御史大夫，中二千石贊，左、右中郎將授印綬；拜中二千石，中郎將贊，御史中丞授印綬；拜千石、六百石，御史中丞贊，侍御史授印綬。〔註 28〕

而且從拜中二千石的禮儀中，我們還可以發現，西漢還存在中郎將。此處肯定不是五官、左右中郎將之中的任何一個，而是單純的中郎將。西漢還有很多出使的中郎將，如：

郎中、郎中將：漢代的郎中有車郎、戶郎、騎郎的區別，每樣又各分左右，即左車郎、右車郎、左戶郎、右戶郎、左騎郎、右騎郎。車郎主車御是沒問題的。但是車郎與輦郎卻有所不同。嚴耕望先生認爲輦郎亦車郎之屬。《劉向傳》：「年十二，以父德任輦郎」，桓譚《新論》：「余年十七，爲奉車郎」，

〔註 26〕　宋一夫《漢代功曹、五官掾考》，《歷史研究》，1994 年 05 期，第 168 頁。

〔註 27〕　參趙爲之、諸寒社《漢代「五官掾」淺議》，《和田師範專科學校學報》，2010年第 4 期。劉曉亮《論漢代功曹、五官掾是否同職異稱》，《南昌教育學院學報》，2011 年第 2 期。

〔註 28〕　（清）孫星衍等輯、周天遊點校《漢官六種》，中華書局，1990 年，第 66～67 頁。

嚴先生認為「是皆車郎也」。而實則二者並非一體。輦是人力所牽引之車，所史多稱「扶輦」，而車則是牲畜所駕之車。正如我們的剖析，郎中的分佈空間一般都是在殿下，而輦郎則不同，他們是可以在殿上的。如《漢書·李廣蘇建傳》：「前長君為奉車，從至雍棫陽宮，扶輦下除，觸柱折轅」，除即宮殿的臺階。從職能上來看，車郎所主之車並非帝王所乘之車，而是車駕之中的副車。帝王所乘之車由奉車都尉來管理。故《百官表》：「奉車都尉掌御乘輿車」。上引「長君為奉車」，亦即蘇建之兄為奉車都尉時事。

郎中將的歸屬問題也引起一些爭論。楊鴻年先生在《漢魏郎官》一文中，以為郎中將亦屬中郎將管轄，即「同一署內的地位高低不同的兩級領導」。〔註29〕其主要證據《漢書·張釋之傳》，張釋之為騎郎，「騎郎」一職在先生看來，依照班表，升調去留當由郎中騎將管轄。而「欲免歸。中郎將爰盎知其賢，惜其去，乃請徙釋之補謁者。」按《後漢書·百官四》敘述太子之東宮官，「太子門大夫，六百石。本注曰：《舊注》云職比郎將。舊有左右戶將，別主左右戶直郎，建武以來省之。」眾所周知，東宮官比天子官。即稱「別主」，則左右戶將所主之直郎與他郎輪值當有別。這如同大將軍營有五部校尉，又有別營司馬。

3、期門、羽林

《漢書·百官公卿表》郎中令下「又期門、羽林皆屬焉。」表明期門、羽林為郎中令屬官。期門設置於漢武帝時。《漢書·東方朔傳》：「初，建元三年，微行始出，北至池陽，西至黃山，南獵長楊，東遊宜春。微行常用飲酎已。八九月中，與侍中、常侍、武騎及待詔隴西北地良家子能騎射者期諸殿門，故有『期門』之號自此始。」《百官公卿表》云：「期門掌執兵送從，武帝建元三年初置，比郎，無員，多至千人，有僕射，秩比千石。平帝元始元年更名虎賁郎，置中郎將，秩比二千石。」然期門建立於何時，學界尚有誤解。《風俗通義》引劉向對漢成帝語：「又為微行，數幸通家。文帝代服衣罽襲氊帽，騎駿馬，從侍中、近臣、常侍、期門武騎獵漸臺下，馳射狐兔，果雉刺彘。是時待詔賈山諫，以為不宜數從郡國賢良吏出遊獵，重令此人負名不稱其與。及太中大夫賈誼亦數陳止遊獵。」似文帝時已有期門之號。但不知與武帝之期門有何關係。黃今言先生謂「文帝」當為「武帝」之誤，「漸臺」

〔註29〕詳見《中國古代史論叢》第七輯第 205～207 頁，福建人民出版社，1983 年。

屬建章宮，造於武帝時，「『文帝獵漸臺下』，乃無可能」〔註30〕。但先生不知建章宮有漸臺，未央宮亦有漸臺〔註31〕。此文獻及考古資料中並有記載與發現。先生之論亦未確。

羽林亦武帝時置，《漢舊儀》：「孝武太初初置羽林，象天有羽林星，爲國之羽翼，如林之盛也。」《百官表》：「羽林掌送從，次期門，武帝太初元年初置，名曰建章營騎，後更名羽林騎。又取從軍死事之子孫養羽林，官教以五兵，號曰羽林孤兒。羽林有令丞。宣帝令中郎將、騎都尉監羽林，秩比二千石。」然羽林作爲官名早在景帝初即有著錄。《漢書・枚乘傳》：「漢知吳之有吞天下之心也，赫然加怒，遣羽林黃頭循江而下，襲大王之都」。顏師古注云：「蘇林曰：『羽林黃頭郎，習水戰者也。』張晏曰：『天子舟立黃旄於其端也。』師古曰：『鄧通以棹船爲黃頭郎，蘇說是也。』」是顏師古贊成蘇林之說。沈欽韓《漢書疏證》卷二十八云：「羽林騎自太初以後始有，此篇蓋出武帝末年假託。」恐未必然。從文意看，羽林黃頭郎爲水軍，與武帝時羽林爲騎士頗不類，蓋徒名相似而已。

安作璋、熊鐵基先生認爲，「期門、羽林皆屬郎官」〔註32〕，然仔細區分，此論卻又不確。郎官只是他們後來的身份，確切來講，期門、羽林最初並不是郎官，而是屬於武士和騎士階層，具有「比郎」之地位，成爲郎官——期門郎、羽林郎，當爲後來的事。《漢書・惠帝紀》：「謁者、執楯、執戟、武士、騶比外郎。」注云：「應劭曰：執楯、執戟，親近陛衛也。武士，力士也。高祖使武士縛韓信是也。騶，騶騎也。師古曰：騶本廄之馭者，後又令爲騎，因謂騶騎耳。」期門、羽林中的騎士大概就屬於「騶騎」的身份。故而《百官表》在敘述期門時說它「比郎」。從資料來看，羽林以騎士爲主，而期門有武士也有騎士，疑以武士爲主。《漢書・霍光傳》：「太后被珠襦，盛服坐武帳中，侍御數百人皆持兵，期門武士陛戟，陳列殿下。」故期門後來改做虎奔，注家謂如虎奔走。

〔註30〕　黃今言《漢代期門羽林考釋》，《歷史研究》，1996年第2期，第37～38頁。
〔註31〕　（漢）班固《漢書・翼奉傳》：「未央宮又無高門、武臺、麒麟、鳳皇、白虎、玉堂、金華之殿，獨有前殿、曲臺、漸臺、宣室、溫室、承明耳。」《三輔黃圖》卷一「按舊圖漸臺、織室、凌室皆在未央宮」，卷五「漸臺在未央宮太液池中」等，皆可證未央宮有漸臺。
〔註32〕　安作璋、熊鐵基《秦漢官制史稿》，齊魯書社，2007年，第115頁。

　　期門與羽林職責均為「掌執兵送從」，這與《後漢書》所載「主虎賁宿衛」、「掌宿衛侍從」俱以「宿衛」為稱不同。設置之初，期門、羽林此時尚不具備宿衛功能。其所謂「送從」，自然是出宮為言，因為皇帝在宮內之安全自有衛尉與郎中令保護。這也表明正如我們所論，他們一開始不具有宿衛者──郎官的身份。而這類「送從」，一般而言，似針對非正式出宮的情況。如漢武帝之微行，《霍光傳》上官太后之入未央宮「期門武士陛戟」，都屬於這類情況。一般來言，帝王正式出行的情況有三種：大駕、法駕、小駕，規模大小不同，人員也有一些調整﹝註 33﹞。如「千車萬騎」指的皇帝大駕的威嚴，此外尚有法駕、小駕的區別，凡這類正式出行，均需要郎官「出充車騎」。

　　羽林「次期門」，或從其位次而言。羽林、期門的防衛範圍，安作璋先生指出，羽林「宿殿陛巖下室中」，期門武士則是「陛戟陳列殿下」。前者主要依據《後漢書・百官二》羽林中郎將下注「本武帝以便馬從獵，還宿殿陛巖下室中，故號巖郎。」後者使用的是《霍光傳》的例子，期門郎為宮內兵的證明還有，《漢書・王莽傳上》：「詔尚書，諸發兵符節，百官奏事，中黃門、期門兵皆屬莽」，而不及羽林郎，可知羽林尚未成為宮內宿衛力量，直至東漢，羽林才真正成為宿衛力量。需要特別指出的是，描述羽林的「宿殿陛巖下室中」一句極易令人混淆，容易使人聯想到殿內之郎官。《漢書・董仲舒傳》「游於巖郎之上」，「郎」、「廊」二字在《漢書》中通用。安作璋先生亦謂巖郎即巖廊，「必是殿周圍邊險峻之處」已初得其意。《說文》「巖」字「岸也」，段玉裁注曰：

> 厓也，各本作岸也。今依《太平御覽》所引正。厂部曰：「厓者，山邊也。」厓亦謂之巖，故厂下云，山石之厓巖，人可居也。《戰國策》：「巖下有貫珠者。」《漢書》：「游於巖廊之上。」皆謂殿下小屋，如厓巖之下可居也。

段氏之說法甚確。所謂「殿下小屋」，從考古發掘來看，未央宮前殿臺基四周確實有許多小房間。如業已經過發掘的未央宮前殿西南部發現有 46 座小房屋遺址，其中南北排列的房屋 43 座，東西排列的房屋 3 座。房屋分長方形房屋

﹝註 33﹞　《漢官解詁》：「天子出，有大駕、法駕、小駕。大駕則公卿奉引，大將軍驂乘，太僕御，屬車八十一乘，備千乘萬騎。法駕，公不在鹵簿，唯河南尹、執金吾、洛陽令奉引，侍中驂乘，奉車郎御，屬車三十六乘。小駕，太僕奉駕，侍御史整車騎。」欲更詳，參劉增貴先生《漢隋之間的車駕制度》一文，發表在《中研院歷史語言研究所集刊》，第 63 本（1993 年），第 410～421 頁。

與正方形房屋兩種。長方形房屋較大,「推測多爲庫房或辦公用房」,方形房屋,「可能是供辦公或居住使用」,從其中出土了鐵質兵器、木簡、博局等。〔註34〕,這一範圍恰在殿外,不屬於郎官的護衛範圍。當屬於衛士的直宿屋。《文選》:「周廬千列,徼道綺錯。」李善注:「《史記》衛令曰:周廬設卒甚謹。」。衛令即衛士令,其原文爲:《史記・秦始皇本紀》趙高派其女婿閻樂殺二世,「遣(閻)樂將吏卒千餘人至望夷宮殿門,縛衛令僕射,曰:『賊入此,何不止?』衛令曰:『周廬設卒甚謹,安得賊敢入宮?』樂遂斬衛令,直將吏入,行射,郎宦者大驚,或走或格,格者輒死,死者數十人。」可見「周廬千列」爲繞殿的衛兵駐紮處。因此這也說明羽林一開始並非郎官身份。

　　羽林由騎士轉化爲郎當在漢宣帝之時。漢昭帝時,《漢書・霍光金日磾傳》載,霍光「出都肆郎、羽林」,顏師古注云:「孟康曰:都,試也;肆,習也。師古曰:謂總閱試習武備也。」則霍光檢閱兵丁之時,郎官與羽林尚有所區分。此時羽林當猶爲騎士。又其後昭帝崩,群臣廢昌邑王事,「(霍)光使盡驅出昌邑群臣,置金馬門外。車騎將軍安世將羽林騎收縛二百餘人,皆送廷尉詔獄。」此事亦稱「羽林騎」,此後不再見有羽林騎記載,則羽林轉爲郎官,當與《百官表》「宣帝令中郎將、騎都尉監羽林」同步。他們到郎官的轉變是有一個過程的。

　　期門、羽林的設置,標誌著封建皇權的加強。其設置原因,王應麟在《玉海》卷一三七《兵制二》中認爲,漢武帝「恐中尉之權太重,又於光祿勳置羽林、期門,而後南北二軍之勢始均」近代以來,許多學者也依從這一觀點,認爲期門、羽林的設置,由於當時北軍設置了「八校尉」〔註35〕,南軍也增加「期門、羽林軍」〔註36〕,從而實現「平衡南北軍力量」〔註37〕。此論黃今言先生已對此提出一些反駁。筆者還想強調的是,第一,羽林、期門雖屬

〔註34〕《中國考古學(秦漢卷)》,中國社會科學出版社,2010年,第187～188頁。
〔註35〕按:《漢書・百官公卿表》云:「城門校尉掌京師城門屯兵,有司馬、十二城門候。中壘校尉掌北軍壘門內,外掌西域。屯騎校尉掌騎士。步兵校尉掌上林苑門屯兵。越騎校尉掌越騎。長水校尉掌長水宣曲胡騎。又有胡騎校尉,掌池陽胡騎,不常置。射聲校尉掌待詔射聲士。虎賁校尉掌輕車。凡八校尉,皆武帝初置,有丞、司馬。」此處所謂「八校」,當不包括城門校尉,城門校尉在高帝時已置,見張金龍《魏晉南北朝禁衛武官制度研究》,第47～48頁。中華書局,2004年。
〔註36〕郭沫若主編《中國史稿》第2冊,人民出版社,1962年,第177頁。
〔註37〕筆者按:南軍指衛尉、郎中令之軍隊,北軍指中尉(執金吾)之軍隊。

郎中令（光祿勳），但郎中令（光祿勳）並非屬南軍〔註38〕。《文獻通考》卷一百五十三《兵二》引山齋易氏說：「文帝自代邸入未央宮，夜拜宋昌爲衛將軍，領南北軍。張武爲郎中令，行殿中，以是觀之，則張武自別領郎衛之職。宋昌自兼領南北軍之職，兵衛郎衛分爲二職，則知郎衛非南軍明矣。」但衛尉屬南軍的觀點影響卻很深。《西漢會要》、《文獻通考‧兵考》皆認爲期門、羽林軍歸屬南軍，導致許多學者林劍鳴和白鋼等，在其著作中也持這種看法〔註39〕。第二，從《百官公卿表》敘述來看，所謂的「八校尉」都是直接對天子負責，其上沒有所屬的官員。諸校尉歸入北軍爲東漢時事。

都城長安的防禦力量，在外有北軍，在內有衛尉、郎中令和城門校尉，其中北軍、衛尉、城門校尉手下的士兵主要來源於民眾。這部份人基本出身農民，就征前每年訓練時間有限，本身戰鬥力不強，只有在農忙閑暇時才能略作操練。而郎官或出身於貴族、官吏之任子，或處於富豪之家貲選，「基本上屬於文官性質」，其制之不善，已獲董仲舒之譏諷〔註40〕。又武帝時公開買賣郎官名額，《漢書‧食貨志》「入財者得補郎，郎選衰矣。」而「擅騎射」的期門、羽林採取父子相代制度，既有家傳之技藝，又造就了一批對皇帝忠實的軍隊，從而「與南北軍形成三分鼎峙之勢」〔註41〕。且從其戰鬥力來看，又遠勝於郎官。這種情況使得漢武帝有必須要建立一些專業的武裝力量。因此，武帝時之所以會湧現七校尉與羽林、期門等軍隊編制，並非偶然。八校繼續發展，到東漢縮減爲五校，成爲東漢皇宮主要守護力量。而羽林、虎賁則成爲宮內的一支重要力量。

其次，換個角度考慮，從兵種結構來看，戰國以來，趙武靈王胡服騎射，騎兵突起，騎兵以其靈活快速的特點，戰法的多樣而受到青睞，車兵雖然也有其優勢，如《太公六韜》所論，對付騎兵用車騎兵，再如李陵出擊匈奴，亦以戰車爲防禦手段，但式微之勢不可逆轉。到秦漢之際，騎兵、步兵已經成爲兩大兵種。如《漢書‧高帝紀》：

〔註38〕 黃今言先生與筆者觀點類似，此外尚有謝彥明《西漢期門、羽林軍不屬於南軍》，《首都師範大學學報（社會科學版）》，2005年第1期。

〔註39〕 參林劍鳴《秦漢史》第324頁，上海人民出版社，2003年；白鋼《中國政治制度通史》第三卷，第339頁，人民出版社，1996年。

〔註40〕 《漢書‧董仲舒傳》：「夫長吏多出於郎中、中郎，吏二千石子弟選郎吏，又以富訾，未必賢也。」

〔註41〕 黃今言《漢代期門羽林考釋》，《歷史研究》，1996年第2期，第39頁。

漢王以韓信爲左丞相，與曹參、灌嬰俱擊魏。食其還，漢王問：
「魏大將誰也？」對曰：「柏直。」王曰：「是口尚乳臭，不能當韓
信。騎將誰也？」曰：「馮敬。」曰：「是秦將馮無擇子也。雖賢，
不能當灌嬰。步卒將誰也？」曰：「項它。」曰：「是不能當曹參。
吾無患矣。」〔註42〕

其兵制即以步兵、騎兵爲主。漢初，國家吞併以步兵爲主，需要騎兵時則發騎士入北軍營。漢武帝時，面對的主要是匈奴，著力培養騎兵成爲首務，故征伐大宛獲天馬，亦有改良軍馬之考慮。漢武帝時七校尉的設置，以騎兵爲主。

我們認爲，虎賁、羽林其實開啓了常備職業軍隊制度。漢代衛尉所掌管的衛卒是一年一換，而北軍營之兵士在戰爭時也是臨時征伐。他們的人員組成，都是百姓，不是職業的作戰人員，這也是爲何我們在第二章要說西漢的北軍五校與武帝時所設置的「七校」或「八校」不同。《漢書·馮奉世傳》，元帝時，隴西羌乡姐旁種反，詔召丞相韋玄成、御史大夫鄭弘、大司馬車騎將軍王接、左將軍許嘉、右將軍奉世入議。元帝問馮奉世用兵之數，對曰：「可用四萬人，一月足以決。」丞相、御史、兩將軍皆以爲民方收斂時，未可多發；萬人屯守之，且足。固爭之，不能得。有詔益二千人。可知漢代政府尋常作戰都是徵發百姓參軍。

武帝時到東漢，期門、羽林凌駕於諸郎之上，成爲皇帝的貼身護衛。這反映出郎官宿衛職能的轉變。但這種轉變，從西漢來看，還沒有發生質的改變。西漢的郎官依然保持宿衛職責。而從羽林、期門「送從」的職責來看，主要是宮外之責任。即便到了東漢職能，也不能誇大其職能。嚴耕望先生曾認爲：「此皆直宿宮內之職，有虎賁羽林郎，而不及三署郎。蓋武衛之任已爲後起兩郎所奪也。」〔註43〕這其實也不正確，三署郎的「武衛之任」並沒有被全奪去。如我們下文要介紹，《後漢書·禮儀下》所記載，皇帝駕崩後，宮內警戒如下：「閉城門、宮門。近臣中黃門持兵，虎賁、羽林、郎中署皆嚴宿衛，宮府各警，北軍五校繞宮屯兵，黃門令、尚書、御史、謁者晝夜行陳。」這表明，殿內依然有郎中的存在。只不過虎賁、羽林分享了一部份宿衛職權而已。某種程度上，郎衛的宿衛職能實際被削弱了。

〔註42〕（漢）班固《漢書·高帝紀》，中華書局，1962年，第38～39頁。

〔註43〕嚴耕望《秦漢郎吏制度考》，《嚴耕望史學論文集（上）》，上海古籍出版社，2007年，第296頁。

4、謁者

《百官公卿表》：「郎中令，秦官⋯⋯屬官有大夫、郎、謁者，皆秦官。」楊寬先生認爲，「秦制，郎中令下有謁者」〔註44〕，但是這一觀點卻有問題。《百官表》雖說謁者是秦官，但未言秦之郎中令屬下即有謁者。現有資料亦支持我們這種懷疑。前引張家山漢簡《二年律令·津關令》：

> □、相國上中大夫書，請中大夫謁者、郎中、執盾、執戟家在關外者，買私買馬關中。有縣官致上中大夫、郎中，中大夫、郎中爲書告津關，來，復傳，津關謹閱出入。馬當復入不入，以令論。
> 相國、御史以聞，制曰：可。〔註45〕

此爲張家山漢簡整理小組斷法。陳偉先生認爲，簡文中「相國上中大夫書」之「中大夫」當爲「中大夫令」之省稱。郎中爲郎中令，執盾爲其屬官，中間不宜加頓號〔註46〕。閻步克先生認爲，中大夫與謁者爲兩官，二者之間不存在從屬關係，中大夫謁者之間應加頓號隔開。閻先生認爲「首先，在各種史料中都看不到漢代有『中大夫謁者』這一提法。其次，謁者屬於中大夫令，也於史無徵。在後來，謁者屬於謁者僕射。」〔註47〕前兩點於史無徵，不能算強證。關於後一點謁者後來屬於謁者僕射，也未必然。《漢舊儀》：「黃門令領黃門謁者」〔註48〕，這說明黃門令下亦有謁者，不獨謁者僕射有。

筆者認爲，此處謁者當屬中大夫，因爲此處兩個買馬事情的經手官員爲中大夫和郎中令，「有縣官致上中大夫、郎中、中大夫、郎中爲書告津關」，不然，應該加一個謁者成爲「致上中大夫、謁者、郎中」，如此方通順。

秦代謁者是否屬於中大夫令史無明文。秦二世時，趙高爲郎中令，案治丞相李斯，《史記·李斯列傳》：「趙高使其客十餘輩詐爲御史、謁者、侍中，更往復訊斯。」則謁者在此作爲皇帝使者出現，當不可能屬郎中令。由此看來，秦時謁者亦不屬郎中令。

〔註44〕 楊寬《戰國史》，上海人民出版社，2008年，第226頁。

〔註45〕 《張家山漢墓竹簡（釋文修訂版）》，文物出版社，2006年，第85頁。

〔註46〕 陳偉《張家山漢簡〈津關令〉涉馬諸令研究》，《考古學報》，2003年第1期。

〔註47〕 閻步克《論張家山漢簡〈二年律令〉中的「宦皇帝」》，《中國史研究》，2003年，第3期。

〔註48〕 《漢書·百官公卿表》不言有黃門令一官，但《漢舊儀》有載。又《漢書·孔光傳》：「黃門令爲太師省中坐置幾」，則西漢確實有黃門令，班固漏書。

以上表明在漢初，謁者曾一度歸中大夫令管轄。謁者的地位起初甚低，《漢書·惠帝紀》：「謁者、執楯、執戟、武士、騶比外郎。」尙不正式具有郎官身份。大概初期的謁者只是掌傳達通報等低級職務，「受事」而已，但隨著漢代禮制的盛行，逐漸開始掌「賓贊」。故《百官公卿表》則云：「謁者掌賓贊受事，員七十人，秩比六百石，有僕射，秩比千石。」此時地位已經比漢初地位高許多，這當是惠帝以後的制度。《漢書·張釋之傳》：「張釋之字季，南陽堵陽人也。與兄仲同居，以貲爲騎郎，事文帝，十年不得調，亡所知名。釋之曰：『久宦減仲之產，不遂。』欲免歸。中郎將爰盎知其賢，惜其去，乃請徙釋之補謁者。」張釋之由騎郎而「補謁者」，或可表明謁者地位的抬升至遲當在文帝時。

第三節　東漢郎署外移之考辨

東漢郎官主要爲三署郎，嚴耕望先生提出東漢郎署外移、郎吏職任之漸奪之說。這一觀點對學界影響甚大，今天看來，仍有值得商榷的地方。嚴先生在總結兩漢郎官變化，於「郎署位置之外移」下說：

> 秦及西漢郎吏雖不必仍居郎廡，然其署尚在宮殿中，與宦者署不異。至東漢，郎署移至宮外與太學相對，蓋旨在早就行政人才，與太學不異，非復西漢近侍從官之比矣。〔註49〕

又於「郎吏職任之漸奪」下云：

> 秦西漢及東漢，郎吏雖均以宿衛爲職，然秦及西漢之郎吏，朝則陛戟殿下，居恒隨侍左右，實天子之近衛，常膺加官之號。迄乎東漢，隨侍之職爲宦官之中常侍、小黃門及外戚之黃門侍郎所奪。而陛戟殿下，亦漸歸虎賁。蓋虎賁郎本爲郎中中郎之支衍，其分職也固宜。〔註50〕

其後，王克奇先生在研究秦漢郎官時，又進而總結爲東漢的郎官體系爲「七署郎官體制」〔註51〕，也持外移之說。「七署」之說，見於《後漢書·百官二》：

〔註49〕 嚴耕望《秦漢郎官制度考》，《嚴耕望史學論文集（上）》，上海古籍出版社，2007年，第33～34頁。

〔註50〕 嚴耕望《秦漢郎官制度考》，《嚴耕望史學論文集（上）》，上海古籍出版社，2007年，第34～35頁。

〔註51〕 安作璋、熊鐵基《秦漢官制史稿》附《論秦漢郎官制度》，齊魯書社，2007年，第382頁。

「右屬光祿勳。本注曰：職屬光祿者，自五官將至羽林右監，凡七署。」即五官、左、右、虎賁、羽林中郎將及羽林左右監。但不盡為郎官。其中的羽林左、右監，分別監羽林左右騎，我們前面已經進行過分析，羽林騎的身份只是「比郎」而已，並非郎官。因此，王克奇先生的「七署郎官」一詞是不成立的，郎官實際只有五署。這從下文「殿中諸署、五郎將屬光祿勳」也可以看出。

嚴耕望先生認為，迄乎東漢，郎官執戟宿衛的功能為虎賁所代替，郎官近衛的職能則「隨侍之職為宦官之中常侍、小黃門及外戚之黃門侍郎所奪」，三署郎轉為儲材之所，「與太學不異」，這都說的不準確。近衛的職能早在西漢武帝時就已經交由中黃門保衛，《漢書·江充傳》：「貴戚近臣多奢僭，充皆舉劾，奏請沒入車馬，令身待北軍擊匈奴。奏可。充即移書光祿勳、中黃門，逮名近臣侍中諸當詣北軍者，移劾門衛，禁止無令得出入宮殿。」這表明宮殿之中，由光祿勳和中黃門等管理。關於這點，楊鴻年等先生在其著作中，都有所討論。在此不贅。至於郎官宿衛的功能，我們認為依舊存在。除了《後漢書·百官二》中所明言的衛尉「宿衛宮殿門戶，典謁署郎更直執戟，宿衛門戶」、「凡郎官皆主更直執戟，宿衛諸殿門，出充車騎」外，尚有以下證據：

第一，《後漢書·禮儀下》：「登遐，皇后詔三公典喪事。百官皆衣白單衣，白幘不冠。閉城門、宮門。近臣中黃門持兵，虎賁、羽林、郎中署皆嚴宿衛，宮府各警，北軍五校繞宮屯兵，黃門令、尚書、御史、謁者晝夜行陳。」這裡的「郎中署」就是分散在宮殿中的郎署機構。從文意看，也有虎賁署、羽林署。整個保衛的宮殿區，都被這些郎署劃成一個個片區。如曲臺有郎署，《漢書·儒林傳》：孟喜「舉孝廉，為郎曲臺署長」，上林苑中亦有郎署。《漢書·爰盎傳》：「上幸上林，皇后、慎夫人從。其在禁中，常同坐。及坐，郎署長布席，盎引卻慎夫人坐。」

第二，《漢舊儀》記載：

　　黃門冗從持兵，無數，宣通內外。宦者署、尚書皆屬少府。殿中諸署、五郎將屬光祿勳。宮司馬、諸隊都候領督盜賊，屬執金吾。司馬掖門殿門屯衛士，皆屬衛尉。〔註52〕

〔註52〕　（清）孫星衍等輯、周天遊點校《漢官六種》，中華書局，1990年，第65頁。

此段文字雖居《漢舊儀》中，描述的卻是東漢制度。證據如下。第一，孫星衍案語：「上文五官、左、右三中郎將，此言五郎將者，蓋並虎賁、羽林二中郎將爲五也。」這一記載雖然置於《漢舊儀》中，但爲東漢之制〔註53〕。虎賁中郎將爲西漢平帝元始元年置，距離王莽篡位只有四五年時間。這是其一。其二，黃門冗從執兵宿衛，《漢書·百官公卿表》未見記載。但東漢記載卻頗爲詳細。《後漢書·百官三》：「中黃門冗從僕射一人，六百石。本注曰：宦者。主中黃門冗從。居則宿衛，直守門戶；出則騎從，夾乘輿車。」第三，「宮司馬、諸隊都候領督盜賊，屬執金吾」孫星衍按語：「宋錢文子曰：『《百官表》中尉屬官無衛司馬、候、左右都候。』」這是正確的，此處執金吾當爲衛尉之訛。都候屬於衛尉屬官，其設置在東漢，西漢無都候〔註54〕。《後漢書·百官二》下有「左右都候各一人，六百石。本注曰：主劍戟士，徼循宮及天子有所收考。丞各一人。」這也表明此爲東漢制度。最後，《漢舊儀》之中亦有記述西漢時制度：「殿外門署屬衛尉，殿內郎署屬光祿勳，黃門、鉤盾署屬少府。」

第三，《通典·職官七》：「自魏晉以後，無復三署郎，而光祿不復居禁中，唯外官朝會，則以名到焉。」《通典》記載魏晉後事，而不言東漢時事，則杜佑亦以爲東漢之前光祿勳尚在禁中，郎官尚未出外。

那麼，嚴先生所以爲的「郎署移至宮外與太學相對」，又該如何理解的？先生所依據的材料即《續百官志》引蔡質《漢儀》：「五官中郎解對太學，左中郎解次五官，虎賁中郎解次右將府，羽林郎府次虎賁府」，「解」即官廨之「廨」字。細心一點會發現，此處「解」與「府」是通用的。這些都是五官中郎將、左右中郎將、虎賁、羽林等的府衙，即屬於他們的辦公機構，他們大概處理一些與郎有關的事物，如分配直宿區域、對郎吏進行考績、選拔等，而當值的郎官則要進入宮中進行宿衛。而不屬於皇帝的保衛機構——直宿機構的署。誠然，「署」字在某些情況下，可以與官府通用。但宮殿之中的「署」

〔註53〕　《漢舊儀》記載東漢制度不獨此件，祝總斌先生也發現過尚書制度混入《漢舊儀》現象，詳《兩漢魏晉南北朝宰相制度研究》，中國社會科學出版社，1990年，第138頁。

〔註54〕　《漢書·百官公卿表》：「衛尉，秦官，掌宮門衛屯兵，有丞。景帝初更名中大夫令，後元年復爲衛尉。屬官有公車司馬、衛士、旅賁三令丞。衛士三丞。又諸屯衛候、司馬二十二官皆屬焉。長樂、建章、甘泉衛尉皆掌其宮，職略同，不常置。」

不屬於辦公機構。即如嚴先生所持西漢情況來看，西漢郎中令之官府亦在殿外。而郎官直宿的位置是殿內。東漢五官中郎將、左右中郎將之官署雖然移至宮南，但其直宿位置依然是在殿內，這點沒有發生變化。因此，東漢並非存在郎官出外的問題，這是問題之實質。

再者，五郎將府在外，也並不能證明他們地位降低。而實際上，反倒是虎賁、羽林等在東漢起到最重要的宿衛作用。東漢的太學、太學附近的靈臺、辟雍都是非常重要的禮制建築，也不以居外爲嫌。如果從距離上來推算，五郎將府北距皇帝所在的南宮只有千米左右〔註55〕，也並不遠。

〔註55〕參《中國考古學（秦漢卷）》，中國社會科學出版社，2010年，第234頁。

第七章　新莽官制初探

　　王莽改制一直爲學界研究熱點，但這些研究，大都集中於經濟制度改革層面，如對王莽時期王田制、奴隸「私屬」、「六管」等研究。近世以來，對王莽官制的研究稍顯沈寂。自譚其驤先生撰《新莽職方考》、饒宗頤先生撰《新莽職官考》而來，研究者並不多。〔註 1〕然譚先生所研究側重地理區域變化，饒先生所考又甚略，其所未發明眾矣。其後劉德增先生作《王莽官制述論》〔註 2〕，楊天宇先生作《論王莽與今古文經學》，皆有所增補，然惜未能更近一步。前人多以闡述其制爲主，對於王莽官制改革中某些變化及其原因，未見研究。王莽官制之研究，既要考明其思想來源，又要考明其沿革變遷，又要考其在政治中之地位作用之變化，這三者，唯第二條研究較多，然又爲簡略。出土材料漸出，王莽時期官制問題有了一些討論的新空間。吉仕梅之《王莽改制在居延漢簡詞匯中的反映》〔註 3〕，鄭州大學張涵靜碩士論文《出土材料所見王莽時代若干問題研究》等也都涉及了一些官制材料，但前期的問題依然存在。閻步克先生研究王莽之詩國制度，爲最新之研究。卜憲群先生在其著作《秦漢官僚制度》一書中，也對王莽官制有所涉及，然尚顯疏略。近時秦漢史方面著作如田昌五、安作璋《秦漢史》，於王莽官制片言隻語，其不受重視狀況可見一斑。考其原因，資料乏缺爲主因。歷史上，王莽改制時間既短，又多不切實際，「政令日變，官名月易，貨幣歲改，吏民昏亂，

〔註 1〕參楊倩如《20 世紀以來的王莽研究：綜述及理論思考》，《中國史研究動態》，2011 年第 01 期。

〔註 2〕劉德增《王莽官制述論》，《山東師大學報（哲學社會科學版）》，1985 第 4 期。

〔註 3〕吉仕梅《王莽改制在居延漢簡詞匯中的反映》，《學術交流》，2008 年第 4 期。

不知所從」(《後漢書‧隗囂傳》),推廣施行起來既難,東漢政府又極力消除其政治影響,兩漢間文獻鮮見記載,故今日對王莽官制之研究,多見零散官印、漢簡。然這些材料,搜集又極爲不便。再者,許多官職內容,非專門之學不足以理清其脈絡。故雖欲涉入者,往往臨淵而止,歎其澀深。筆者不揣淺薄,嘗試進行粗淺研究,請方家批評。

本章分爲三節,第一節,敘述王莽官制改革的歷史背景。第二節論述王莽官制考辨。第三節,論述王莽官制與東漢官制的繼承關係。

第一節　王莽官制改革的歷史背景與思想淵源

王莽之改革官制,以奉天、慕古、從經爲主。在其主政時期,似並未因此而引起較大紛爭。新莽王朝所以覆亡,更主要原因是王莽的對外政策、連年戰爭引起,以及適時卻又不適當的經濟改革,導致民不聊生,其官職方面的改革並沒有引起較大反對。正如王莽經濟改革反映一定社會現實,這說明王莽的官職改革自有其一定合理性,包括社會思想與潮流方面等幾個方面加以論述。

第一,統治模式轉型的需要。漢承秦制,初期整個國家統治基礎是以法治爲基礎,即思想界所論之「霸道」,國家在行政上依賴文法吏以「三尺法」治理國家,《漢書‧酷吏傳》中的「酷吏」爲其極端形式。閻步克先生認爲,漢初創業集團如蕭何、曹參、張蒼、周昌、任敖、酈食其等多出身文法吏,爲其「體制的原因」。這與顧準先生所說近似,他說:「蕭何是秦吏,西漢的法制全套照搬商鞅、李斯那一套」〔註4〕。「王道」即所謂儒家一派。儒家自漢武帝獨尊儒術以來,地位有所抬升,但在政治思想中始終不具有主導地位。呂思勉先生說:「漢崇儒之主,莫過於武帝,而其爲治,實亦儒法雜。讀《鹽鐵論》,則知桑弘羊之所持,純爲法家之說矣」。金春鋒、薩孟武、侯外廬諸先生皆持此觀。桑弘羊是武帝時期主導變革的重要人物,則武帝之政本亦可見一斑。昭帝時霍光秉政,本「不學無術」,儒學之士所進有限。宣帝雖「師受《詩》、《論語》、《孝經》」,「然亦喜遊俠,鬥雞走馬,具知閭里奸邪,吏治得失」,非儒生作派。故元帝爲太子時,勸諫宣帝:「陛下持刑太深,宜用儒生」,遭其面斥:「漢家自有制度,本以霸王道雜之,奈何純任德教,用周政乎!且俗儒不達時宜,好是古非今,使人眩於名實,不知所守,何足委任!」

〔註4〕顧準《顧準文集》,貴州人民出版社,1994年,第366頁。

乃歎曰：「亂我家者，太子也！」是所學爲一，所施政又爲一。整個漢代社會，誠如漢武帝所視公孫弘「習文法吏事，緣飾以儒術」（《漢書·公孫弘傳》）——「儒表法裏」，是爲西漢政治之顯著特色。其後，儒道雖蒸蒸日上成爲趨勢，雖元帝時頗進用士人，但宦官石顯等弄權，許多儒者受到株連。輔政儒學大臣，「（蕭）望之自殺，（周）堪、（劉）更生廢錮，不得復進用」（《漢書·佞倖傳》）。此後外戚專政，對儒道的弘揚壯大都起到了抑制作用。王道的核心觀念之一便是復禮，孔子當春秋衰敗之際，提出「克己復禮」的口號，這一口號，在西漢人儒士眼中，儼然成了戰鬥的號角。西漢在繼承秦制的層面，也繼承了許多在儒士眼中腐朽的東西。董仲舒言：「昔秦受亡周之敝，而亡以化之；漢受亡秦之敝，又亡以化之。夫繼二敝之後，承其下流，兼受其猥，難治甚矣。又多兄弟親戚骨肉之連，驕揚奢侈，恣睢者衆，所謂重難之時者也。」（《漢書·五行志上》）承秦的弊端，以及外戚皇族的驕奢淫逸，一直是儒士心中隱隱之痛。劉向說：「夫承千歲之衰周，繼暴秦之餘敝，民漸漬惡俗，貪饕險詖，不閑義理，不示以大化，而獨毆以刑罰，終已不改。故曰：『導之以禮樂，而民和睦』。」可見他們希望遵從儒家傳統道德、「復禮」之強烈。而王莽之所以逐步登上權力的頂峰，除了「復禮」的社會思潮之外，還有社會上對「克己」的訴求，正順應了這一趨勢。

揚雄在《劇秦美新》中形容漢代儒學發展「帝典闕而不補，王綱弛而未張」，閻步克先生認爲，「元帝以後，對一種更純正的『王道』的追求，鼓動著日盛一日要求『改制』、『變法』的政治浪潮，這最終就導致了王莽『新政』之出場。」〔註5〕

第二，陰陽五行學說的淵源與經學的讖緯化。

顧頡剛先生說：「漢代人的思想的骨幹，是陰陽五行。無論在宗教上，在政治上，在學術上，沒有不用這套方式的。」〔註6〕陰陽五行對漢代的影響是顯而易見的。早期的五行學說，經春秋時期的「必有勝」、墨家學派的「毋常勝」（交相勝）到鄒衍發展爲循環相勝的「五德終始」。五德終始說的前提就是「受命」，誠如顧頡剛先生所論，自春秋以來，周王朝漸衰，戰國爭雄，下一任受命者是誰，就成了現實諸侯國考慮的問題。秦滅六國，以「受命」自居，故以水德。

〔註 5〕閻步克《士大夫政治演生史稿》，北京大學出版社，1996 年，第 372 頁。
〔註 6〕顧頡剛《秦漢的方士與儒生》，上海古籍出版社，2005 年，第 1 頁。

　　楊天宇先生認爲是昭帝以來的漢運中衰，當讓過「傳賢」、「易姓」受命之說。這種思想上的變化，從時間上來看，是沒有任何問題的。漢朝在武帝時代，消耗了前期的所有積蓄，又對民間進行大量賦斂，搞得天怒民怨，正如顧頡剛先生說言，「人們怨恨之餘，不禁發生了五德說下的願望」。但不同者，傳賢爲眞，易姓則非，楊、顧二先生都舉了昭帝時符節令眭弘之例。弘之本傳云：

> 孝昭元鳳三年正月，泰山萊蕪山南匈匈有數千人聲，民視之，有大石自立，高丈五尺，大四十八圍，入地深八尺，三石爲足。石立後有白烏數千下集其旁。是時，昌邑有枯社木臥復生，又上林苑中大柳樹斷枯臥地，亦自立生，有蟲食樹葉成文字，曰「公孫病已立」，孟（眭弘字孟）推《春秋》之意，以爲「石柳皆陰類，下民之象，泰山者，岱宗之嶽，王者易姓告代之處。今大石自立，僵柳復起，非人力所爲，此當有從匹夫爲天子者。枯社木復生，故廢之家公孫氏當復興者也。」孟意亦不知其所在，即說曰：「先師董仲舒有言，雖有繼體守文之君，不害聖人之受命。漢家堯後，有傳國之運。漢帝宜誰差天下，求索賢人，禪以帝位，而退自封百里，如殷、周二王後，以承順天命。」……時，昭帝幼，大將軍霍光秉政，惡之，下其書廷尉。奏賜、孟妄設祅言惑眾，大逆不道，皆伏誅。後五年，孝宣帝興於民間，即位，徵孟子爲郎。〔註7〕

眭孟之死實屬枉曲。他本無反漢之意，然他的確利用了當時人對朝廷的怨望態度，希望爲尚處民間的宣帝爭取到好處。他身爲議郎，官至符節令，久居宮中，豈不知「公孫病已」就是爲掖庭令張賀所收養之漢宣帝？〔註8〕而所謂「當有從匹夫爲天子者。枯社木復生，故廢之家公孫氏當復興者」，明即在影射漢宣帝。尤其值得矚目者，「枯社木復生」，事發生在昌邑，而昌邑爲宣帝微時妻子許皇后之父許廣漢的籍貫〔註9〕，其中含義頗令人玩味。縱非許廣漢

〔註7〕　（漢）班固《漢書·眭弘傳》，中華書局，1962 年，第 3153～3154 頁。

〔註8〕　《漢書·張湯傳》附張安世傳：「初，安世兄賀幸於衛太子，太子敗，賓客皆誅，安世爲賀上書，得下蠶室。後爲掖庭令，而宣帝以皇曾孫收養掖庭。賀內傷太子無辜，而曾孫孤幼，所以視養拊循，恩甚密焉。及曾孫壯大，賀教書，令受《詩》，爲取許妃，以家財聘之。」

〔註9〕　《漢書·外戚傳》：「孝宣許皇后，元帝母也。父廣漢，昌邑人，少時爲昌邑王郎。」

指使，亦當與之有關。故後之宣帝即位，爲示感激，「即位，徵孟子爲郎。」
又，眭孟身爲《公羊學》大師〔註10〕，五德終始之說，必相當熟諳。五德流
轉，通過相勝實現。但有趣的是，黃帝爲土德，其後「禹據木德而興」，轉言
之，在五德終始體系中，黃帝之後帝顓頊、帝嚳、堯舜相續，均屬土德一脈，
而《史記‧五帝本紀》所敘，堯舜也皆是黃帝後代〔註11〕。禪讓卻不屬於改
德，這當是彼時眭孟的想法〔註12〕，這就說明眭孟所持依然是傳統的五德終
始觀念，不會公然反漢。眭孟之後，許多事例也都持同姓禪讓之說〔註13〕。
這與後來劉向通過發明「五德相生」，重新解釋五德終始便不盡相同〔註14〕。
惟可惜者，秉政者乃「不學無術」之的霍光，不能審時度勢，準確理解眭弘
深意，故而我們說眭弘的死就有些冤枉了。

〔註10〕　《漢書‧儒林傳》：「與《公羊》大師眭孟等論」。

〔註11〕　《史記‧五帝本紀》記載堯之世系：「帝嚳高辛者，黃帝之曾孫也。……帝
嚳娶陳鋒氏女，生放勳。娶娵訾氏女，生摯。帝嚳崩，而摯代立。帝摯立，
不善，而弟放勳立，是爲帝堯。」記載舜之世系：「黃帝居軒轅之丘，而娶
於西陵之女，是爲嫘祖。嫘祖爲黃帝正妃，生二子，……其二曰昌意。……
虞舜者，名曰重華。重華父曰瞽叟，瞽叟父曰橋牛，橋牛父曰句望，句望
父曰敬康，敬康父曰窮蟬，窮蟬父曰帝顓頊，顓頊父曰昌意：以至舜七世
矣。」

〔註12〕　按：五德終始說並不是一種完美的歷史循環論，在處理禪讓問題上，存在較
大缺陷。楊天宇先生認爲中國古代朝代更替可以分爲「革命」與「禪讓」兩
類，這兩類都可以從「五德終始說」中找到合理性的理論依據。在禪讓問題
上，黃帝以後到堯舜禹的禪讓並沒有改德，顧頡剛先生認爲的「禹據木德而
興」實際應該算到禹的兒子啓的頭上，只不過啓在傳說中並沒有「德」可言，
所以「天命」不會授給啓。這就使整個「五德終始說」面臨一個問題，開國
之君並不是受命之君。即在授命與革命上問題，是不同步的。五德終始與改
朝換代不能直接劃等號。再如顧頡剛先生認爲天子受命爲五行之命，則周代
文武皆受命，《詩經》多載，見下文所敘。則周何以文王改德，而武王不改德？
可見五德終始說本身即存在重重矛盾。

〔註13〕　《漢書‧蓋寬饒傳》：「引《韓氏易傳》言：『五帝官天下，三王家天下，家以
傳子，官以傳賢，若四時之運，功成者去，不得其人則不居其位。』」又，《谷
永傳》：「漢家行夏正，夏正色黑，黑龍，同姓之象也。龍陽德，由小之大，
故爲王者瑞應。未知同姓有見本朝無繼嗣之慶，多危殆之際，欲因擾亂舉兵
而起者邪？」陳槃先生謂皆爲同姓禪讓，是也。見《古讖緯研討及其書錄解
題》，上海古籍出版社，2010年，第40頁。

〔註14〕　有學者認爲，五德相生理論不是劉向之發明，而是其子劉歆爲王莽篡位所做
的理論準備。參汪高鑫先生《論劉歆的新五德終始歷史學說》，《中國文化研
究》，2002年第2期。

　　與五德終始對應，便是讖緯的發展及經學的讖緯化。「讖」就是讖語，《四庫全書總目》說「讖者預決吉凶」。「緯」，對經而言，一般認爲「對經書的解釋」謂之緯〔註15〕，但從其本義來看，經爲直線，緯爲橫線，本並列而言。故稱「緯」本傳讖緯者自重之詞。讖緯依附社會廣泛傳播的經學作爲手段，記載了大量符瑞、災異現象，爲現實政治服務，「主要是政治性的，它反映現實政治上的重大事故或預示政治上即將來臨的重大變化」〔註16〕，「與宗教相反，讖緯不是立足於社會，而是完全立足於政治至上的」〔註17〕。最初的讖緯傳播者，並不是以經師的身份出現，這也可以看出本不爲注經而生。後來學者以讖緯解經，故形成「對經書的解釋」謂之「緯」的看法。

　　讖緯思想由來已久，其遠端可以追溯到戰國以來之符應之說，且亦爲讖緯之骨幹〔註18〕。西漢中後期開始，逐漸在今文經學中露頭，它是「今文經學迅速政治化、庸俗化，並和漢代神學迷信相結合而孕育的一個怪胎」〔註19〕。哀平之世，讖緯學說達到鼎盛，王莽正是通過讖緯〔註20〕，實現了篡漢的最後一步。

　　第三，元成以來動盪不安的社會現實的推動。

　　漢宣帝以後，西漢歷史步入衰退期。《漢書·宣帝紀》，自宣帝晚年，詔書中屢次出現的「民多貧，盜賊不止」現象，元成以來，水災、地震等自然災害愈演愈烈。元帝初即位，「關東連年被災害，民流入關」（《漢書·雋疏于薛平彭傳》），此後「元元騷動，窮困亡聊，犯法抵罪」，「元元大困」，「盜賊並興」（《漢書·元帝紀》），昭宣以來「中興」局面蕩然無存。天災、貪吏等使得農民流離失所，武帝時對豪強地主強勢打擊政策，不僅繼續徙陵，而且設置刺史制度，「周行郡國，省察治狀」，「以六條問事」，頭一條即爲「強宗豪右田宅逾制，以強陵弱，以眾暴寡」；又採取「告緡」政策，導致「告緡徧天下，中家以上大氏皆遇告。杜周治之，獄少反者。乃分遣御史、廷尉正監分曹往，即治郡國緡錢，得民財物以億計，奴婢以千萬數，田大縣數百頃，

〔註15〕　金春峰《漢代思想史》，中國社會科學出版社，1987年，第343頁。

〔註16〕　鍾肇鵬《讖緯論略》，遼寧教育出版社，1991年，第151頁。

〔註17〕　金春峰《漢代思想史》，中國社會科學出版社，1987年，第349頁。

〔註18〕　陳槃《古讖緯研討及其書錄解題》，上海古籍出版社，2010年，第79頁。

〔註19〕　金春峰《漢代思想史》，中國社會科學出版社，1987年，第342頁。

〔註20〕　廣泛來說，讖緯可包括符命，筆者博士答辯委員北大歷史系陳蘇鎮先生認爲此處爲「符命」更好，筆者同意先生意見。

小縣百餘頃，宅亦如之。於是商賈中家以上大氐破。」(《漢書・食貨志》) 以上諸措施，使得大地主、大商人、豪強等階層收到沉重打擊，客觀上放緩了土地兼併的步伐。但宣帝以來，政策開始趨於緩和。自元帝開始，又取消了漢初以來施行已久的「徙郡國民以奉園陵」的制度，而這一制度本身就是針對關東大地主、豪強的，則元帝本意「使天下咸安土樂業，亡有動搖之心」(《漢書・元帝紀》)，無非是在向豪強地主妥協而已。元帝後期，又將直屬中央太常的陵邑下放到三輔管轄，又進一步放寬了對所遷徙來之地主豪強的限制。這一切政策舉措，就令大地主、商人豪強等勢力漸有所抬頭，伴隨著天災人禍，土地兼併加劇。如成帝時，寵臣張禹「多買田至四百頃，皆涇、渭溉灌，極膏腴上賈」(《漢書・匡張孔馬傳》)，帝都如此，郡國更毋庸論。如成帝時，紅陽侯王立「使客因南郡太守李尚占墾草田數百頃」(《漢書・蓋諸葛劉鄭孫毋將何傳》)。這一時期社會矛盾與政治矛盾尖銳，

　　除此之外，成帝以來，外戚專權擅政，也是導致政治腐敗的原因之一，社會上對於「后族」外戚充滿嫉恨。這些在緯書中都有所反映。如《春秋運斗樞》「勢集於后族，群妃之黨讙，黃雲四合，女訛驚邦」〔註21〕、「后族擅權，月生芒」〔註22〕、「后族專權，地動搖宮」〔註23〕、「主勢奪於后族，群妃之黨橫潛爲害，則月盈並」〔註24〕，等等，無不針對外戚而言。

　　以上是對王莽官制改革歷史背景與社會思想層面的討論。

第二節　王莽官制考辨

　　王莽「託古改制」，傳統觀點認爲，王莽對官制的改動是基於古文說，但楊天宇先生已有辯說，實則王莽改制其於今文經學襲用更多。王莽改革官制，並非照搬經典，而是有所捨取，較爲通達。正如他在詔書中議論《禹貢》九州與《周禮》司馬之不同時說，「帝王相改，各有云爲。或昭其事，或大其本，厥義著明，其務一矣。」(《漢書・王莽傳中》)「其務一矣」說明王莽並不迂腐，有自己的主見。從整個官制改革中看，並不是照搬經典，這一點在我們下文介紹中將可見。

〔註21〕　(清) 趙在翰輯《七緯》，中華書局，2012 年，第 493 頁。
〔註22〕　(清) 趙在翰輯《七緯》，中華書局，2012 年，第 503 頁。
〔註23〕　(清) 趙在翰輯《七緯》，中華書局，2012 年，第 503 頁。
〔註24〕　(清) 趙在翰輯《七緯》，中華書局，2012 年，第 504 頁。

　　王莽改制的思想來源則較爲複雜。除上述之社會背景外，康有爲《新學
僞經考》云：「莽素重歆，放莽一朝典禮，皆歆學也」。又說：「時莽未有篡之
隙也，則歆之蓄志篡孔學久矣，遭逢莽篡，因點篡其僞經以迎媚之，歆既獎
成莽之篡漢矣」。這無疑誇大了劉歆在王莽改制中的作用。《漢書・王莽傳中》
提到：

> 　　初，甄豐、劉歆、王舜爲莽腹心，倡導在位，襃揚功德；「安漢」、
> 「宰衡」之號及封莽母、兩子、兄子，皆豐等所共謀，而豐、舜、
> 歆亦受其賜，並富貴矣，非復欲令莽居攝也。居攝之萌，出於泉陵
> 侯劉慶、前煇光謝囂、長安令田終術。莽羽翼已成，意欲稱攝。豐
> 等承順其意，莽輒復封舜、歆兩子及豐孫。豐等爵位已盛，心意既
> 滿，又實畏漢宗室、天下豪桀。而疏遠欲進者，並作符命，莽遂據
> 以即眞，舜、歆內懼而已。〔註25〕

可見在王莽居攝之後，推動王莽改制的力量已經是「疏遠欲進」的作符命者。
其後，莽母功顯君死，詔議其服，少阿、羲和劉歆與博士諸儒七十八人議，
這表明這個今文經學其實也成了王莽改革的理論來源。《王莽傳》又說：「莽
意以爲制定則天下自平，故銳思於地里，制禮作樂，講合《六經》之說。公
卿且入暮出，議論連年不決。」其改制參與群體之多，早已超出一個小小劉
歆的範圍。因此，我們認爲王莽改制的理論來源可以分爲兩個階段，第一個
階段，篡漢之前，以劉歆理論爲主，主要是今文經學，其後期則符命漸起。
此期王莽居攝，自比周公，效法周公，而劉歆所提倡之《左傳》、《周禮》等，
與周公相關內容甚少，故多刺取今文經中的周公傳說。後期篡漢之後，以爲
出自虞舜，而關於虞舜的內容，亦是今文經爲勝，雖此時用《周禮》改制較
多，但格局上今古文雜用並無大礙。這一時期，讖緯符命爲輔，成爲影響王
莽官制的一個重要因素。讖緯之中，關於虞舜之內容頗多，當爲此時之反映。
除了依照經學、讖緯等改革官制外，王莽也依照天官星宿改名，所有這些，
我們都將在論述中涉及。

一、官稱

　　四輔：位上公，是天子的輔佐官，《漢書・馬宮傳》「四輔之職爲國維綱」，
《漢書・孔光傳》「四輔職，輔道於帝」。這種意義上，類似於東漢文獻中所

〔註25〕　（漢）班固《漢書》，中華書局，1962年，第4123頁。

稱「坐而論道」的三公。總體而言，四輔作爲帝王的親信（《漢書‧馬宮傳》：
「入稱四輔，出備三公」，「四輔」既然稱「入」，大約有給事中的頭銜。如孔
光爲太傅，就是「爲帝太傅，位四輔，給事中」），權利更大，如孔光「領宿
衛供養，行內署門戶，省服御食物。」晉升爲太師後，「領城門兵」。在處理
政務上，具有平錄尙書事的決策權，「自今以來，惟封爵乃以聞。他事，安漢
公、四輔平決。」此外，四輔具有三公的徵辟權〔註26〕。四輔設立之後，三
公變得疏遠，已經沒有了決策權，越來越行政化。「三公之任鼎足承君」，三
公更像是事務官，故後來王莽篡位後，建立三公之下部九卿。

　　「四輔」之名，有多重提法。《管子》中有四輔，《大戴禮記‧千乘》亦
有四輔，「國有四輔；輔，卿也。」饒宗頤先生以太傅、太師、太保、少傅爲
四輔，然又云「四輔官名，見《禮記‧文王世子》，原指師、保、疑、承。」
按：《禮記‧文王世子》：「《記》曰：『虞夏商周，有師保，有疑丞，設四輔及
三公。不必備，唯其人。』」此非純用周制，雜有虞夏商制。王莽篡漢之前，
效法周公，以用周制爲主。篡漢之後，自以虞舜爲所出，始改遵《禮記》之
文。而饒先生所謂之四輔，實源出《尙書》。《尙書‧洛誥》，周成王對周公說：
「誕保文武受民，亂爲四輔」，僞孔傳曰：「大安文武所受之民治之，爲我四
維之輔，明當依倚公」，孔穎達疏云：「維者，爲之綱紀，猶如用繩維持之。《文
王世子》云『設四輔』，謂設眾官，爲四方輔助。周公一人，事無不統，故一
人爲四輔。《管子》云：『四維不張，國乃滅亡』。傳取管子之意，故言四維之
輔也」。四輔爲周制，漢代士人多持此論。故《漢書‧谷永傳》載漢成帝時谷
永上書云：「四輔既備，成王靡有過事」，明用《尙書》周公故事。漢之四輔，
饒宗頤先生謂元始元年二月置，遍檢《漢書》，無與之相合者。惟《漢書‧王
莽傳上》云：「元始元年正月丙辰拜爲太傅，賜號安漢公，備四輔官」，則「二
月」當爲「正月」誤書，蓋饒先生以此時爲四輔初置。然考《漢書‧孔光傳》：
「會哀帝崩……莽白太后：『帝幼少，宜置師傅。』徙光爲帝太傅，位四輔，
給事中，領宿衛供養，行內署門戶，省服御食物。明年，徙爲太師，而莽爲
太傅」。孔光徙爲太師，王莽爲太傅，皆在平帝元始元年，則孔光早在前一年
哀帝元壽二年已爲四輔，時平帝雖即位，特尙未改元耳。《漢書‧百官公卿表》：
「太傅……哀帝元壽二年復置。位在三公上。太師、太保，皆古官，平帝元

〔註26〕　（南朝宋）范曄《後漢書‧循吏列傳》：「吳有龍丘萇者，隱居太末，志不降
　　　　辱。王莽時，四輔三公連辟，不到」。

始元年皆初置，金印紫綬。太師位在太傅上，太保次太傅。」所言與之合。則四輔初期唯置太傅一人，此係孔穎達所云「周公一人，事無不統，故一人為四輔」耶？然四輔本亦當為四人，故元始元年，始備四輔官。即太師孔光、太保王舜、少傅甄豐〔註27〕。王莽居攝元年三月，改少傅入四少，增加太阿，以足四輔之數。此時所用方為《禮記》之制，有師、保、疑、承的區分。《孔子家語》卷二王肅注「四輔」曰：「前曰疑，後曰丞，左曰輔，右曰弼」，與王莽制同。史載王莽「以王舜為太傅左輔，甄豐為太阿右拂，甄邯為太保後承。」則右拂即右弼。此處只有三人，饒先生疑缺太師一職。按：當為太師前疑。此時太師孔光已卒，馬宮曾代之，須臾既去，太師一官似無人。存疑。始建國元年王莽篡漢，任命新的四輔為〔註28〕：太師、太傅、國師、國將，見於《居延新簡》的有 EPT13.4 號「大師特進褎心侯臣匡、大傅就心公臣晏、國師歆☐」。這一次四輔的改變，已經脫離王莽依靠經學改制的範疇，而是依據哀章所偽造的符命之說，此時已完全拋棄《禮記》之中的「師、保、疑、承」的提法。茲列表如下：

「四輔」變化表

第一階段／元壽二年(前1)		太傅		
第二階段／元始元年（1）	太師	太傅	太保	少傅
第三階段／居攝元年（6）	太師(前疑)？	太傅(左輔)	太保（後承）	太阿（右弼）
第四階段／始建國元年	太師	太傅	國師	國將

　　三公九卿：三公自漢成帝設置以來多次變更，始終沒有分清職掌。哀帝元壽二年，「正三公官公職」。王莽始建國之前，三公有兼四輔者，史書所見有王莽為太傅，兼大司馬。馬宮為太傅，兼大司徒。甄豐為大司空，兼太阿右拂。始建國之後，四輔、三公既定，不復有兼者。此時三公職掌第一次理順。

〔註27〕　《漢書・王莽傳上》：「太后下詔曰：「太傅博山侯光宿衛四世，世為傅相，忠考仁篤，行義顯著，建議定策，益封萬戶，以光為太師，與四輔之政。車騎將軍安陽侯舜積累仁孝，使迎中山王，折衝萬里，功德茂著，益封萬戶，以舜為太保。左將軍光祿勳豐宿衛三世，忠信仁篤，使迎中山王，輔導共養，以安宗廟，封豐為廣陽侯，食邑五千戶，以豐為少傅。皆授四輔之職，疇其爵邑，各賜第一區。」

〔註28〕　《漢書・王莽傳中》：「以太傅、左輔、驃騎將軍安陽侯王舜為太師，封安新公；大司徒就德侯平晏為太傅，就新公；少阿、羲和、京兆尹、紅休侯劉歆為國師，嘉新公；廣漢梓潼哀章為國將，美新公：是為四輔，位上公。」

莽策群司曰：「……月刑元股左，司馬典致武應，考方法矩，主司天文，欽若昊天，敬授民時，力來農事，以豐年穀。日德元玄右，司徒典致文瑞，考圜合規，主司人道，五教是輔，帥民承上，宣美風俗，五品乃訓。斗平元心中，司空典致物圖，考度以繩，主司地里，平治水土，掌名山川，眾殖鳥獸，蕃茂草木。」各策命以其職，如典誥之文。

改九卿：

置大司馬司允，大司徒司直，大司空司若，位皆孤卿。更名大司農曰羲和，後更為納言，大理曰作士，太常曰秩宗，大鴻臚曰典樂，少府曰共工，水衡都尉曰予虞，與三公司卿凡九卿，分屬三公。每一卿置大夫三人，一大夫置元士三人，凡二十七大夫，八十一元士，分主中都官諸職。更名光祿勳曰司中，太僕曰太御，衛尉曰太衛，執金吾曰奮武，中尉曰軍正……

三公九卿改革的理論來源於《禮記·王制》：「天子三公、九卿、二十七大夫、八十一元士」。改動後官名在出土材料中時有體現，反映三公者如：

大司馬利苗男臣訢、司徒章心公臣尋、大司空□□□☑（《新簡》EPT13.4）

大司空罪別之，州枚各下所部如詔書，書到言。（《新簡》EPF22.6）

尉大君以秉傷辜半日死，元夫□等皆亡，大司空隆心公急發覺。

臣謹案：五品不孫，典樂掌教大夫之□□□（《敦》220）

反映九卿者如：

枚。縑素上賈一匹直小泉七百枚。其牛馬各且倍平，及諸萬物可皆倍羲和折威侯匡

等所謂平賈。夫貴者徵賤，物皆集聚於常安城中，亦自為極賤矣。縣官市買於民，民（《新簡》EPT59.163）

制詔納言：其□官伐林木取竹箭。始建國天鳳〔二〕年二月戊寅下。（《合校》95.5）

制詔納言：農事有不收藏積聚，牛馬畜獸有之者，取之不誅。始建國天鳳三年十一月戊寅下。（《新簡》EPT59.62、63）

☑丙辰，納言元士（《新簡》EPT65.175）

　　☐印章曰義和農楊丞（《新簡》EPT59.497）

　　☐今義和農楊☐（《新簡》EPT59.580）

　　爵疑者讞作士，督臧者考察，無令有奸。聖恩宜以時布，縣廄
置驛騎，行詔書，臣稽首以聞。（《新簡》EPF22.64A）

可以看出，三公九卿之改制確實是推行了的。但王莽九卿與漢之九卿不同。
西漢列卿中的光祿勳、太僕、衛尉、執金吾、中尉都不入王莽九卿之中，而
是「更名光祿勳曰司中，太僕曰太御，衛尉曰太衛，執金吾曰奮武，中尉曰
軍正」，地位較之更崇，皆位「上卿」，與「主乘輿服御物」的大贅官並稱「六
監」。從已知材料來看，無論九卿還是上卿，其屬下之「士」階層，大致可分
為有爵命與無爵名兩大類。上卿之中，可見者有「奮武中士印」，中士地位在
命士之下，屬於沒有爵命一類。九卿之中，所見有「納言右命士中」印，納
言「掌貨中元士」，此外《漢書》尚有「羲和置命士」之語。〔註29〕

　　九卿之中的三孤亦源於先秦文獻。《尚書·周官》中有「少師、少傅、少保，
曰三孤。貳公弘化，寅亮天地，弼予一人。」因係偽篇，當非其源。〔註30〕《周
禮·天官·掌次》：「孤卿有邦事，則張幕設案。」鄭玄注：「王之孤三人，副
三公論道者。」亦未言及《周官》篇，知鄭玄彼時尚不知其書。班固《漢書·
百官公卿表》：「太師、太傅、太保，是為三公，蓋參天子，坐而議政，無不
總統，故不以一職為官名。又立三少為之副，少師、少傅、少保，是為孤卿，
與六卿為九焉。」其說當有所據。閻若璩《尚書古文疏證》謂「言《周官》
從《漢·百官公卿表》來，不合《周禮》」〔註31〕，雖心知其偽，然尚不能證
前無三少，又囿於《周禮》之制，亦有不妥。

　　孤卿三官（即三公司卿）之中，司直一官本漢之舊官，武帝元狩五年初
置司直，秩比二千石，掌佐丞相舉不法，本為監察官員。西漢晚期，丞相制
向三公制轉變，為實現三公之真正平等，不僅在俸祿上，大司馬和大司空都
「祿比丞相」，而在府員上，還在大司馬、大司空府中都出現過與大司徒司
直（即丞相司直）同等地位的屬官。據《漢書·百官公卿表》：

　　護軍都尉，秦官，武帝元狩四年屬大司馬，成帝綏和元年居大司
馬府比司直，哀帝元壽元年更名司寇，平帝元始元年更名護軍。

〔註29〕　《漢書·食貨志》：「羲和置命士督五均、六斡，郡有數人，皆用富賈。」

〔註30〕　張涵靜謂此篇為王莽改制依託，誤。《出土資料所見王莽時代若干問題研究》，
　　　　鄭州大學 2010 年碩士畢業論文，第 27 頁。

〔註31〕　（清）閻若璩《尚書古文疏證》，上海古籍出版社，2010 年，第 185 頁。

司隸校尉，周官，武帝征和四年初置。持節，從中都官徒千二百人，捕巫蠱，督大姦猾。後罷其兵。察三輔、三河、弘農。元帝初元四年去節。成帝元延四年省。綏和二年，哀帝復置，但爲司隸，冠進賢冠，屬大司空，比司直。

又《漢書・哀帝紀》，元壽二年，「正三公官公職」。大司馬衛將軍董賢爲大司馬，丞相孔光爲大司徒，御史大夫彭宣爲大司空，封長平侯。「正司直、司隸，造司寇職，事未定」。這幾次變化，都集中在王莽主政時期，其調整思路是一貫且延續的。故我們認爲，司隸、司寇就是大司空司若、大司馬司允的前身。與筆者意見相同的有清代學者沈欽韓，《漢書疏證》卷五亦以司隸校尉「王莽因置大司馬司允」。司隸校尉轉變爲大司空屬官之後，其對京師百官的監督權取消。故王莽又設置五威司命「司上公以下」。

三司卿的具體職掌我們尚不清楚。此處，我們還需要強調一下，三司卿的性質，正如我們在研究丞相時所論，司直與長史等一樣，身份具有二重性。即一方面屬於丞相府工作人員，一方面又屬於皇帝之史。因此，從這個角度來思考，三公分部九卿就不會因爲三司卿爲三公屬史而產生矛盾。「三司」其在西漢三公府中演變過程如下：

時　　期	大司馬	大司徒	大司空
成帝綏和元年（前8）	護軍都尉	司直	司隸（綏和二年置）
哀帝元壽元年（前2）	司寇	司直	司隸
平帝元始元年（1）	護軍	司直	司隸
王莽始建國元年（9）	司允	司直	司若

西漢九卿只在概念中存在，實際卿數爲十幾人，至王莽之時，九卿數量始定於九人。東漢沿用王莽三公部九卿之制，其卿數雖亦爲九人，官名與王莽九卿卻有所不同。列表如下：

大司馬		大司徒		大司空	
王莽	東漢	王莽	東漢	王莽	東漢
司允	太常	司直	太僕	司若	宗正
納言（大司農）	光祿勳	秩宗（宗正、太常）	廷尉	予虞（水衡）	大司農
作士（廷尉）	衛尉	典樂（大鴻臚）	大鴻臚	共工（少府）	少府

二十七大夫、八十一元士：始建國元年與三公九卿同置。《王莽傳》稱「每一卿置大夫三人，一大夫置元士三人，凡二十七大夫，八十一元士，分主中都官諸職。」這二十七大夫究竟是命數中的上、中、下三等大夫，抑只有一等或兩等呢？皆未有明言。考卿爲中二千石（見下），大夫之下元士爲六百石，則大夫只能在二千石、比二千石、千石之間選取。從漢代的中都官來看，卿以下屬官最高爲六百石，則此處所謂的二十七大夫，當俱爲下大夫，即千石官。從上引簡文中有「典樂（大鴻臚）掌教大夫」來看，二十七大夫中，每個大夫都有自己的名稱。至於元士，可從上揭《封泥考略》之「掌貨中元士」，既然有中元士，以例推之，當有上元士、下元士，元士在秩級中唯有六百石一等，知上中下並無高下之別。卿之下三大夫亦當如是觀。

共工：一職來自《尚書・舜典》：「帝曰：『疇若予工？』僉曰：『垂哉！』帝曰：『俞，咨！垂，汝共工。』垂拜稽首，讓於殳斨暨伯與。帝曰：『俞，往哉！汝諧。』」帝禹問誰能理順百工之事，眾人舉薦了垂這個人。《史記集解》引馬融曰：「爲司空，共理百工之事。」這條注的主語不可能是垂，若是垂，則不當言「共理」，而應該是伯禹。前句有「伯禹作司空」，則此處或當脫漏「伯禹」二字。我們引此條，強調的是，作爲東漢學者的馬融，知道司空與少府官職的相互關聯。司空，本又作司工，本身即是掌管工官。則共工一名，或是從共理百工而來。所以王莽時繫於司空之下，或有經學上的解釋。

予虞：即尚書舜典中的「朕虞」，「益，汝作朕虞。」「朕」是秦漢以來帝王之自稱。王莽稱帝後，自稱曰「予」，其來源於《禮記・曲禮下》：「君天下，日天子。朝諸侯，分職授政任功，日予一人。」《禮記・玉藻》：「凡自稱，天子曰予一人」。此字本無意義，如同廷尉爲「作士」之「作」都是爲了整齊而增。

秩宗：《尚書》中的秩宗，掌管三禮之事。馬融謂「天神、地祇、人鬼之禮」，鄭玄謂「天事、地事、人事之禮」。所謂宗廟之事，即是人鬼之禮。故王莽之制下，宗正是依附於秩宗的。而天地之事，向來是太常的責任。故太常與宗正之職，都併入秩宗。

典樂：如果說，前面的改動官名尚有理可尋，則改大鴻臚爲典樂只能說是湊數。大鴻臚一職來自典客，本掌蠻夷事。而典樂在《尚書》中，是以教胄子爲任。鄭玄釋胄子爲國子，若從這個意義上，類似於東漢之國子學。而學官一般都是由太常來掌管。

　　司中：本漢之光祿勳，莽改爲司中。此王莽據星宿改動官職。先秦典籍中無此職。《周禮》大宗伯之職：「以槱燎祀司中、司命、飌師、雨師」。據鄭玄注，但以「司中」爲星名。《史記·天官書》「司中」爲文昌第五星〔註32〕，「斗魁戴匡六星曰文昌宮：一曰上將，二曰次將，三曰貴相，四曰司命，五曰司中，六曰司祿。」蓋據文昌宮星而改。《開元占經》引《黃帝占》云：「司中，主司過詰咎」。

　　羲和（納言）：羲和之名，出自《尚書·堯典》，「乃命羲和，欽若昊天，曆象日月星辰，敬授人時」。漢末羲和凡兩官。饒先生以其爲一，並同於漢之大司農，誤〔註33〕。其一在平帝時，初置羲和，秩二千石，掌班教化、授民時〔註34〕，及術數曆法之類〔註35〕。此時與大司農並置，故懸泉漢簡《泥牆題記西漢元始五年〈四時月令詔條〉二七二號》中有王莽平帝時上書，「今羲和中叔之官初置，監御史、州牧、閭士……（大）農、農部丞修□□復重。臣謹□」〔註36〕。大農即大司農之別稱，明羲和此時不爲大司農。則羲和非漢之九卿大司農之任也（漢之大司農秩中二千石），劉歆曾任此職〔註37〕。據此詔條，前者羲和府之府官有丞，可見者有「羲和丞通」，其下有掾，可見者有文書署名有「兼掾惲」。其下有羲和四子〔註38〕：即羲中、羲叔、和中、和叔，亦出自《堯典》：

　　　　乃命羲、和，欽若昊天，曆象明星辰，敬授人時。分命羲仲，
　　宅嵎夷，曰暘谷。寅賓出日，平秩東作。日中，星鳥，以殷仲春。

〔註32〕此星《晉書·天文志》作文昌第四星：「文昌六星，在北斗魁前，天之六府也，主集計天道。一曰上將，大將軍建威武。二曰次將，尚書正左右。三曰貴相，太常理文緒。四曰司祿、司中，司隸賞功進。五曰司命、司怪，太史主滅咎。六曰司寇，大理佐理寶。」

〔註33〕《敦煌懸泉月令詔條》一書編者亦引用王莽之制，蓋亦以爲一官。第10～11頁，中華書局，2001年。

〔註34〕《漢書·平帝紀》：「二月，置羲和官，秩二千石。置羲和官，秩二千石；外史、閭師，秩六百石。班教化，禁淫祀，放鄭聲。」

〔註35〕《漢書·藝文志》：「數術者，皆明堂羲和史卜之職也。」

〔註36〕胡平生、張德芳編撰《敦煌懸泉漢簡釋粹》，上海古籍出版社，2001年，第198頁。

〔註37〕《漢書·平帝紀》：「羲和劉歆等四人使治明堂、辟雍，令漢與文王靈臺、周公作洛同符。」

〔註38〕有學者謂羲和四子或在羲和一官設置後方置，詳《敦煌懸泉月令詔條》第21，25，34頁。

厥民析，鳥獸孳尾。申命義叔，宅南交。平秩南訛，敬致。日永，
星火，以正仲夏。厥民因，鳥獸希革。分命和仲，宅西，曰昧谷。
寅餞納日，平秩西成。宵中，星虛，以殷仲秋。厥民夷，鳥獸毛毨。
申命和叔，宅朔方，曰幽都。平在朔易。日短，星昴，以正仲冬。
厥民隩，鳥獸氄毛。〔註39〕

每一子部若干郡。四子身份當爲使者，故《詔條》中云「使者和中所督察詔
書四時月令五十條」，其下有從事史跟隨。《詔條》所見，有元始五年五月「和
中普使下部郡」之書，署名者爲「從事史況」〔註40〕，其從事史雖未必如刺
史初置之時，由郡國吏以從事，然義和四子出使之身份當與刺史同。總體來
說，此時義和尚沿漢官體系。需要注意者，《尚書》之中義和爲二人，故「帝
曰：『諮！汝羲暨和』」，而平帝時所置義和爲一人。義和四子所掌亦不同。《尚
書》中義和四子分掌四時，而此時義和四子皆掌四時之事，其別在於分部。
其一在王莽時，始建國元年，「更名大司農曰羲和，後更爲納言」（《漢書·王
莽傳中》），三年，加將軍號。此羲和即大司農之職，史書中所見有「羲和魯
匡」（《漢書·食貨志》）。新莽之羲和爲九卿，下設大夫，大夫下有士，其官
名皆改易，乃爲新莽之制，屬官所見者有「掌貨大夫」，《漢書·王莽傳下》：
「納言掌貨大夫且調都內故錢，予其祿，公歲八十萬，侯、伯四十萬，子、
男二十萬。」士所見者，《漢書·貨值傳》：「雒陽張長叔、薛子促訾亦十千萬。
莽皆以爲納言士。」《封泥考略》有「掌貨中元士」。

尚書大夫：《漢書·王莽傳中》：「遂使尚書大夫趙並驗治，非五威將率所
班，皆下獄。」「遣尚書大夫趙並使勞北邊」。「大夫」既然列於官名，顯然與
秩級中的上、下、中三級大夫不同。這當與光祿大夫、中散大夫、諫議大夫
等屬於相同的命名規則。但不知道此處的「尚書大夫」指的是以前的尚書令
還是諸曹尚書。又其所屬方面，不知依舊如漢制屬於少府，還是另有別屬。

任：《漢書·王莽傳中》：「封王氏齊縗之屬爲侯，大功爲伯，小功爲子，
緦麻爲男，其女皆爲任。男以『睦』、女以『隆』爲號焉，皆授印韍。」顏師
古注：「男，充也。男服之義，男亦任也」。

〔註39〕　（清）孫星衍《尚書今古文注疏》，中華書局，1986年，第10～22頁。
〔註40〕　胡平生、張德芳編撰《敦煌懸泉漢簡釋粹》，上海古籍出版社，2001年，第192
　　　　　頁。

　　「男服」一詞出自《周禮・夏官司馬》：「方千里曰王畿，其外方五百里曰侯服，又其外方五百里曰甸服，又其外方五百里曰男服」，是顏師古用古文經《周禮》來解說。但其實王莽在此用今文經學。《尚書・禹貢》：「五百里侯服：百里采，二百里男邦，三百里諸侯。」。《史記・夏本紀》作「五百里侯服：百里采，二百里任國，三百里諸侯。」是「男」即「任」字之意。《白虎通》卷一曰：「男者，任也」，陳立疏證：「禮疏引《元命苞》云：『男者，任功立業，皆上奉王者之政教禮法，統理一國，修身潔己矣』。《獨斷》云：『男者，任也。立功業以化民。其地方五十里。』盧謂此亦當有『任功立業』四字。《孝經釋文》引鄭注云：『男者，任也。』職方氏注：『男，任也。任王爵。』古『男』與『任』通。」〔註41〕又曰：「《尚書》曰：『侯甸任衛作國伯』，謂殷也。」陳立疏證：「《周書・酒誥》文也。今本作『侯甸男衛伯』，男即任，國即邦也。」〔註42〕

　　同理，文中之「隆」字，當亦是「陸」字之誤。這點吳式芬、陳介祺《封泥考略》已然說得明白：

> 　　右封泥五字印文曰「厚陸任之印」。按：《漢書・王莽傳》：「封王氏爲五等，其女皆爲任，男以『睦』女以『隆』爲號焉。」師古曰：「睦、隆皆其受封邑之號，取嘉名也。」又所見莽時子男印有「通睦」、「願睦」、「雖睦」、「喜睦」等，與《傳》合。則任之封邑當曰「隆」矣。而印文皆作「陸」。余謂「陸」與「睦」同義。《易》「莧陸」虞注：「陸，和睦也。」莽皆取睦族之義。又據《莽傳》言姚、嬀、陳、田、王五姓皆黃虞之苗裔，予之同族也。《書》不云乎？惇序九族。封陳崇爲統睦侯，田豐爲世睦侯，姚恂爲初睦侯，嬀昌爲始睦侯，其爲取睦族之義益信。「陸」「隆」形相似，音相近，易誤耳。小顏未知「隆」爲「陸」之誤字。故以爲取嘉名也。

按：「陸」、「睦」二字其實也不是同義字，而是漢人常用的通假字。《易》「莧陸夬夬」，《釋文》：「陸，蜀才作睦」。《莊子・胠篋》「栗陸氏」，《路史》引作「栗睦氏」《隸釋》卷五《唐扶頌》「內和陸兮外奔赴」、卷九《郭仲奇碑》「崇和陸」，卷十一《嚴舉碑》「九族和陸」，洪適皆釋「陸」爲「睦」，甚確。尤其是後者，明顯用的是《尚書》「九族既睦」的語典。

〔註41〕　（清）陳立《白虎通疏證上》，中華書局，1994年，第10頁。
〔註42〕　（清）陳立《白虎通疏證上》，中華書局，1994年，第12頁。

王莽用此同義詞，不過區分男女而已。所謂「其女皆爲任」，即王氏宗女皆爲五等爵之男爵而已，別稱爲「任」而已。

二、秩級與命數

《漢書‧王莽傳中》：「更名秩百石曰庶士，三百石曰下士，四百石曰中士，五百石曰命士，六百石曰元士，千石曰下大夫，比二千石曰中大夫，二千石曰上大夫，中二千石曰卿。車服黻冕，各有差品。」表面來看，似乎只是簡單名稱代換，實際上，有許多值得思考的東西在內。

第一，九命。九命之說，其出有三。

《禮記‧王制》：

> 制：三公，一命卷；若有加，則賜也，不過九命。次國之君，
> 不過七命，小國之君，不過五命。大國之卿，不過三命，下卿再命。
> 小國之卿與下大夫一命。

《大戴禮記‧朝事》：

> 命：上公九命爲伯，其國家、宮室、車旌、衣服、禮儀皆以九
> 爲節；諸侯諸伯七命，其國家、宮室、車旌、衣服、禮儀皆以七爲
> 節；子男五命，其國家、宮室、車旌、衣服、禮儀皆以五爲節。
>
> 王之三公八命，其卿六命，其大夫四命。及其封也，皆加一等，
> 其國家、宮室、車旌、衣服、禮儀亦如之。

《周禮‧春官》大宗伯之職：

> 以九儀之命，正邦國之位，壹命受職，再命受服，三命受位，
> 四命受器，五命賜則，六命賜官，七命賜國，八命作牧，九命作伯。

典命之職：

> 典命掌諸侯之五儀，諸臣之五等之命。上公九命爲伯，其國家、
> 宮室、車旗、衣服、禮儀，皆以九爲節；侯伯七命，其國家、宮室、
> 車旗、衣服、禮儀，皆以七爲節；子男五命，其國家、宮室、車旗、
> 衣服、禮儀，皆以五爲節。王之三公八命，其卿六命，其大夫四命。
> 及其出封，皆加一等。其國家、宮室、車旗、衣服、禮儀亦如之。
> 凡諸侯之適子誓於天子，攝其君，則下其君之禮一等；未誓，則以
> 皮帛繼子男。公之孤四命，以皮帛眂小國之君，其卿三命，其大夫
> 再命，其士壹命，其宮室、車旗、衣服、禮儀，各眂其命之數。侯

伯之卿大夫士亦如之。子男之卿再命，其大夫壹命，其士不命，其
宮室、車旗、衣服、禮儀，各眡其命之數。

《通典·職官十八》曾在介紹西漢秩級時說「命數未詳」。顯然是就王莽時制
度而言。在此之前，西漢各級官吏並無命數之說，是杜佑認為王莽時秩級與
命數有關。《居延新簡一》中有「右五命上大夫增勞名秩」一簡，給我們很大
啟發。這表明王莽時期卻是確立過命數制度。上大夫為五命，據以推之，則
卿當五命，中大夫四命，下大夫三命，元士二命，命士一命。考王莽之制，
又有上卿、公、上公之區別，依此論之，則上卿當七命，公當八命，上公當
九命，見下表。我們覺得這個推論是合適的，王之卿六命，漢儒所公認。上
公「九命」之說也屢屢見於《漢書·王莽傳》中。如「故宗臣有九命上公之
尊，則有九錫登等之寵」，「普天之下，惟公是賴，官在宰衡，位為上公。今
加九命之錫，其以助祭，共文武之職，乃遂及厥祖」等。都可以證明這一推
定之正確。今天的研究，大多只提到王莽之有「九命」之制，實不知其亦有
其他命數。〔註43〕王莽的「九命」序列對應關係如下表：

命　數	王莽等級	《周禮》等級（《通典》注）	秩　級
九命	上公	《周官》有九儀之命，正邦國之位。九命作伯。（上公有功德者，加命為二伯，得專征伐五侯九伯者也。蓋長諸侯為方伯。）	——
八命	公	八命作牧。（侯伯有功德者，加命得專征伐於諸侯。又云：「一州之牧也。王之三公亦八命。」）	——
七命	上卿	七命賜國。（王之卿六命，出封加一等者。鄭司農云：「出就侯伯之國。」）	——
六命	卿	六命賜官。（鄭司農云：「子男入為卿，理一官也。」鄭玄謂此王六命之卿。賜官者，得自置其臣，治家邑如諸侯。）	中二千石
五命	上大夫	五命賜則。（則者，地未成國之名也。王之下大夫四命，出封加一等，五命，賜之以方百里、二百里之地也。方三百里以上為成國。王莽時以二十五成為則，方五十里，與夏五十里國同。）	二千石
四命	中大夫	四命受器。（受祭器，為上大夫也。鄭玄謂此公之孤，始得有祭器者也。）	比二千石

〔註43〕周作明《王莽改制依經初考》，廣西師範大學學報（社會科學版），1984年第
　　　　4期，第93～94頁。

三命	下大夫	三命受位。（受下大夫之位也。鄭玄謂此列國之卿，始有列位於王，爲王臣。）	千石
二命	元士	再命受服。（受祭衣服，爲上士也。鄭玄謂此受玄冕之服，列國之大夫再命。）	六百石
一命	命士	一命受職。（始命爲正吏，謂列國公侯伯之士也。於子男爲大夫。一云受職事。）	五百石
——	中士		四百石
——	下士		三百石
——	庶士		百石

　　則可知王莽之九命之理論不源於《小戴禮記》，而源於《周禮》與《大戴禮記》。其中，令我們感興趣的是，《大戴禮記》的內容與《周禮》的內容文字上驚人相似，這絕非偶然。又《大戴禮記・朝事》曰：「古者聖王明義以別貴賤，以序尊卑，以體上下，然後民知尊君敬上，而忠順之行備矣。是故古者天子之官有典命官，掌諸侯之儀。大行人，掌諸侯之儀。以等其爵，故貴賤有別，尊卑有序，上下有差也。典命，諸侯之五儀，諸臣之五等，以定其爵」。這都是對《周禮》的引述。按理說，《大戴禮記》屬於今文經學，《周禮》屬於古文經學，則他們之間不應存在交集，而事實證明，今古文經學之交集存在儒家今文經典之中，則古文經學未必如所料中之難。漢時人對於《周禮》之認可，當亦須參考此點。僅以此點來看，漢人未必將《周禮》列爲另類。

　　該表有有一些值得注意的地方。

　　第一，下大夫爲王臣，是漢代的通例，有權參與朝會。西漢下大夫爲六百石，司馬遷爲太史令，六百石官，故《漢書》本傳說：「鄉者，僕亦嘗廁下大夫之列，陪外廷末議。」《漢書・宣帝紀》記載詔書說：「舉廉吏，誠欲得其眞也。吏六百石位大夫，有罪先請，秩祿上通，足以效其賢材，自今以來毋得舉。」可參日本學者西嶋定生《中國古代帝國的形成與結構——二十等爵制研究》第一章第三節官爵部份。而表中卻下移到元士一級。

　　第二，二百石與比秩的消失。在王莽改制之前，二百石在西漢是一個比較重要的秩級，這一秩級安排的是長吏中的一部份縣丞與縣尉，《漢書・百官公卿表》：「皆有丞、尉，秩四百石至二百石，是爲長吏。」問題在於，比秩只有比二千石一種。《通典・職官十八》在介紹西漢四百石時注云：「自四百石至二百石爲長吏。王莽改爲中士。」

　　陳夢家先生研究居延漢簡中的俸祿，其結論對我們具有一定參考。他在《漢簡所見俸例》一文中，推定候長與士吏爲秩比二百石官吏。因此，神爵三年，他們的月俸皆一千二百錢，低於秩二百石塞尉──月俸二千錢，高於佐史級隧長──月俸六百錢。可是到了王莽時代，候長和士吏的秩級卻變成百石。相關簡文所示：

　　　　右庶士士吏、候長史三人。

　　　　庶士候長王甞。

　　　　甲溝候官庶士候長。

　　　　輔平居成甲溝候官塞庶士候長。

　　　　爲輔平屬居城卅井候官塞庶士。

　　　　爲輔平居成殄北候官塞庶士候長。〔註44〕

如果眞如陳先生所論的話，這就不單單是更改替換的問題。其詳待考。

第三節　王莽官制對東漢官制的影響

　　客觀來講，王莽改制對東漢官制產生一定影響。至於有學者認爲，這些改革「大概還來不及施行便廢止了」〔註45〕，恐怕不當。從前面所介紹的漢簡材料看，王莽在官制方面的改革已經貫徹到邊疆，則其覆蓋面應該相當廣泛。《漢書·百官公卿表》說：「王莽篡位，慕從古官，而吏民弗安，亦多虐政，遂以亂亡。」實際上，官制改革並未對社會產生多大影響，譬如邊境位於軍事最前沿，亦採用新官制，迄未發生多大問題。又如我們在第一章所論，秦代官制改革力度較王莽要更大，但其政治過渡也很平穩，未見後世有過多非議秦制，則班固無疑有誇大的成分在內。具體來看，邊境的文書中，官制所改變的部份只不過作爲頭銜變換添加而已，如「城尉甲溝塞庶士士吏代和恢」，只不過將庶士加在官職士吏之上而已。再如「吏庶士以下百六人」，直接將百石用庶士替代，這都不會是太大的問題。

　　官制方面，東漢的官方資料，大都強調東漢對前漢制度的繼承，以示其正統地位。而對王莽改制及新莽時期之制度卻忽略不言。如《後漢書·百官

〔註44〕以上所引材料具見陳夢家《漢簡綴述》，中華書局，1980年，第54～55頁。
〔註45〕王德保《烏托邦式的社會試驗──漫議新莽政權的託古改制》，《中國典籍與文化》，1998年第3期，第17頁。

志》屢言「世祖即位，因而不改」，「世祖承尊」，「還遵舊制」。前後漢之制度傳承，從制度之總體格局來看，自無任何問題。但在王莽主政時期發生過很大變化，及新莽官制，都對東漢官制乃至後世產生一定影響，甚至奠定東漢制度之另一基礎。這一方面，現代的研究者或未提，如《劍橋中國秦漢史》：「後漢始終保持公元前 8 年建立的制度」〔註46〕，所謂的公元前 8 年，即不包括王莽官制在內；或者提到一些，但未將王莽官制與西漢制度剝離開來，如楊鴻年先生《漢魏制度叢考》，「後漢朝官之所以未有中朝、外朝之分，就是沿用前漢末年三公制度的結果。」〔註47〕有的也提到這種影響，如陳夢家先生云：「東漢對『新』制又重加推翻，改回西漢舊制而不免收『新』制的影響。」〔註48〕但對這種「影響」力度闡述力度不夠。近來卜憲群先生曾在其《秦漢官僚制度》中進行過闡述，但卜先生尚未及對王莽官制進行更細緻分析，所以也遺義甚多問題。筆者在前二節研究基礎上，搜集材料，條列東漢對新莽制度之繼承，願對這一問題，展開進一步分析。

1、中散大夫

前漢《百官表》不見有此職。《後漢書・百官二》有此職，為六百石官〔註49〕，傳記中凡有七處記載，胡廣云：「諫議、光祿、太中、中散大夫，此四等於古禮皆為天子之下大夫，列國之上卿。」〔註50〕將之與諫議大夫、光祿大夫、太中大夫等顯赫之大夫者並舉，可見中散大夫此時已成為一重要官職。然未言其官制所出。《漢書》中記載見有中散大夫有三處，皆在王莽主政及新莽時期。《蕭望之傳》：「（蕭由）元始中，作明堂辟雍，大朝諸侯，徵由為大鴻臚，會病，不及賓贊，還歸故官，病免。復為中散大夫，終官。」《王莽傳下》：「於是遣中散大夫、謁者各四十五人分行天下，博采鄉里所高有淑女者上名。」「（劉）歆訖不告，但免侍中中郎將，更為中散大夫。」其所設置，當如《通典》卷十九《職官一》所言謂「王莽置」。

〔註46〕 《劍橋中國秦漢史》，中國社會科學出版社，1992 年，第 530 頁。

〔註47〕 《漢魏制度叢考》，武漢大學出版社，1985 年，第 117 頁。

〔註48〕 《漢簡綴述》，中華書局，1980 年，第 55 頁。

〔註49〕 《漢官》云：「中散大夫三十人，秩比二千石」，不知何本。《通典・職官十六》：「中散大夫，王莽所置。後漢因之，後置三十人。」則東漢後置。中散大夫一職魏晉以後漸重，如魏晉時名士嵇康為中散大夫。

〔註50〕 （唐）杜佑《通典・職官十六》自注，中華書局，1988 年，第 936 頁。

2、諫議大夫

《通典・職官三》：

> 諫議大夫。秦置諫議大夫，掌論議，無常員，多至數十人，屬郎中令。至漢武帝元狩五年，始更置之。（劉輔以美才，擢爲諫大夫。成帝欲立趙婕妤爲皇后，輔上書曰：「陛下乃觸情縱慾，以卑賤之女母天下乎？里語曰：『腐木不可以爲柱，卑人不可以爲主。』臣辱諫諍之官，不敢不盡死。」書奏，收輔繫掖庭祕獄。又王褒、貢禹、王吉、匡衡、何武、夏侯勝、嚴助等並爲之。）後漢增諫大夫爲諫議大夫，（《後漢書》曰：「來歙父仲，哀帝時爲諫議大夫。」誤矣。）亦無常員。（更始拜鄭興爲諫議大夫，使安集關西。）二漢並屬光祿勳。〔註51〕

按：《通典》所舉諸例皆爲諫大夫，而《百官公卿表》所載，武帝時所置亦爲諫大夫，「武帝元狩五年初置諫大夫。」王莽之前，通西漢不聞「諫議大夫」之名。《晉書・律曆上》：「帝時，郎中京房知五音六十律之數，上使太子傅玄成、諫議大夫章雜試問房於樂府。」晉常璩《華陽國志》卷四：「漢宣帝遣諫議大夫蜀郡王襃祭之」，這些都當是後人的追述，不足信據。但「諫議」之名卻是自王莽時始。《漢書・王莽傳上》：「又置師友祭酒及侍中、諫議、《六經》祭酒各一人」，《王莽傳下》有「故諫議祭酒琅邪紀逡」。《後漢書》所記，光武帝平割據勢力王郎之時，王郎手下即有「諫議大夫」一職，「郎數出戰不利，乃使其諫議大夫杜威持節請降。」又郭丹更始時拜爲諫議大夫，建武二年王良爲諫議大夫等，廖伯源先生以爲史學回改〔註52〕，恐非。這說明，諫議大夫一職並非光武帝之原創，也與諫大夫有別，考慮到戰爭之中無暇創制，率多因循舊制，則諫議大夫一職很有可能亦王莽時官制。

3、虎賁中郎將

《宋書・百官志》：「虎賁中郎將，《周官》有虎賁氏。漢武帝建元三年，始微行出遊，選材力之士執兵從送，期之諸門，故名期門。無員，多至千人。平帝元始元年，更名曰虎賁郎，置中郎將領之。虎賁舊作虎奔，言如虎之奔

〔註51〕（唐）杜佑《通典・職官三》，中華書局，1988年，第554頁。

〔註52〕廖伯源《漢代大夫制度考論》，載《秦漢史論叢（增訂本）》，中華書局，2008年，第172頁。

走也。王莽輔政，以古有勇士孟賁，故以奔爲賁。比二千石。」則虎賁之名，亦用王莽之改。

4、外刺姦

《後漢書‧百官一》：「將軍，不常置。本注曰：掌征伐背叛。比公者四：第一大將軍，次驃騎將軍，次車騎將軍，次衛將軍。又有前、後、左、右將軍。……其領軍皆有部曲……又置外刺、刺姦，主罪法。」「外刺、刺姦」當如《宋書‧百官志》作「外刺姦」，衍一「刺」字。《宋書‧百官志》：「漢東京大將軍、驃騎將軍從事中郎二人，掾、屬二十九人，御屬一人，令史三十人。騎、衛將軍從事中郎二人，掾、屬二十人，御屬一人，令史二十四人。兵曹掾史主兵事，稟假掾史主稟假，又置外刺姦主罪法。」刺姦一職爲王莽時所置，《王莽傳下》有「置執法左右刺姦」，執法即御史，《王莽傳上》：「御史曰執法」。刺姦居外，故稱外刺姦。見於後漢者，《後漢書‧朱祐傳》：「及世祖爲大司馬，討河北，復以祐爲護軍，常見親幸，舍止於中。祐侍宴，從容曰：『長安政亂，公有日角之相，此天命也。』世祖曰：『召刺姦收護軍！』祐乃不敢復言。」

5、三公部九卿制

屬於王莽的制作。東漢亦沿用此規制，故《後漢書‧百官志》引漢官云：「宗正、大司農、少府。右三卿，司空所部。」「太常、光祿勳、衛尉。右三卿，太尉所部」「太僕、廷尉、大鴻臚。右三官，司徒所部」，其所部之卿與王莽之制已有別，但其框架模式卻實啓自王莽。

6、九卿數目之確定

王莽之前西漢卿的數目眾多，不止九人，秩中二千石者都可稱卿，統稱列卿。王莽時期正式實行九卿制，三公司卿（大司馬司允、大司徒司直、大司空司若）、羲和（納言）、作士、秩宗、典樂、共工、予虞並爲九卿。東漢亦循此制度，雖九卿內容與王莽不同，但卻明確了九卿的數目。《東觀漢紀》卷四：「建武元年，復設諸侯王，金璽綟綬，公侯金印紫綬，九卿、執金吾、河南尹秩皆中二千石。」值得注意的是，在此執金吾與河南尹已經與九卿劃清界限。正如閻步克先生指出，西漢卿以秩級爲準而不以九爲限，而東漢明確提出「卿」的區分標準。《後漢書‧百官志》記載稱「卿一人，中二千石」的共有九位，分別

為：太常、光祿勳、衛尉、太僕、廷尉、大鴻臚、宗正、大司農、少府，而執金吾與河南尹都只言「秩中二千石」，不言「卿一人」這都是東漢九卿數目確立的證據。而這一確立，閻先生同樣認為「上承新莽」〔註53〕，甚確。

7、太傅領尚書事制度

後漢太傅領尚書事多見。明帝薨，章帝即位，下詔「其以憙為太傅，融為太尉，並錄尚書事」，章帝薨，和帝即位，皇太后下詔，「其以彪為太傅，賜爵關內侯，錄尚書事，百官總己以聽，朕庶幾得專心內位。」和帝薨，殤帝即位，「延平元年春正月辛卯，太尉張禹為太傅。司徒徐防為太尉，參錄尚書事，百官總己以聽。」等等，其例甚多。《通典》敘此制云：「後漢章帝以太傅趙憙、太尉牟融並錄尚書事。尚書有錄名，蓋自憙、融始，亦西京領尚書之任，猶唐虞大麓之職也。和帝時，太尉鄧彪為太傅，錄尚書事，位在三公上，漢制遂以為常。每少帝立，則置太傅錄尚書事，猶古冢宰總己之義，薨輒罷之。」〔註54〕然此制實發自王莽。天鳳元年，「太傅平晏勿領尚書事，省侍中、諸曹兼官者。」說明此前太傅平晏曾領尚書事。檢《漢書》之中，王莽之前，無太傅領尚書事之例。所有領尚書事者，皆中朝官。而太傅為外朝官，這表明，漢武帝以來形成的中外朝制度已經趨於瓦解。後漢不再見有中外朝之名，當以此時為轉捩。

8、上公

王莽之前，漢代官制中無上公這一等級，哀平之際，王莽主政，為上公。篡漢之後，上公遂成為王莽政權中官職的一等。上公這一官位等級，自王莽始。《後漢書·百官一》：「太傅，上公一人。」此亦沿用莽制。

9、上大夫

上大夫這一個爵級層次，在王莽官制改革中是與二千石並列的。以見上揭漢簡簡文。在東漢，這一對應關係依然保留下來。《後漢書·禮儀中》：「歲首正月，為大朝受賀。其儀：夜漏未盡七刻，鐘鳴，受賀。及贄，公、侯璧，中二千石、二千石羔，千石、六百石雁，四百石以下雉。百官賀正月。」這與《禮儀士·相見禮》「上大夫相見以羔」是吻合的。

〔註53〕 閻步克《從爵本位到官本位——秦漢官僚品位結構研究》，中華書局，2009年，第247～248頁。

〔註54〕 （唐）杜佑《通典·職官四》，中華書局，1988年，第591頁。

10、侍中祭酒

侍中祭酒為王莽所設置的九祭酒之一。這一官名東漢亦沿用。《後漢書‧儒林傳下》：「丁恭字子然，建武初，為諫議大夫、博士，封關內侯。……二十年，拜侍中祭酒、騎都尉」。《後漢書‧儒林傳》：「張興字君上……。（明帝）永平初，遷侍中祭酒。」《承宮傳》永平十七年，承宮「拜侍中祭酒。」《蔡邕列傳》哀帝時有「侍中祭酒樂松、賈護」。

所列以上職官，都是在光武帝劉秀省官之後的遺留，假設依舊保持漢末的官僚規模，我們相信，其所從王莽官制中吸取的內容會更多。如果從整體趨勢來看，東漢官制中成系統的禮制因素，其創端起意，大都可以在王莽時期找到痕跡。官制官名上的變幻，只是王莽影響東漢制度很小的以方面，其在官制思想領域的影響，恐怕是更大的。這一方面，限於筆者的研究力度尚不夠，不敢遽然討論，以後有機會，我們將繼續探討。

小　結

本章只選取這三個角度來進行嘗試研究，權作拋磚引玉。限於材料，不可能每一個官職都涉及到，材料鳳毛麟角，搜集極其不易，分析亦難，這也限制了本文的深度與篇幅。但藉由本章的討論，希望給讀者留下一個印象，即王莽官制改革在歷史研究中，具有不可忽略性。王莽官制中三公、九卿、二十七大夫的層次結構，及命數方面，都是研究的極好切入點，通過進一步搜集材料，結合其他方面的成果，研究還能繼續深入。但困於王莽官制的資料稀少，其進一步研究，恐怕要等待更多的出土材料的出現。

第八章　漢代秩祿序列研究

第一節　上卿爵級的來源與形成

　　言戰國至秦漢間爵位分類，必須先提一下漢代爵制分等。漢爵承秦爵而來，《漢書・百官公卿表》：「爵：一級曰公士，二上造，三簪裊，四不更，五大夫，六官大夫，七公大夫，八公乘，九五大夫，十左庶長，十一右庶長，十二左更，十三中更，十四右更，十五少上造，十六大上造，十七駟車庶長，十八大庶長，十九關內侯，二十徹侯。皆秦制，以賞功勞。」《後漢書・百官五》引劉劭《爵制》對二十等爵制進行過解析，並將其分爲四類：侯爵（二等）、卿爵（九等）、大夫爵（五等）、士爵（四等），其說曰：

　　　　《春秋傳》有庶長鮑。商君爲政，備其法品爲十八級，合關內侯、列侯凡二十等，其制因古義。古者天子寄軍政於六卿，居則以田，警則以戰，所謂入使治之，出使長之，素信者與衆相得也。故啟伐有扈，乃召六卿，大夫之在軍爲將者也。及周之六卿，亦以居軍，在國也則以比長、閭胥、族師、黨正、州長、卿大夫爲稱，其在軍也則以卒伍、司馬、將軍爲號，所以異在國之名也。秦依古制，其在軍賜爵爲等級，其帥人皆更卒也，有功賜爵，則在軍吏之例。自一爵以上至不更四等，皆士也。大夫以上至五大夫五等，比大夫也。九等，依九命之義也。自左庶長以上至大庶長，九卿之義也。關內侯者，依古圻內子男之義也。秦都山西，以關內爲王畿，故曰關內侯也。列侯者，依古列國諸侯之義也。然則卿大夫士下之品，

皆放古，比朝之制而異其名，亦所以殊軍國也。古者以車戰，兵車
一乘，步卒七十二人，分翼左右。車，大夫在左，御者處中，勇士
居右，凡七十五人。一爵曰公士者，步卒之有爵爲公士者。二爵曰
上造。造，成也。古者成士升於司徒曰造士，雖依此名，皆步卒也。
三爵曰簪裊，御駟馬者。要裊，古之名馬也。駕駟馬者其形似簪，
故曰簪裊也。四爵曰不更。不更者，爲車右，不復與凡更卒同也。
五爵曰大夫。大夫者，在車左者也。六爵爲官大夫，七爵爲公大夫，
八爵爲公乘，九爵爲五大夫，皆軍吏也。吏民爵不得過公乘者，得
貰與子若同產。然則公乘者，軍吏之爵最高者也。雖非臨戰，得公
卒車，故曰公乘也。十爵爲左庶長，十一爵爲右庶長，十二爵爲左
更，十三爵爲中更，十四爵爲右更，十五爵爲少上造，十六爵爲大
上造，十七爵爲駟車庶長，十八爵爲大庶長，十九爵爲關內侯，二
十爵爲列侯。〔註1〕

這一分法與《張家山漢簡》基本一致，也是侯、卿、大夫、士四等。後者之
中反映有卿級的材料主要有：

卿以下，五月户出賦十六錢，十月户出芻一石，足其縣用，餘
以入頃芻律入錢。(《田律》)〔註2〕

賜不爲吏及宦皇帝者，關內侯以上比二千石，卿比千石，五大
夫比八百石……(《賜律》)〔註3〕

賜棺享(椁)而欲受齎者，卿以上予棺錢級千、享(椁)級六
百；五大夫以上棺錢六百、享(椁)級三百；毋爵者棺錢三百。(《賜
律》)〔註4〕

卿以上所自田户田，不租，不出頃芻稾。(《户律》)〔註5〕

疾死置後者，徹侯後子爲徹侯，……。關內侯後子爲關內侯，
卿後子爲公乘，……(《置後律》)〔註6〕

〔註1〕　(南朝宋) 范曄《後漢書·百官五》，中華書局，1965年，第3631～3632頁。
〔註2〕　《張家山漢墓竹簡 (釋文修訂本)》，文物出版社，2006年，第43頁。
〔註3〕　《張家山漢墓竹簡 (釋文修訂本)》，文物出版社，2006年，第49頁。
〔註4〕　《張家山漢墓竹簡 (釋文修訂本)》，文物出版社，2006年，第49頁。
〔註5〕　《張家山漢墓竹簡 (釋文修訂本)》，文物出版社，2006年，第52頁。
〔註6〕　《張家山漢墓竹簡 (釋文修訂本)》，文物出版社，2006年，第59頁。

不爲後而傅者，關內侯子二人爲不更，它子爲簪裊；卿子二人爲不更，它子爲上造；五大夫子二人爲簪裊……（《傅律》）〔註7〕反映大夫級的材料有：

大夫以上年九十，不更九十一，簪裊九十二，上造九十三，公士九十四，公卒、士五（伍）九十五以上者，稟鬻米月一石。

大夫以上年七十，不更七十一，簪裊七十二，上造七十三，公士七十四，公卒、士五（伍）七十五，皆受仗（杖）。

大夫以上年五十八，不更六十二，簪裊六十三，上造六十四，公士六十五，公卒以下六十六，皆爲免老。

不更以下子年廿歲，大夫以上至五大夫子及小爵不更以下至上造年廿二歲，卿以上子及小爵大夫以上年廿四歲，皆傅之。公士、公卒及士五（伍）、司寇、隱官子，皆爲士五（伍）。疇官各從其父疇，有學師者學之。（以上皆出自《傅律》）〔註8〕

秦漢時期，侯、卿、大夫、士作爲一種爵位等級分類，是沒有問題的。在漢代保文獻中，我們也經常見到「位列九卿」、「位大夫」等稱謂。但奇怪的是，其中卻沒有「上卿」這一等級，但文獻中，許多資料表明，秦漢有「上卿」這一等級，如：

1、始皇甚尊寵蒙氏，信任賢之。而親近蒙毅，位至上卿，出則參乘，入則御前。（《史記·蒙恬列傳》）

2、御史大夫，秦官，位上卿。（《漢書·百官公卿表》）

3、前後左右將軍，皆周末官，秦因之，位上卿。（《漢書·百官公卿表》）

4、漢興，置大將軍、驃騎，位次丞相；車騎、衛將軍、左、右、前、後，皆金紫，位次上卿。典京師兵衛，〔四夷〕屯警。（蔡質《漢官典職儀式選用》）

5、前、後、左、右將軍，皆周末官，秦因之，位上卿，金印紫綬，皆掌兵及四夷。有長史，秩千石。（《北堂書鈔》設官部）

6、前、後、左、右將軍，宣元以後，雖不出征，猶有其官，位在諸卿上。（《北堂書鈔》設官部）

〔註7〕《張家山漢墓竹簡（釋文修訂本）》，文物出版社，2006年，第58頁。
〔註8〕以上四條見《張家山漢墓竹簡（釋文修訂本）》，第57～58頁。

7、正月旦，百官朝賀，光祿勳劉嘉、廷尉趙世各辭不能朝，高賜舉奏：「皆以被病篤困，空文武之位，闕上卿之贊，既無忠信斷金之用，而有敗禮傷化之尤，不謹不敬！請廷尉治嘉罪，河南尹治世罪。」議以世掌廷尉，故轉屬他官。（蔡質《漢官典職儀式選用》）

上卿不同於九卿，這一點在材料 7 中反映尤其明顯。光祿勳、廷尉都在九卿之列，而彈劾他們的理由，為「闕上卿之贊」，則九卿非上卿，且上卿地位要在九卿之上。在此有必要對材料 4 進行商榷。材料 4 中，車騎將軍、衛將軍、左將軍、右將軍、前將軍、後將軍，皆「位次上卿」。閻步克先生在研究將軍位次變遷時，認為其地位「比上卿，在御史大夫下」〔註9〕，則閻先生本意，蓋將上卿解釋成御史大夫，以一官而當上卿之位，這種觀點恐怕不妥。它們並不是「比上卿」，而是實實在在「位上卿」。請看《漢書》中的具體例子。

宣帝時，趙充國為後將軍，率軍討伐叛亂的羌族，他上書宣帝時說：「臣得蒙天子厚恩，父子俱為顯列。臣位至上卿。」〔註10〕朱博為後將軍，《漢書·蕭育傳》載：「博先至將軍上卿，歷位多於咸、育，遂至丞相。」此二例雖都只言及後將軍，但亦可窺見，前、後、左、右將軍皆為上卿無疑。因此，我們認為，蔡質《漢儀》中的這段記載，或者本就錯誤，或者在傳抄中文本存在訛誤——衍一「次」字。

總之，秦漢時期，至少從漢代資料來看，確實存在公、上卿、卿、大夫、士這樣的等級。但我們對於爵制研究，多重視公、卿、大夫、士這四級，對於上卿之研究有所忽略。當然，平心而論，漢代爵制已不夠盛行，文、景皆有賣爵之文，武帝又創制武功爵，以寵戰士，朱紹侯先生認為是二十等爵的衰落之表現，甚確。其後愈顯猥爛，漢初劉邦時公乘、五大夫等高爵，至西漢中後期，簡牘中著於戍卒名籍者比比。其間轉變，可參朱紹侯先生《軍功爵制研究》一書。這一切就導致爵制在社會分等中功用甚微。若追溯上卿爵級，我們必須關注之前的情況。那麼，上卿是怎麼來的呢？

回溯歷史，「上卿」這一稱呼，在先秦史料中分佈比較廣泛。《漢語大詞典》這樣解釋「上卿」：

〔註 9〕閻步克《從爵本位到官本位——秦漢官僚品位結構研究》，三聯書店，2009 年，第 321 頁。
〔註10〕（漢）班固《漢書·趙充國傳》，中華書局，1962 年，第 2982 頁。

　　古官名。周制天子及諸侯皆有卿，分上中下三等，最尊貴者謂
「上卿」。《左傳・成公三年》：「次國之上卿，當大國之中，中當其
下，下當其上大夫。小國之上卿，當大國之下卿，中當其上大夫，
下當其下大夫。上下如是，古之制也。」

然而，這只是春秋及其之前的制度。實際上，這些制度在哪種程度、何種範
圍上符合歷史，遠未研究透徹。這一者是因為戰國以來，各派學說紛紜，莫
衷一是。此外也與先秦直接文獻資料缺乏有關，而在利用間接材料時，往往
會造成意見上的分歧。不過，無論當時的天子六卿，還是諸侯三卿，彼時的
上卿只不過為一二人或數人，且與秦漢意義上的上卿有較大差別，這時的上
卿已成為一個階層，擁有較大的規模。秦漢的上卿，最多的時候，至少七人。
〔註11〕。春秋之時的上卿是針對中、下卿來說的。而從戰國史料來看，尚未
見有下卿的記載。但可以確信的是，秦漢的上卿直接來源於戰國時代的上卿，
它們可能在歷史上有所淵源，但與春秋以前的上卿當不屬一個系統。春秋以
前的等級劃分為公、卿、大夫、士，與侯、卿、大夫、士的分類不同，後者
顯然為戰國以來制度。

　　上卿當是爵位變化後的產物。《戰國策・齊二》，齊王使者陳軫問楚將昭
陽，「楚之法，覆軍殺將，其官爵何也？」昭陽曰：「官為上柱國，爵為上執
珪。」執珪是楚爵最高爵，楚國沒有「下執珪」。此處之「上執珪」同「執珪」
的關係與上卿與卿的關係正同。

　　讓我們做一些推測。反觀秦爵二十等之中，侯、大夫、士這三類，都能
在某些爵級中有所體現。如侯級有關內侯、徹侯，大夫有五大夫、公大夫、
大夫等，士級有公士，這本身都表明了身份。但是唯獨卿這一級卻無從直接
體現。而實際上，在秦代爵制發展史上，的確有以卿命名的爵制。《商君書・
境內》：

　　　能攻城圍邑斬首八千已上則盈論，野戰斬首二千則盈論。吏自
　　操及校以上，大將盡賞行間之吏也。故爵公士也，就為上造也。故
　　爵上造，就為簪裊，就為不更。故爵為大夫。爵吏而為縣尉，則賜
　　虜六，加五千六百。爵大夫而為國治，就為大夫。故爵大夫，就為
　　公大夫。就為公乘。就為五大夫。則稅邑三百家。故爵五大夫，皆

有賜邑三百家，有賜稅三百家。爵五大夫，有稅邑六百家者受客。大將御參皆賜爵三級。故客卿相論盈就正卿。就爲大庶長。故大庶長，就爲左更。故四更也，就爲大良造。〔註12〕

《商君書》所記爵制爲秦國早期爵制。這段內容描述了大勝後賞賜的情況。「爵五大夫，有稅邑六百家者受客」，「受客」，許多學者都認爲脫漏一個「卿」字，就是授予客卿。「故客卿相論盈，就正卿」，「論盈」，也稱「盈論」，同篇之中，有「得三十三首以上，盈論，百將、屯長賜爵一級。」文中主要是就在戰功中殲敵總數符合一定賜爵等級。附帶一說，其實軍功還包括降敵的情況。敦煌酥油土漢代烽燧遺址出土的漢簡中有六條與軍功爵制相關的簡，其中一支標爲「擊匈奴降者賞令」，內容是降敵受賞的條例。如「□者眾八千以上封列侯、邑，二千石賜黃金五百」、「二百戶五百騎以上，賜爵少上造，黃金五十斤，食邑」等。回到正文，客卿若獲得軍功而賜爵則下一級爲正卿。顯然，秦爵中有客卿、正卿兩種。《史記‧秦本紀》，秦昭襄王三十三年，有「客卿胡陽攻魏卷、蔡陽、長社，取之。擊芒卯華陽，破之，斬首十五萬。」三十六年，有「客卿灶攻齊」，三十八年，有「中更胡陽攻趙閼與，不能取」，《白起王翦列傳》有「客卿錯」，可見客卿的確是一級爵位。雖然《史記》中沒有提到正卿，但我們想八成也曾存在過。至於這兩種卿爵的命名和區別是什麼已經弄不清了，有的說客卿是提供給六國人來秦爲官者的爵位，六國人在秦做到丞相的也不少見，如我們喜聞樂見的孟嘗君就是一例。我們對此觀點保持謹慎態度，不主於此，故不作進一步討論。文中「四更」，是說從大庶長、歷左更、中更、有更，有四級。在此文中省略了「就爲中更」，「就爲右更」的兩種情況。所謂「大將、御、參皆賜爵三級」，是說，爲大將、或戰爭中爲大將御車或與大將驂乘，會賜爵三級。上面所引，胡陽先爲客卿，率軍作戰，有軍功，符合爲大將的情況，所以三十八年，他再次領兵的時候，爵已升了三級，歷大庶長、左更，變爲中更。

既然秦國早期爵制明確標有客卿、正卿二級。如此說來，正卿以上之爵級，大庶長、左更、右更、中更、大良造，如果給他們一個概括，沒有比「上卿」更合適的了，我們認爲，這便是戰國以來上卿階層的來源。

戰國諸國爵制中，「卿」級以上尚有大量其他爵位這一爵制特點的國家不獨秦國，實際上，楚國也存在相似爵位制度。秦末戰爭中，劉邦施行秦制是

在其封爲漢王之後，此前劉邦爲楚將，繫於楚王名下，行軍作戰，主要奉行
的還是楚國爵制。徐天麟《西漢會要》不明就裏，將這一階段的許多楚國爵
制列入「舊爵」一類，實則「舊爵」即楚爵〔註13〕。然而，徐天麟所記載的
「舊爵」也只有四個：上聞、執帛、執圭、卿。其中，楚爵中與秦爵名稱相
同的爵位，如五大夫爵，則被誤作秦爵第五級大夫爵而未予計入，此爲其失。
後經朱紹侯先生研究，楚國爵制序列由高及低部份（非全）地可表示爲：「國
大夫、列大夫、上聞、七大夫、五大夫、卿、執帛、執圭、侯。」〔註14〕這
一排列順序，主要基於以下文獻記載。《史記》記載，曹參先後賜爵有：七大
夫、五大夫、執帛、執圭、建成侯。樊噲先後賜爵：國大夫、列大夫、上聞、
五大夫、卿、賢成君等；周勃先後賜爵：五大夫、威武侯；夏侯嬰先後賜爵：
七大夫、五大夫、執帛、執圭、賜爵封，等等。所有這些情況，都展現在我
們眼前，即楚國卿以上爵級「執帛、執圭」，如果用一個大類來概括，則「上
卿」一詞是最恰當不過。

　　上卿本是爵位的一類，後來（或同時）在禮制因素影響下，漸漸成爲朝
會班位的劃分標準之一。漢初，在繼承戰國制度的時候，上卿這一制度，直
接取自秦制，還是楚制，抑或二者皆有，今已說不明白。從春秋到戰國，有
很多上卿爲相的記載。

　　在魯國有，「季文子相宣、成，無衣帛之妾，無食粟之馬。仲孫它諫曰：
『子爲魯上卿，相二君矣，妾不衣帛，馬不食粟，人其以子爲愛，且不華國
乎？』」〔註15〕；在趙國有，廉頗爲上卿，後藺相如有公亦爲上卿，「以相如
功大，拜爲上卿，位在廉頗之右」〔註16〕。廉頗表示不服，自以爲有「爲趙
將，有攻城野戰之大功，而藺相如徒以口舌爲勞，而位居我上，」藺相如多
番退讓，相如舍人不滿相如的這種做法，說「臣所以去親戚而事君者，徒慕
君之高義也。今君與廉頗同列，廉君宣惡言而君畏匿之，恐懼殊甚，且庸人
尙羞之，況於將相乎！臣等不肖，請辭去。」可見藺相如爲上卿，同時還擔
任相職。

〔註13〕（宋）徐天麟《西漢會要》，上海古籍出版社，2006年，第409頁。
〔註14〕朱紹侯《軍功爵制研究》，商務印書館，2008年，第211頁。
〔註15〕徐元誥《國語集解・魯語上》，第173頁。
〔註16〕（漢）司馬遷《史記・廉頗藺相如列傳》，中華書局，1982年，第2443頁。

《史記‧樗里子甘茂列傳》：

> 甘茂之亡秦奔齊，逢蘇代。代爲齊使於秦。甘茂曰：「臣得罪
> 於秦，懼而遯逃，無所容跡。臣聞貧人女與富人女會績，貧人女
> 曰：『我無以買燭，而子之燭光幸有餘，子可分我餘光，無損子明
> 而得一斯便焉。』今臣困而君方使秦而當路矣。茂之妻子在焉，
> 願君以餘光振之。」蘇代許諾。遂致使於秦。已，因說秦王曰：「甘
> 茂，非常士也。其居於秦，累世重矣。自殽塞及至鬼谷，其地形
> 險易皆明知之。彼以齊約韓魏反以圖秦，非秦之利也。」秦王曰：
> 「然則奈何？」蘇代曰：「王不若重其贄，厚其祿以迎之，使彼來
> 則置之鬼谷，終身勿出。」秦王曰：「善。」即賜之上卿，以相印
> 迎之於齊。甘茂不往。蘇代謂齊湣王曰：「夫甘茂，賢人也。今秦
> 賜之上卿，以相印迎之。甘茂德王之賜，好爲王臣，故辭而不往。
> 今王何以禮之？」齊王曰：「善。」即位之上卿而處之。秦因復甘
> 茂之家以市於齊。〔註17〕

《史記‧商君列傳》，商鞅爲大良造，史稱「商君相秦十年」，《史記‧范睢蔡
澤列傳》：「夫虞卿躡屩檐簦，一見趙王，賜白璧一雙，黃金百鎰；再見，拜
爲上卿；三見，卒受相印，封萬戶侯。」皆是上卿爲相的例子。

上卿可以爲相，但相不一定就是由上卿擔任，亦可以由其他爵位來擔任。
《史記‧穰侯列傳》：秦昭王十五年，「以客卿壽燭爲相」。但是歷史上以上卿
爲相的例子大約占多數。故《漢書‧天文志》：「孝宣本始……四年七月甲辰，
辰星在翼，月犯之。占曰：『兵起，上卿死，將相也。』」這裡直接把上卿與
相聯繫起來，就是證明。此外，還將上卿與相聯繫起來，則是上卿既包括相，
又包括將。這不僅令我們豁然開朗，難怪漢代的史料中，位上卿的都是將軍
（除了御史大夫，御史大夫後起，當是一種變制）。

可以預見，戰國末期，相從上卿這一位階中脫離出來，在秦漢躋身爲上
卿之上「三公」行列，這一過程具體如何實現，還待我們進一步研究。大約
與之同時，秦國取消了客卿與正卿制度，從而大夫爵級以上的部份都成爲卿
級。秦國制度變化大約是六國中最激烈的，比如楚國就比較保守，楚制中卿
就單獨的保留著。

〔註17〕 （漢）司馬遷《史記》，中華書局，1982年，第 2316～2317 頁。

第二節　漢初秩級的分化

1、二千石產生時間與中二千石的形成問題

　　二千石秩級爲漢代所常見，最早在張家山漢簡《秩律》中可見。這一秩級究竟是在何時產生。戰國時期，秦、燕的秩級爲九等，分別爲：千石、八百石、七百石、六百石、五百石、三百石、二百石、百石、五十石。就材料看，秦代有中二千石應該沒有問題，我們認爲這一時間可能推到戰國末期。如《史記・絳侯周勃列傳》：「得相國一人，丞相二人，將軍、二千石各三人。」《樊噲列傳》：「得丞相一人，將軍十二人，二千石已下至三百石十一人。」《酈商列傳》：「得丞相、守相、大將各一人，小將二人，二千石已下至六百石十九人。」《灌嬰列傳》：「凡從得二千石二人，別破軍十六，降城四十六，定國一，郡二，縣五十二，得將軍二人，柱國、相國各一人，二千石十人。」這些人軍功中的二千石，分別都是列國中之官吏，其必定是不獨爲秦朝官制。可以說，二千石一秩級在戰國末期是普遍存在六國的。

　　中二千石之「中」，顏師古認爲是「滿」的意思。《漢書・宣帝紀》：「潁川太守黃霸以治行尤異，秩中二千石。」注曰：「如淳曰：『太守雖號二千石，有千石、八百石居者。有功德茂異乃得滿秩。霸得中二千石，九卿秩也。』晉灼曰：『此直謂二千石增秩爲中二千石耳，不謂滿不滿也。』師古曰：『如說非也。霸舊已二千石矣，今增爲中二千石以寵異之。此與地節三年增膠東相王成秩其事同耳。漢制秩二千石者一歲得一千四百四十石，實不滿二千石也。其云中二千石者，一歲得二千一百六十石，舉成數言之，故曰中二千石。中者，滿也。』」這裡如淳和晉灼的意思大同小異。如淳解釋郡國二千石的具體情況，並沒有強調滿不滿的問題。他的主要觀點在於「九卿秩也」，即增秩的問題。晉灼誤認爲如淳以中二千石爲滿秩，所以說「不謂滿不滿也」，其核心也在於說明增秩。而顏師古則不同，他認爲中二千石是二千石滿秩的情況。所以說「中者，滿也。」而沒有留意二千石與中二千石爲不同秩級。

　　勞幹先生所論，「中二千石之中如中尉之中，猶言京師。京師之二千石乃對郡國之二千石而言。秦時九卿而外，於京師更無其他二千石，故居中之二千石皆九卿，九卿在皇帝之左右，故亦略尊於郡守。此當爲中二千石之秩高於二千石之秩之由來也。漢世以後，在京師別置比卿之官，而其秩減於中二千石，於是京師原有中二千石之外又有二千石，於是論者不得其說，而輒以二千石釋中二千石。」

　　以「中」爲京師這一觀點，經閻步克先生引《張家山漢簡》證明闡釋，已成定論。勞幹先生認爲「中二千石」在秦朝即有，閻步克先生證以《二年律令》中無「中二千石」相反駁，固然有理。但秦時內史與漢初內史無大差別，皆兼三郡之地，又畿輔重地，與尋常之郡，宜有所差距。這種差距就是後來中二千石與郡國二千石的形成原因。從此意義上來看，勞先生之說亦不爲無理。

　　但問題在於，前二先生在解釋這一問題時，摻入了後世的觀念。這就使得這一問題需要一點修正。所謂中二千石針對郡國二千石而言，這一說法並不準確。漢初，高祖定天下，所得之天下非秦時平整劃一之郡縣制，而是建立起諸侯國與中央政府並峙的態勢。所以在《秩律》中的二千石官，「御史大夫，廷尉，內史，典客，中尉，車騎尉，大僕，長信詹事，少府令，備塞都尉，郡守、尉，衛將軍，衛尉，漢中大夫令，漢郎中、奉常，秩各二千石」，這裡面所涉及的郡都是漢政權所能直接控制的郡。而我們關注那些諸侯控制下的郡。

　　漢初，就《秩律》時代而言，中央政府所能控制的郡國官吏大致不出幾類：內史郡、內史之外的漢郡、諸侯王相（漢初，中央政府只爲諸侯國設置諸侯相，二千石一下官吏諸侯國自置）。正如閻步克先生所論，諸侯國丞相一開始皆沒有秩級。這就使得漢初《秩律》所能涵蓋的範圍只是在其所統管範圍內。則此時的二千石全部爲漢政府之二千石。《秩律》中所列之郡皆爲漢郡，其秩爲二千石，與九卿同。郡國二千石眞正之產生，「郡國」能夠並列稱「二千石」，應當且必須是諸侯國二千石納入到中央政府之組織框架內方可，換言之，即在中央政府剝奪諸侯國自置二千石吏之後。

　　最後說一下歷史上中二千石的俸祿升降的問題。閻步克先生認爲，或者中二千石升秩，或者郡國二千石降秩，尚無定論。我們認爲，在漢初，中二千石爲二千石，這與其當時所能管理的範圍來說是相一致的。隨著諸侯國勢力的削弱，中央政府收歸大量的郡及諸侯國官員的設置權，這使得中二千石（諸卿）的工作量大增，正是在這種意義上，導致了中二千石俸祿的增加。假設西漢中二千石一開始爲月俸 120 斛，則到此時，已經達到 180 斛。而二千石還維持不變，在 120 斛水平。總之，中二千石是二千石增秩的結果。

2、比二千石秩級的產生

比二千石一秩，《秩律》中不載，可知漢初無此秩級。據《通典》所列西漢官秩差次表，此秩級有以下若干官職：丞相司直、光祿大夫、光祿中郎五官左右三將、光祿虎賁中郎將、光祿中郎將騎都尉、西域都護副校尉、奉車都尉、駙馬都尉、郡尉，細細看來，這些官職中，大多數在漢初都不存在。據《漢書·百官公卿表》：

> 丞相司直：武帝元狩五年初置司直，秩比二千石，掌佐丞相舉不法。

> 光祿大夫：大夫掌論議，有太中大夫、中大夫、諫大夫，皆無員，多至數十人。武帝元狩五年初置諫大夫，秩比八百石，太初元年更名中大夫爲光祿大夫，秩比二千石。

> 光祿虎賁中郎將：期門掌執兵送從，武帝建元三年初置，比郎，無員，多至千人，有僕射，秩比千石。平帝元始元年更名虎賁郎，置中郎將，秩比二千石。

> 西域都護副校尉：西域都護，加官，宣帝地節二年初置，以騎都尉、諫大夫使護西域三十六國，有副校尉，秩比二千石。

> 奉車都尉、駙馬都尉：奉車都尉掌御乘輿車，駙馬都尉掌駙馬，皆武帝初置，秩比二千石。

光祿中郎五官、左、右三將，即五官中郎將、左中郎將、右中郎將，學界通常認爲漢初並不存在中郎將〔註18〕。漢初郎中令屬官只有郎中車將、戶將、騎將三種此外，騎都尉在漢初肯定存在，這一官職自秦代即有。這幾類將官都屬於郎中令的下屬，在《秩律》中都沒有反映，換言之，他們最初沒有秩級。拋開它們不論，只剩郡尉（見下表）。因此，我們只要理順它就可以了。

漢初，《秩律》中郡守、郡尉均爲二千石。這說明二者都地位相等、異常重要。這主要基於當初的天下形式。漢初，大量分封諸侯王，「高皇帝五年即天子之位，割膏腴之地以王有功之臣，多者百餘城，少者乃三四十縣，德至渥也。然其後十年之間，反者九起，幾危天下者五六。」〔註19〕這是異姓諸侯王的情況。至於同姓諸侯王，「雖名爲人臣，實皆布衣昆弟之心，慮無不帝

〔註18〕 參嚴耕望《秦漢郎吏制度考》與安作璋、熊鐵基《秦漢官制史稿》相關章節。
〔註19〕 （漢）賈誼《新書·親疏危亂》，中華書局，2000年，第119～120頁。

制而天子自爲者。」〔註20〕誠爲董平均先生所言，「在『吳楚七國之亂』被平定之前，諸侯國的存在，始終是對中央王朝的嚴重威脅」〔註21〕。《二年律令·賊律》記載：

> 以城邑亭障反，降諸侯，及守乘城亭障，諸侯人來攻盜，不堅守而棄去之若降之，及謀反者，皆要（腰）斬。其父母、妻子、同產，無少長皆棄市。其坐謀反者，能偏（徧）捕，若先告吏，皆除坐者罪。〔註22〕

> □來誘及爲閒者，磔。亡之□。〔註23〕

漢簡整理小組指出，諸侯「指漢初分封的諸侯國」，甚是。又《捕律》：「捕從諸侯來爲閒者一人，拜爵一級，有（又）購二萬錢。不當拜爵者，級賜萬錢，有（又）行其購。數人共捕罪人而當購賞，欲相移者，許之。」〔註24〕又《奏讞書》中斷獄案例，「詰闌：律所以禁從諸侯來誘者，令它國毋得取（娶）它國人也。闌雖不故來，而實誘漢民之齊國，即從諸侯來誘也。」〔註25〕等等。皆可以看出漢初漢政權對諸侯國之提防之心。

從地理上來看，《秩律》保存的漢初漢所擁有郡名，以《漢書·地理志》所載後世郡國版圖逆之，涉及內史、蜀郡、河南郡、沛郡、雲中郡、北地郡、巴郡、廣漢郡、漢中郡、南陽郡、河內郡、河東郡、九原郡、汝南郡、濟南郡、上郡、穎川郡、南郡、西河郡、上黨郡、魏郡、武陵郡等。據譚其驤先生所考，高祖末期左右，漢所得郡爲：內史郡、河東郡、河內郡、河南郡、上黨郡、南陽郡、南郡、巴郡、蜀郡、廣漢郡、漢中郡、隴西郡、北地郡、上郡、雲中郡、魏郡、東郡、穎川郡、淮陽郡、汝南郡、河間郡、琅邪郡。〔註26〕《秩律》中自然有些縣雖在後世屬於某郡，但此時可能尚屬於附屬他郡的位置。但除去內史，其餘諸郡都面臨諸侯國或少數民族的威脅。據《劍橋中國秦漢史》所附公元前195年高祖末年漢帝國版圖來看〔註27〕，如蜀郡、

〔註20〕（漢）賈誼《新書·親疏危亂》，中華書局，2000年，第120頁。

〔註21〕董平均《出土秦律漢律所見封君食邑制度研究》，黑龍江人民出版社，2007年，第207頁。

〔註22〕《張家山漢墓竹簡（釋文修訂本）》，文物出版社，2006年，第7頁。

〔註23〕《張家山漢墓竹簡（釋文修訂本）》，文物出版社，2006年，第8頁。

〔註24〕《張家山漢墓竹簡（釋文修訂本）》，文物出版社，2006年，第29頁。

〔註25〕《張家山漢墓竹簡（釋文修訂本）》，文物出版社，2006年，第93頁。

〔註26〕譚其驤《長水集》，人民出版社，2009年，第100頁。

〔註27〕崔瑞德、魯惟一編《劍橋中國秦漢史》，中國社會科學出版社，1992年，第119頁。

廣漢、巴郡、武陵郡南邊都與少數民族聚集區毗鄰。武陵郡、南郡東與長沙國、淮南國接壤。南陽郡與淮南國與淮陽國接壤。河南郡與淮陽、梁二國接壤。河內郡、魏郡與梁、趙、代三國接壤。河東郡與趙、代國接壤。雲中郡、上郡、九原郡、北地郡、隴西郡都與匈奴等少數民族毗鄰。就呂后時來看，又增加了同姓諸侯王對呂氏政權的威脅，這些威脅都具有顛覆漢政權的危險。

以上之分析，其實還僅是基於呂后時情形，在劉邦末年消滅異姓諸侯王前，這些地區大部份被異性諸侯王佔據，其形式要更加嚴峻。總之，除內史外，所有的郡基本屬於邊郡。《秩律》中，郡守之所以與郡尉皆爲二千石，其理由在此。

但後來的文獻卻記載了不同。王隆《漢官》：「都尉將兵，副佐太守。」胡廣《解詁》：「言與太守俱受銀印剖符之任，爲一郡副將，然俱主其武職，不預民事。舊時以八月都試，講習其射力，以備不虞。」〔註28〕這是後來的情況，此時已經地位不等了。秦及漢初，郡守與郡尉之所以能分庭抗禮，關鍵在於其職能，二者分別主民政與軍政。郡尉不會無端地降級，除非發生了某種變化。比如發生兵權向郡守的轉移。

郡守對兵權的染指自漢文帝始，文帝二年「初與郡守爲銅虎符、竹使符。」〔註29〕這就使得郡守獲得兵權，郡尉的地位從此刻起便被削弱了。也正是從此時，郡尉開始向「一郡副將」轉變。郡尉秩級調整爲比二千石當與此次職能調整有關。但秩級實現眞正調整或許在景帝中元二年，是年「秋七月，更郡守爲太守，郡尉爲都尉。」單獨來看，只不過是一次簡單的名稱更換。但如果我們將所有稱「都尉」的官職集中起來看，就會有些新收穫。

附：《通典・職官十八》載西漢官秩差次表 （斜體下劃線者爲區別）

秩　　級	職官構成	備　註
中二千石	御史大夫　太常　光祿勳　衛尉　太僕　廷尉 大鴻臚　宗正　大司農　少府　執金吾	
二千石	太子太傅、少傅　將作大匠　太子詹事大長秋 典屬國　水衡都尉　京兆尹　左馮翊　右扶風 司隸校尉　城門校尉　中壘校尉　屯騎校尉 步兵校尉　越騎校尉　長水校尉　胡騎校尉 射聲校尉　虎賁校尉　州牧　郡太守	

〔註28〕 （清）孫星衍等輯、周天遊點校《漢官六種》，中華書局，1990 年，第 21 頁。
〔註29〕 （漢）班固《漢書・文帝紀》，中華書局，1962 年，第 118 頁。

比二千石	*丞相司直　光祿大夫　光祿中郎五官左右三將　光祿虎賁中郎將　光祿中郎將騎都尉　西域都護副校尉　奉車都尉　駙馬都尉　郡尉*	
千石	丞相長史　大司馬長史　御史中丞（更名御史長史）　前後左右將軍長史　太常丞　光祿勳丞　衛尉丞　太僕丞　廷尉左右監　大鴻臚丞　宗正丞　大司農丞　少府丞　執金吾丞　太子衛率　萬戶以上縣令	
比千石	光祿太中大夫　光祿郎中車戶騎三將　光祿謁者僕射　*光祿虎賁郎*	
八百石	*太子家令*	（成帝除八百石秩）
比八百石	光祿勳諫大夫	
六百石	衛尉公車司馬令　衛士令　旅賁令　廷尉左右平　太子門大夫　太子庶子　將作大匠丞　太子詹事丞　水衡都尉丞　京兆君丞　左馮翊丞　右扶風丞　州刺史　郡丞　郡長史　郡尉丞　次萬戶以上縣令	
比六百石	太常太卜博士　光祿議郎、中郎　光祿謁者掌賓贊受事員　西域都護丞、司馬、候　戊己校尉丞、司馬、候	
五百石	減萬戶縣長	（成帝除五百石秩。王莽復置，改爲命士）
四百石	太子中盾　萬戶以上縣丞　次萬戶以上縣丞　減萬戶縣丞	（月五十斛。自四百石至二百石爲長吏。王莽改爲中士）
比四百石	光祿侍郎	
三百石	次減萬戶縣長	（月四十斛。王莽改爲下士）
比三百石	光祿郎中	（月三十七斛）
二百石	萬戶以上縣尉　次萬戶以上縣尉　減萬戶縣尉	（月三十斛）
百石		（月十六斛。自百石以下有斗食佐史之秩，爲少吏。王莽改百石秩曰庶士。）

第三節　丞相（三公）萬石之探討

關於丞相的秩級，早先有陳夢家先生之研究。他認爲丞相（三公）無秩，「漢初最高秩爲二千石，此上三公、大將軍和御史大夫沒有秩名。」張家山漢簡《秩律》已經證明，漢初御史大夫位於二千石之首，是有秩名。因此，閻步克先生認爲，所謂三者沒有秩名是「後來的情況」，即後來最高秩級爲中二千石，三者都不在其中。

我們需要說明以下，秩級這種俸祿形式，與食邑相比，本身是比較高級的俸祿形式。從歷史來看，隨著世卿世祿制度的解體，產生了大量需要俸祿的公職人員。戰國以來的秩級便是這種形勢下的產物。但一種制度的解體並沒有渙然冰釋般消失的無影無蹤，或多或少總會保留一些殘留的痕跡。在戰國時代，秦國施行的官員爵祿制度有兩類，一類是根據秩級，一類是根據爵級。這就是《荀子‧強國》所說的「士大夫益爵，官人益秩」。爵級就是春秋世卿世祿的遺留。通過一定食邑，來獲得報酬收入。《荀子‧榮辱篇》所謂「士大夫之所以取田邑也」。《商君書‧境內》：「就爲五大夫，則稅邑三百家。故爵五大夫，皆有賜邑三百家，有賜稅三百家。爵五大夫，有稅邑六百家者受客。大將御參皆賜爵三級。故客卿相論盈，就正卿。就爲大庶長，故大庶長，就爲左更。故四更也，就爲大良造。」可見，五大夫爵以上都是食邑的。如《商君列傳》，商鞅爲秦國大良造，主持變法與領兵作戰，史稱「商君相秦十年」。《白起列傳》：「明年，白起爲大良造。攻魏，拔之」，而這些時間段內，其實都已經有了秩級。如《商君書‧境內篇》就有「千石之令」、「八百之令」、「七百之令」、「六百之令」等記載，但很可能秩級尚未擴展最頂層。戰國時期秦國的高級官職，還處於以爵爲尊的時期。

這種精神一直延續到漢初。漢五年詔書：「其七大夫以上，皆令食邑」〔註30〕。「七大夫」就是公大夫，二十等爵的第七級。張家山漢簡《賜律》：

> 賜不爲吏及宦皇帝者，關內侯以上比二千石，卿比千石，五大
> 夫比八百石，公乘比六百石，公大夫、官大夫比五百石，大夫比三
> 百石，不更比有秩，簪裹比斗食，上造、公士比佐史。〔註31〕

「不爲吏」即爲民，「宦皇帝者」就是大夫、郎等皇帝的從官，可以說涵蓋了天下所有人，例子尚多，不一一列舉，都說明爵制在此時依然有重要的作用。

〔註30〕　（漢）班固《漢書‧高帝紀》，中華書局，1962年，第54頁。
〔註31〕　《張家山漢墓竹簡（釋文修訂本）》，文物出版社，2006年，第49頁。

當然，如朱紹侯先生所研究，爵制在漢初以後日趨衰敗，尤其是武帝時武功爵的淆亂，都是不爭事實。此又當別論。

丞相自戰國以來，都具有很高的爵級，或爲侯，或爲大庶長、大良造，等等，秦朝相國呂不韋食洛陽十萬戶，這些都具有食邑的權利。所以他們不會白幹活，無須爲生計煩憂。漢代中二千石的俸祿，和封侯食邑的收入等比起來，其實要少得多。食邑其實就是他們的俸祿。漢初，做丞相的都是功臣列侯，「自漢興至孝文二十餘年，會天下初定，將相公卿皆軍吏」〔註32〕，《史記·儒林列傳》敘述更詳：

> 孝惠、呂后時，公卿皆武力有功之臣。孝文時頗徵用，然孝文帝本好刑名之言。及至孝景，不任儒者，而竇太后又好黃老之術，故諸博士具官待問，未有進者。

既然身爲功臣列侯，其俸祿自然從其食邑封國中出，有沒有秩級則無關緊要。況且，還有各種帝王的賞賜，賜金或賜帛等。而金帛在秦漢《金布律》、《漢書·食貨志》中，都與錢一樣，是漢代流通的貨幣形式之一。

官吏之去功臣化，是從漢武帝時開始的：

> 及今上即位，趙綰、王臧之屬明儒學，而上亦鄉之，於是招方正賢良文學之士。自是之後，言《詩》於魯則申培公，於齊則轅固生，於燕則韓太傅。言《尚書》自濟南伏生。言《禮》自魯高堂生。言《易》自菑川田生。言《春秋》於齊魯自胡毋生，於趙自董仲舒。及竇太后崩，武安侯田蚡爲丞相，絀黃老、刑名百家之言，延文學儒者數百人，而公孫弘以《春秋》白衣爲天子三公，封以平津侯。天下之學士靡然鄉風矣。〔註33〕

官吏選任上的這種傾向是由下而上的，初期是列卿開始由非軍功之臣擔任。自公孫弘爲丞相始，丞相也漸漸不專以功臣列侯擔當。丞相的去功臣化，但又保留著延續已久的由列侯擔任的痕跡，這便導致丞相封侯制度的產生。《通典》云：「初，漢制常以列侯爲相，唯公孫弘布衣，數年登相位，武帝乃封爲平津侯，其後爲故事。至丞相而封，自弘始也。」〔註34〕如公孫弘封爲平津侯，等等。相比之下，御史大夫就沒有封侯的慣例。

〔註32〕（漢）司馬遷《史記·張丞相列傳》，中華書局，1982年，第2681頁。
〔註33〕（漢）司馬遷《史記·儒林列傳》，中華書局，1982年，第3118頁。
〔註34〕（唐）杜佑《通典·職官三》，中華書局，1988年，第535頁。

　　總之，食邑就是丞相的經濟來源，就是丞相的俸祿。從史料來看，這份俸祿相當可觀，遠遠超越後來三公萬石的標準。我們試以匡衡爲相食租的爲例。

　　《漢書·匡衡傳》，匡衡爲丞相，封樂安侯，食邑六百戶。乍一看，六百戶是很小的概念。似乎所食不多。但眞相不止於此。

> 　　初，衡封僮之樂安鄉，鄉本田隄封三千一百頃，南以閭佰爲界。初元元年，郡圖誤以閭佰爲平陵佰。積十餘歲，衡封臨淮郡，遂封眞平陵佰以爲界，多四百頃。至建始元年，郡乃定國界，上計簿，更定圖，言丞相府。衡謂所親吏趙殷曰：「主簿陸賜故居奏曹，習事，曉知國界，署集曹掾。」明年治計時，衡問殷國界事：「曹欲奈何？」殷曰：「賜以爲舉計，令郡實之。恐郡不肯從實，可令家丞上書。」衡曰：「顧當得不耳，何至上書？」亦不告曹使舉也，聽曹爲之。後賜與屬明舉計曰：「案故圖，樂安鄉南以平陵佰爲界，不從故而以閭佰爲界，解何？」郡即復以四百頃付樂安國。衡遣從史之僮，收取所還田租穀千餘石入衡家。〔註35〕

這段公案委實令我們震撼。區區四百頃田租，居然有千餘石之多，則3100頃田租，無慮有萬石了。這跟後漢三公每人月食350斛、年俸4200石相比，相差何其大！

　　成帝時，三公制開始形成，但其間有過幾次反覆。《漢書·百官公卿表》「太尉」條下：「成帝綏和元年初賜大司馬金印紫綬，置官屬，祿比丞相，去將軍。哀帝建平二年復去大司馬印綬、官屬，冠將軍如故。元壽二年復賜大司馬印綬，置官屬，去將軍，位在司徒上。有長史，秩千石。」「御史大夫」條下：「成帝綏和元年更名大司空，金印紫綬，祿比丞相，置長史如中丞，官職如故。哀帝建平二年復爲御史大夫，元壽二年復爲大司空，御史中丞更名御史長史。」這說明，三公改制過程中，發生過三次變化。第一次綏和元年改制設置三公官，是採取何武的建議。第二次取消則是採納朱博建議。這兩次，《漢書·朱博傳》記錄此事甚詳：

> 　　初，漢興襲秦官，置丞相、御史大夫、太尉。至武帝罷太尉，始置大司馬以冠將軍之號，非有印綬官屬也。及成帝時，何武爲九卿，建言：「古者民樸事約，國之輔佐必得賢聖，然猶則天三光，備

〔註35〕 （漢）班固《漢書·匡衡傳》，中華書局，1962年，第3346頁。

三公官，各有分職。今末俗之弊，政事煩多，宰相之材不能及古，而丞相獨兼三公之事，所以久廢而不治也。宜建三公官，定卿大夫之任，分職授政，以考功效。」其後上以問師安昌侯張禹，禹以爲然。時曲陽侯王根爲大司馬票騎將軍，而何武爲御史大夫。於是上賜曲陽侯根大司馬印綬，置官屬，罷票騎將軍官，以御史大夫何武爲大司空，封列侯，皆增奉如丞相，以備三公官焉。議者多以爲古今異制，漢自天子之號下至佐史皆不同於古，而獨改三公，職事難分明，無益於治亂。是時御史府吏舍百餘區井水皆竭；又其府中列柏樹，常有野烏數千棲宿其上，晨去暮來，號曰「朝夕烏」，烏去不來者數月，長老異之。後二歲餘，朱博爲大司空，奏言：「帝王之道不必相襲，各繇時務。高皇帝以聖德受命，建立鴻業，置御史大夫，位次丞相，典正法度，以職相參，總領百官，上下相監臨，歷載二百年，天下安寧。今更爲大司空，與丞相同位，未獲嘉祐。故事，選郡國守相高第爲中二千石，選中二千石爲御史大夫，任職者爲丞相，位次有序，所以尊聖德，重國相也。今中二千石未更御史大夫而爲丞相，權輕，非所以重國政也。臣愚以爲大司空官可罷，復置御史大夫，遵奉舊制。臣願盡力，以御史大夫爲百僚率。」哀帝從之，乃更拜博爲御史大夫。會大司馬喜免，以陽安侯丁明爲大司馬衛將軍，置官屬，大司馬冠號如故事。後四歲，哀帝遂改丞相爲大司徒，復置大司空、大司馬焉。〔註36〕

第三次元壽二年改革，《哀帝紀》只記載：「五月，正三公官公職。大司馬衛將軍董賢爲大司馬，丞相孔光爲大司徒，御史大夫彭宣爲大司空，封長平侯。正司直、司隸，造司寇職，事未定。」《漢書》中沒有提及發起者，《後漢書·百官一》引《漢舊儀》記載爲王莽發起，「王莽時，議以漢無司徒官，故定三公之號曰大司馬、大司徒、大司空」。這幾次官制改革，其實都沒有設計好。在三公職掌方面，始終沒有完成。懸泉置漢簡中有下大司徒、大司空詔書，「制曰：下大司徒、大司空……」〔註37〕，從詔書下達形式看，與下丞相、御史大夫沒什麼區別，胡平生、張德芳二先生認爲「主政者爲大司徒、大司空」。此簡沒有提供直接斷限的紀年資料，簡末「建始元年，丞相衡、

〔註36〕 （漢）班固《漢書·朱博傳》，中華書局，1962年，第3404～3405頁。
〔註37〕 胡平生、張德芳編撰《敦煌懸泉漢簡釋粹》，上海古籍出版社，2001年，第5頁。

御史大夫譚」，二先生從大司徒、大司空設置時間，及書寫位置與行文格式，認定「所謂『建始元年』，乃追述前事，非書寫時當前時間」，觀點可從。文中徑引建始年號，而不冠以帝號，似當爲成帝時事。故《百官表》說成帝時這次三公改革「官職如故」。這說明，雖然三公官名更改，但是在職掌方面，還沒有改變。

但這次三公分職的内容是不可知的。但我們猜想，可能還是沒有設計好。從「造司寇職，事未定」一語來看，司寇在《周禮》爲秋官，掌刑法等事。其體系與王莽時三公部九卿的制度，不相吻合。所以王莽才有繼續改革的需要。《王莽傳》：「置大司馬司允，大司徒司直，大司空司若，位皆孤卿。更名大司農曰羲和，後更爲納言，大理曰作士，太常曰秩宗，大鴻臚曰典樂，少府曰共工，水衡都尉曰予虞，與三公司卿凡九卿，分屬三公。」這一制度與後漢又不同。後漢繼承了王莽三公部九卿的做法，但是九卿與之不同。《後漢書·百官》注引《漢官目錄》：

> 太常、光祿勳、衛尉。右三卿，太尉所部。
>
> 太僕、廷尉、大鴻臚。右三官，司徒所部。
>
> 宗正、大司農、少府。右三卿，司空所部。

脱胎於丞相封侯，此時形成了三公封侯的制度。《漢書·何武傳》：「成帝欲修辟雍，建三公官，即改御史大夫爲大司空。武更爲大司空，封氾鄉侯，食邑千戶。」此時司空封侯。《漢書·外戚恩澤侯表》哀帝時有長平頃侯彭宣以大司空侯，平帝時有扶德侯馬宮以大司徒侯，扶平侯王崇以大司空侯，皆是其例。

總之，丞相在西漢本身即爲侯爵，沒有秩級，不存在「萬石」之說。據清人趙翼《陔餘叢考》統計，《漢書》與《後漢書》中凡「六萬石君」，而西漢有四人，但都不是官秩意義上的「萬石」：

> 《史記》：石奮與長子建、次子甲、次子乙、次子慶，官皆二千石，景帝乃名奮爲「萬石君」。《漢書》：嚴延年兄弟五人，皆至大官，東海號其母曰「萬石嚴嫗」。（師古謂：一門之中，五二千石也。）馮勤有子八人，皆爲二千石，趙魏間榮之，亦號「萬石君」。此西漢之萬石君也。《後漢書·秦彭傳》：秦氏世位相承，有名襲者爲潁川太守，與群從同時爲二千石者五人，故三輔號曰「萬石秦氏」。此東漢之萬石君也。〔註38〕

〔註38〕（清）趙翼《陔餘叢考》，中華書局，1963 年，第 869～870 頁。

「三公萬石」的說法，當形成於後漢。《通典》敘丞相封侯制度，「到光武絕不復侯」〔註39〕，這個時候，丞相的秩祿擺上日程。國家必須解決他們的俸祿問題。

對於後來，三公的俸祿問題，《百官表》卷首顏師古注：「漢制三公號稱萬石，其俸月各三百五十斛穀。」經清代學者王鳴盛考證，學界已大體認同這是東漢光武建武二十六年所定標準，即非西漢制度。

周國林先生因此提出「三公不宜稱萬石」。其理由有二，其一，認為三公無稱「萬石」之必要。因為三公之名，本身便已反映出他們為中央最高官員的身份，且全國也只這麼幾人，又集中在京師，就無須另以「石」為秩名了。其二，認為三公俸額距離萬石相差太遠。閻步克先生在討論丞相和御史大夫秩級的時候，曾引用其觀點，而無異議。表明閻先生也贊成該觀點。廖伯源先生在《辨眞二千石爲二千石之別稱》一文中，也稱「三公萬石，月俸 350斛」〔註40〕。

實際上，眾人都沒有正確理解這句話。顏師古所謂的「漢制三公號稱萬石，其俸月各三百五十斛穀。」是指三公這三者的俸祿之和，而不是強調每個人都是「萬石」。這一點，《通典》卷二十《職官二》、卷三十五《職官十七》都引《風俗通義》說：「漢制，三公一歲共食萬石。」〔註41〕既然漢朝人自己說「共食」，則可信度應該沒有多大問題。三人 350 斛 12 個月，共 12600 石，稱「萬石」自無不可。

〔註39〕（唐）杜佑《通典・職官三》自注，中華書局，1988 年，第 535 頁。
〔註40〕廖伯源《辨眞二千石爲二千石之別稱》，《史學月刊》，2005 年第 1 期，第 18頁。
〔註41〕筆者按：此條不見今本《風俗通義》，當係佚文。

參考文獻

古籍

1. （西漢）司馬遷《史記》，中華書局，1982 年。

2. （東漢）班固《漢書》，中華書局，1962 年。

3. （東漢）劉珍等撰、吳樹平校注《東觀漢記校注》，中華書局，2008 年。

4. （東漢）王充撰、黃暉校釋《論衡校釋》，中華書局，1990 年。

5. （東漢）荀悅、（東晉）袁宏《兩漢紀》，中華書局，2002 年。

6. （東漢）許慎撰、（清）段玉裁注《說文解字注》，上海古籍出版社，1988 年第 2 版。

7. （東漢）趙岐等撰（清）張澍輯《三輔決錄·三輔故事·三輔舊事》，三秦出版社，2006 年。

8. （南朝宋）范曄《後漢書》，中華書局，1965 年。

9. （北魏）酈道元著、陳橋驛校證《水經注校證》，中華書局，2007 年。

10. （梁）蕭統編、（唐）李善等注《六臣注文選》，中華書局，1987 年。

11. （唐）徐堅等編《初學記》，中華書局，2004 年。

12. （唐）歐陽詢編《藝文類聚》，上海古籍出版社，1999 年。

13. （唐）李林甫等撰、陳仲夫點校《唐六典》，中華書局，1992 年。

14. （唐）杜佑《通典》，中華書局，1988 年。

15. （宋）李昉等撰《太平御覽》，中華書局，1960 年。

16. （宋）司馬光編著、（元）胡三省音注《資治通鑑》，中華書局，1956 年。

17. （宋）孫逢吉《職官分紀》，四庫類書叢刊，上海古籍出版社，1992 年。

18. （宋）王應麟著，張三夕、楊毅點校《漢制考 漢藝文志考證》，中華書局，2011 年。

19. （宋）洪邁《隸釋 隸續》，中華書局，1986 年。

20. （宋）徐天麟《西漢會要》，上海古籍出版社，2006 年。

21. （宋）徐天麟《東漢會要》，上海古籍出版社，2006 年。

22. （元）馬端臨《文獻通考》，中華書局，1986 年。

23. （清）顧炎武撰、（清）黃汝成集釋《日知錄集釋》，上海古籍出版社，
    2006 年。

24. （清）孫星衍等輯、周天遊點校《漢官六種》，中華書局，1990 年。

25. （清）紀昀等《歷代職官表》，上海古籍出版社，1989 年。

26. （清）黃本驥《歷代職官表》，上海古籍出版社，1980 年。

27. （清）孔廣森撰、王豐先校點《大戴禮記補注》，中華書局，2013 年。

28. （清）顧棟高《春秋大事表》，中華書局，1993 年。

29. （明）董說《七國考》，中華書局，1956 年。

30. （清）孫詒讓《周禮正義》，中華書局，1987 年。

31. （清）王先謙撰、吳格點校《詩三家義集疏》，中華書局，1987 年。

32. （清）王鳴盛《十七史商榷》，鳳凰出版社，2008 年。

33. （清）趙在翰輯《七緯》，中華書局，2012 年。

34. （清）沈家本《歷代刑法考》，中華書局，1985 年。

35. （清）陳壽祺撰、曹建墩校點《五經異義疏證》，上海古籍出版社，2012
    年。

36. （清）陳立《白虎通疏證》，中華書局，1994 年。

37. （清）閻若璩《尚書古文疏證》，上海古籍出版社，2010 年。

38. 楊寬、吳浩坤主編《戰國會要》，上海古籍出版社，2005 年。

論著

1. 章炳麟《章太炎全集（四）·太炎文錄初編》，上海人民出版社，1985 年。

2. 陶希聖、沈巨塵《秦漢政治制度》，商務印書館，1937 年。

3. 王亞南《中國官僚政治研究》，中國社會科學出版社，1981 年。

4. 繆文遠《戰國制度通考》，巴蜀書社，1998 年。

5. 萬昌華《秦漢以來中央行政研究》，齊魯書社，2012 年。

6. 中國社會科學院考古研究所編著《中國考古學（秦漢卷）》，中國社會科
   學出版社，2010 年。

7. 楊寬《戰國史》，上海人民出版社，2003 年。

8. 林劍鳴《秦漢史》，上海人民出版社，2003 年。

9. 白鋼《中國政治制度通史（第三卷）》，人民出版社，1996 年。

10. 田昌五、安作璋《秦漢史》，人民出版社，2008 年。

11. 翦伯贊《秦漢史》，北京大學出版社，1999 年。

12. 錢穆《秦漢史》，三聯書店，2005 年。

13. 羅福頤主編《秦漢南北朝官印徵存》，文物出版社，1987 年。

14. 陳寅恪著、萬繩楠整理《魏晉南北朝史講演錄》，貴州人民出版社，2007 年。

15. 崔瑞德、魯惟一《劍橋中國秦漢史》，中國社會科學出版社，1992 年。

16. 嚴耕望《中國地方行政制度史——秦漢地方行政制度》，上海古籍出版社，2007 年。

17. 嚴耕望《嚴耕望史學論文集》，上海古籍出版社，2007 年。

18. 安作璋、熊鐵基《秦漢官制史稿》，齊魯書社，2007 年。

19. 祝總斌《兩漢魏晉南北朝宰相制度研究》，中國社會科學出版社，1990 年。

20. 祝總斌《材不材齋史學從稿》，中華書局，2009 年。

21. 張金龍《魏晉南北朝禁衛武官制度研究》，中華書局，2004 年。

22. 閻步克《察舉制度變遷史稿》，中國人民大學出版社，2009 年。

23. 閻步克《士大夫政治演生史稿》，北京大學出版社，1996 年。

24. 《中研院歷史語言研究所集刊論文類編·歷史編·秦漢卷》，中華書局，2009 年。

25. 閻步克《從爵本位到官本位——秦漢官僚品位結構研究》，三聯書店，2009 年。

26. 閻步克《品位與職位——秦漢魏晉南北朝官階制度研究》，中華書局，2009 年。

27. 楊天宇《經學探研錄》，上海古籍出版社，2004 年。

28. 汪征魯《魏晉南北朝選官體制研究》，福建人民出版社，1995 年。

29. 朱紹侯《軍功爵制研究》，商務印書館，2008 年。

30. （日）西嶋定生著、武尚清譯《中國古代帝國的形成與結構——二十等爵制研究》，中華書局，2004 年。

31. 黃留珠《秦漢仕進制度》，西北大學出版社，1998 年。

32. 陳直《居延漢簡研究》，中華書局，2009 年。

33. 陳夢家《漢簡綴述》，中華書局，1980 年。

34. 譚其驤《長水集》，人民出版社，2009 年。

35. 王煥林《里耶秦簡校詁》，中國文聯出版社，2007 年。

36. 張家山二四七號漢墓竹簡整理小組《張家山漢墓竹簡（釋文修訂本)》，文物出版社，2006 年。

37. 胡平生、張德芳編撰《敦煌懸泉漢簡釋粹》，上海古籍出版社，2001 年。

38. 睡虎地秦墓竹簡整理小組《睡虎地秦墓竹簡》，文物出版社，1978 年。

39. 陳蘇鎮《〈春秋〉與「漢道」——兩漢政治與政治文化研究》，中華書局，2011 年。

40. 卜憲群《秦漢官僚制度》，社會科學文獻出版社，2002 年。

41. 張顯成《簡帛文獻學通論》，中華書局，2004 年。

42. 孫機《漢代物質文化資料圖說》，上海古籍出版社，2011 年。

43. 董平均《出土秦律漢律所見封君食邑制度研究》，黑龍江人民出版社，2007 年。

44. 蔣禮鴻《商君書錐指》，中華書局，1986 年。

45. 程俊英、蔣見元《詩經譯注》，中華書局，1991 年。

46. 何清谷《三輔黃圖校釋》，中華書局，2005 年。

47. （日）本田成之著、孫俍工譯《中國經學史》，灕江出版社，2013 年。

48. （日）工藤元男著、（日）廣瀬薰雄、曹峰譯《睡虎地秦簡所見秦代國家與社會》，上海古籍出版社，2010 年。

49. 張顯成、周群麗撰《尹灣漢墓簡牘校理》，天津古籍出版社，2011 年。

50. 廖伯源《簡帛與制度——尹灣漢簡簡牘官文書考證（增訂版)》，廣西師範大學，2005 年。

51. 周振鶴《西漢政區地理》，人民出版社，1987 年。

52. 王超《中國歷代中央官制史》，上海人民出版社，2005 年。

53. 孔令紀等主編《中國歷代官制》，齊魯書社，1993 年。

54. 瞿同祖《清代地方政府》，法律出版社，2011 年。

55. 李玉福《秦漢制度史論》，山東大學出版社，2002 年。

56. 陳茂同《中國歷代職官沿革史》，百花文藝出版社，2005 年。

57. 朱金甫等編《清代典章制度辭典》，中國人民大學出版社，2011 年。

58. 孫國棟《唐代中央重要文官遷轉途徑研究》，上海古籍出版社，2009 年。

59. 中國軍事史編寫組《中國歷代軍事戰略》，解放軍出版社，2006 年。

60. 中國軍事史編寫組《中國歷代軍事思想》，解放軍出版社，2006 年。

61. 中國軍事史編寫組《中國歷代軍事裝備》，解放軍出版社，2006 年。

62. 熊鐵基《秦漢軍事制度史》，廣西人民出版社，1990 年。

63. 韋慶遠、柏樺《中國政治制度史》，中國人民大學出版社，2005 年。

64. 陳槃《古讖緯研討及其書錄解題》，上海古籍出版社，2010 年。

65. 廖伯源《秦漢史論叢（增訂本）》，中華書局，2008 年。

66. 謝桂華、李均明等《居延漢簡釋文合校》，文物出版社，1987 年。

67. 張之恒《中國考古通論》，南京大學出版社，2009 年。

68. 楊洪勳《宮殿考古通論》，紫禁城出版社，2009 年。

69. 俞偉超《古史的考古學探索》，文物出版社，2002 年。

70. 葛兆光《中國思想史》，復旦大學出版社，1984 年。

71. 金春峰《漢代思想史》，中國社會科學出版社，1987 年。

72. 鍾肇鵬《讖緯論略》，遼寧教育出版社，1991 年。

73. 傅熹年《傅熹年建築史論文集》，百花文藝出版社，2009 年。

74. 瞿同祖《中國法律與中國社會》，中華書局，2007 年。

75. 葛劍雄主編《中國人口史》，復旦大學出版社，2005 年。

76. 顧頡剛《秦漢的方士與儒生》，上海古籍出版社，2005 年

77. 賴瑞和《唐代基層文官》，中華書局，2008 年。

78. 賴瑞和《唐代中層文官》，中華書局，2008 年。

79. 廖伯源《歷史與制度——漢代政治制度試釋》，香港教育圖書公司，1997年。

80. 戴衛紅《北魏考課制度研究》，中國社會科學出版社，2010 年。

81. 《魏晉南北朝考課制度研究》，社會科學文獻出版社，2009 年。

82. 董邵偉《唐代吏部尚書研究》，中國社會科學出版社，2012 年。

83. 鍾敬文主編，中國民俗史（漢魏卷），人民出版社，2008 年。

84. 陳介祺《十鍾山房印舉》，中國書店，1985 年（據 1922 年涵芬樓影印）。

85. 王人聰、葉其峰《秦漢魏晉南北朝官印研究》，香港中文大學文物館專刊之四，1990 年 1 月。

86. 傅嘉儀《秦封泥匯考》，上海書店，2007 年。

87. 徐元誥撰《國語集解（修訂版）》，中華書局，2002 年。

88. 熊偉《秦漢監察制度史研究》，天津人民出版社，2011 年。

相關論文

1. 陳偉《張家山漢簡〈津關令〉涉馬諸令研究》，《考古學報》，2003 年第 1 期。

2. 陳長琦《漢代刺史制度的演變及特點》，《史學月刊》，1987 年第 4 期。

3. 劉森《秦「都官」考》，《人文雜誌》，1991 年第 5 期。

4. 王輝《都官顏注申論》，《人文雜誌》，1993 年第 6 期。

5. 曹旅寧《張家山漢律職官的幾個問題》,《南都學刊》,2006 年 5 月。

6. 張焯《西漢三輔建置考述》,《歷史教學》,1987 年第 6 期。

7. 陳蔚松《漢代太學考選制度》,《華中師範大學學報（哲社版）》,1988 年第 4 期。

8. 劉良群《論兩漢的太學制度》,《江西社會科學》,1989 年專輯。

9. 郭俊然《漢代上公及三公系統職官叢考——以印泥、簡牘等實物資料爲中心》,《鹽城師範學院學報（人文社會科學版）》,2012 年第 5 期。

10. 韓養民《漢武帝時期的中外朝》,《西北大學學報（哲學社會科學版）》,1978 年第 2 期。

11. 黃今言《漢代期門羽林考釋》,《歷史研究》,1996 年第 2 期。

12. 胡平生《里耶秦簡 8-455 號木方性質芻議》,《簡帛》,2009 年第 4 輯。

13. 江連山《試論西漢官制改革（一）》,《綏化師專學報》,1985 年第 2 期。

14. 江連山《試論西漢官制改革（二）》,《綏化師專學報》,1985 年第 z1 期。

15. 江連山《試論西漢官制改革（三）》,《綏化師專學報》,1986 年第 1 期。

16. 江連山《試論西漢官制改革（四）——元成時的官制改革》,《綏化師專學報》,1988 年第 4 期。

17. 江連山《西漢官制歷史地位評述（二）》,《綏化學院學報》,2011 年第 1 期。

18. 江連山《西漢官制歷史地位評述（二）》,《綏化學院學報》,2013 年第 9 期。

19. 吉仕梅《王莽改制在居延漢簡詞匯中的反映》,《學術交流》,2008 年第 4 期。

20. 孔祥軍《肩水金關漢簡所見「太常郡」初探》,《中國歷史地理論叢》,2012 年第 3 期。

21. 劉德增《王莽官制述論》,《山東師大學報（哲學社會科學版）》,1985 年第 4 期。

22. 廖伯源《西漢皇宮宿衛警備雜考》,《歷史與制度：漢代政治制度試釋》,香港教育圖書公司,1997 年。

23. 劉欣尚《漢代的刺史制度》,《北京師範大學學報》,1987 年第 1 期。

24. 李昭和、莫洪貴、於采芑《青川縣出土秦更修田律木牘——四川青川縣戰國墓發掘簡報》,《文物》,1982 年第 1 期。

25. 曲柄睿《漢代宮省宿衛的四重體系研究》,《古代文明》,2012 年第 3 期。

26. 宋一夫《漢代功曹五官掾考》,《歷史研究》,1994 年第 5 期。

27. 孫福喜《宮省制度與秦漢政治》,《西北大學學報（哲學社會科學版）》,1997 年第 3 期。

28. 武素琴《西漢羽林述論》,《殷都學刊》,1996 年第 1 期。

29. 汪高鑫《論劉歆的新五德終始歷史學說》,《中國文化研究》,2002 年第 2 期。

30. 王德保《烏托邦式的社會試驗——漫議新莽政權的託古改制》,《中國典籍與文化》,1998 年第 3 期。

31. 許樹安《西漢中樞職官的設置和演變》,《北京大學學報(哲學社會科學版)》,1986 年第 5 期。

32. 謝彥明《西漢期門、羽林不屬於南軍》,《首都師範大學學報(社會科學版)》,2005 年第 1 期。

33. 嚴耕望《秦漢郎官制度考》,載《嚴耕望史學論文集(上)》,上海古籍出版社,2007 年。

34. 閻步克《論張家山漢簡〈二年律令〉中的「宦皇帝」》,《中國史研究》,2003 年第 3 期。

35. 閻步克《詩國:王莽庸部、曹部探源》,《中國社會科學》,2004 年第 6 期。

36. 閻步克《樂府詩〈陌上桑〉中的「使君」與「五馬」——兼論兩漢南北朝車駕等級制的若干問題》,《北京大學學報(哲學社會科學版)》,2011 年第 2 期。

37. 余英時《反智論與中國政治傳統——論儒、道、法三家政治思想的分野與匯流》,《余英時文集》第二卷,廣西師範大學出版社,2004 年。

38. 于海平《漢代省官制度述略》,《廣西社會科學》,2004 年第 1 期。

39. 楊鴻年《漢魏郎官》,《中國古代史論叢》第七輯,福建人民出版社,1983 年。

40. 臧雲浦《秦漢職官制度的行成與影響》,《徐州師範學院學報(哲學社會科學版)》,1981 年第 2 期。

41. 張金龍《〈秦漢官制史稿〉評介》,《史學史研究》,1986 年第 4 期。

42. 朱紹侯《淺議司隸校尉初設之謎》,《學術研究》,1994 年 1 月。

43. 朱紹侯《西漢司隸校尉職務及地位的變化》,《史學月刊》,1994 年第 4 期。

44. 朱紹侯《淺議司隸校尉在東漢的特殊地位——司隸校尉研究之三》,《南都學刊》,1997 年第 1 期。

45. 朱紹侯《略論秦漢中央三級保衛制》,《南都學壇》,1989 第 4 期。

46. 朱紹侯《商鞅變法與秦國早期軍功爵制》,《零陵學院學報》,2004 年第 9 期。

47. 張軍《新莽時期公制、將軍制與州制述論》,《寧夏社會科學》,2010 年第 4 期。

48. 張涵靜《出土資料所見王莽時代若干問題研究》，鄭州大學碩士論文，2010年。

49. 張春龍、龍京沙《湘西里耶秦簡 8-455 號》，《簡帛》，2009 年第 4 輯。

50. 朱紅林《里耶秦簡 8-455 號木方研究——竹簡秦漢律與《周禮》比較研究（七）》，《井岡山大學學報（社會科學版）》，2011 年第 1 期。

51. 張金光《秦簡牘所見內史非郡辨》，《史學集刊》，1992 年第 4 期。

52. 周作明《王莽改制依經初考》，《廣西師範大學學報（社會科學版）》，1984年第 4 期。

53. 陳夢家《漢簡所見奉例》，《文物》，1963 年第 5 期。

54. 聶崇岐《漢代官俸質疑》，收入《宋史叢考》，中華書局，1980 年，第 236頁。

55. 周國林《漢史雜考》，《華中師範大學學報》，1995 年第 1 期。

56. 廖伯源《辨「真二千石」為「二千石」之別稱》，《史學月刊》，2005 年第 1 期。

57. 閻步克《也談「真二千石」》，《史學月刊》，2003 年第 12 期。

58. 周群《西漢二千石秩級的演變》，《史學月刊》，2009 年第 10 期。

59. 姚國旺《秦朝官制尊左卑右考》，《北京師院學報（社會科學版）》，1987年第 2 期。

60. 姚國旺《西漢官制尊右尊左考》，《歷史研究》，1987 年第 3 期。

61. 王彥輝《《里耶秦簡》（壹）所見秦代縣鄉機構設置問題蠡測》，《古代文明》，2012 年第 4 期。

62. 高敏《論〈秦律〉中的「嗇夫」一官》，《社會科學戰線》，1979 年第 1 期。

63. 蘇衛國《重新定位「縣嗇夫」的思考》，《史學月刊》，2006 年第 4 期。

64. 王彥輝《田嗇夫、田典考釋》，《東北師範大學學報》，2010 年第 2 期。

65. 臧知非《試論漢代中尉、執金吾和北軍的演變》，《益陽師專學報》，1989年第 2 期。

66. 楊際平《漢代內郡的吏員構成與鄉、亭、里關係》——東海郡尹灣漢簡研究，《廈門大學學報（哲社版）》，1998 年第 4 期。

67. 李迎春《20 世紀以來秦漢郡縣屬吏研究綜述》，《石家莊學院學報》，2009年 1 月。

68. 尹弘兵《漢初內史考——張家山漢簡中所見漢初內史之演變》，《江漢考古》，2008 年第 3 期。

69. 賈俊俠《內史之名及職能演變考析》，《西安聯合大學學報》，2004 年第 6 期。

70. 申超、賈俊俠《秦漢將軍長史考述》,《秦漢研究》第六輯,2012 年。

71. 申遠《漢代中郎將研究》,湘潭大學碩士學位論文,2008 年。

72. 萬堯緒《漢初中大夫令考辨》,《魯東大學學報》,2012 年第 1 期。

73. 朱晨《秦封泥集釋(中央官印部份)》,安徽大學碩士學位論文,2005 年。

74. 劉慶柱、李毓芳《西安相家巷遺址秦封泥考略》,《考古學報》,2001 年第 4 期。

75. 吳曉懿《秦簡封泥所見秦廄官名初探》,《中國歷史文物》,2010 年第 3 期。

76. 吳榮曾《西漢王國官印考實》,《北京大學學報》,1990 年第 3 期。

77. 趙平安《秦西漢官印論要》,《考古與文物》,2001 年第 3 期。

78. 湯其領《漢初楚王國官印與職官探賾》,《韶關學院學報》,2007 年第 10 期。

79. 葉其峰《西漢官印叢考》,《故宮博物院院刊》,1986 年第 1 期。

80. 王人聰《西漢郡國特設官署官印略考》,《江漢考古》,1989 年第 1 期。

81. 孔永紅《出土印璽所見秦漢的官制》,鄭州大學 2010 年碩士論文。

後　記

　　本書主要基於我的博士論文。我寫作的初衷，乃在於發覺目前有些研究過於瑣碎，而又想盡量於平易細微之處發掘一些秦漢官制的問題。但論文寫得並不能算很成功。每每在寫作過程中，感到材料不足。又深感自己目前之學識，尚不足以駕馭如此寬大的問題。所以書中雖不乏閃光點，不足之處亦多，期待以後更作修正。

　　論文在撰寫過程中，得到業師北京大學中文系安平秋先生指點，答辯時又蒙社科院劉躍進先生、張國星先生、北大歷史系陳蘇鎮先生、北大中文系楊忠先生、廖可斌先生、劉玉才諸先生指教，受益匪淺。特此鳴謝。

於陵王勇記